新史学

观 古 今 中 西 之 变

王东杰 著

国中的「异乡」

近代四川的文化、社会与地方认同

北京师范大学出版集团
BEIJING NORMAL UNIVERSITY PUBLISHING GROUP
北京师范大学出版社

目　录

川的地方性。这正是地方史的学科特色所在：它并非国史的地方版本，绝不是把国史中的内容在地方层面上复述一遍，即可了事。它所主要关心的是，与全国及国内其他地区相比，某一地区呈现出的历史"差异性"是什么（本书所说的"差异性"，未必是"独一无二"的。详细论说参见后文）。在中国这样一个广土众民的国度，这一层面的认知尤有必要。它使我们不再把中原或江南一隅视为整个中国的样板，而是令我们看到在"中国"两字之下所包含着的多元性、复杂性和丰富性。在此意义上，地方史研究永远都不会过时。①

二十世纪九十年代以来，地方史在中国勃然兴起，如今已蔚为大观，成为近二十余年中国史学最为活跃的领域之一。四川史研究在其中算不上最为突出，不过也还有不少不错的成果。这一方面是因为，在整个中国文化系统中，四川文化长期保持着极为鲜明的特色，任何一个严肃的研究者，对此都无法视而不见；另一方面，四川的地方史研究起步极早，如同本书所提到的，其发端至少可以追溯到三四十年代（参看第五章）；而我目前所服务的四川大学历史系，在九十年代获得了中国第一个"地方史"博士点（现已并为"专门史"学科）授予权。本书受益于此一绵长的学术传统甚多，如今得附骥尾，深感荣幸。

本书由五篇长文组成，基本以时间为序，在视角上则不断地转换于社会与文化（学术）之间，而政治作为一条副线，断断续续地出

---

① 当然，地方史本身也面临着与"国史"一样的境况："地方"认同的单位是什么？中国的一个省，有时就相当于欧洲的一个国，我们笼统地把某行政区划（这些区划还是常常变动的）当作一个整体来看，是可行的吗？答案当然是否定的。以四川为例，不但地貌上有平原和山区之别，而且族群上也有汉族和非汉民族之分，至于城乡差异、巴蜀异同，就更不能不考虑。不过，本书不是要写一部四川文化通志，不求面面俱到。我选择以"四川"作为论述单位更重要的理由是，按照前人习惯，从"全国"角度立论时，省籍的确是最基本的认同单位之一。当然，也必须意识到，当本书中提到的大多数人物在谈到"四川"时，所指的并非行政地理上的四川全境，至少，那些非汉族地区很少在他们考虑范围内。

现在不同章节里。

第一章关注的是，清代以来从湖广、广东、福建、江西、陕西等地迁徙入川的移民及其后裔，怎样处理他们的地方认同，又如何最终成为一个"四川人"？这是一个漫长的过程，变化随时发生，而又缓慢和微细得难以察觉，其间充满了多种可能，而且这些选项常常得以共存，并非赢者独大，很难勾勒出一条清晰的径直线索。为此，我把考察的范围缩小在会馆崇祀中。

一般认为，会馆是某籍移民的"家庙"，奉祀的都是其原籍的"乡神"，因此，它可以被看作一个集体认同的象征符号。透过自己独特的符号，各个移民群体得以展开他们从生存需求到精神寄托的多重实践，并不断地再生产出这些实践形式；借助与其他符号的比较、竞争，不同的群体彼此互动，共同营构了一个五方杂处的移民社会。这个过程不可避免地会通过象征符号的变化体现出来；但是，即便那些从形式上看几乎没有发生任何改变的符号，也因为代际转换和社会变迁等因素的影响，其所被赋予的认同格局已悄然改易。

第二章的视角从社会转向更加专门的学术界。不过它们也发生在和第一章所述主题同样的时代与背景中，换言之，它们都和十九世纪下半期之后逐渐明晰化的"四川人"自觉有关。本章并非严格意义上的学术史研究，而是采用了知识社会史的路径。① 我把学术工作及其成果放在更广阔的时代背景中，将其看作一个社会变动的指标——虽然它决非最灵敏的指标，但可以指示我们，学者阶层是怎样理解并回应这些变动的。②

---

① 关于此一路径，参考［英］彼得·伯克：《知识社会史：从古腾堡到狄德罗》，贾士蘅译，台北：麦田出版，2003 年，尤其是第 25～50 页。

② 本章处理的时段从十九世纪八十年代开始，那时的中国是否存在一个现代意义上的"学者"，容有不同看法。不过，本章描写的人群，虽然大都还抱持着"士"的理想，但绝大多数都以教学或研究作为终生职业——无论是主动还是被动。因此，说他们属于"学者阶层"，应无问题。

实并不是要"说话",而是要"做事"(to do things with words)。①

乍看起来,"地方"和"国家"在此事件中乃是相对的两极,细看却发现,它们的关系要暧昧很多。这种复杂性来自于一种道义性领域的作用。作为价值源头,道义性领域只能以概念和命题方式存在,并不具备任何实际力量;但它也因此得以独立于各种有明确界域的势力之上,成为各方皆需祈助的对象。就本章案例而言,是"国家"分享了道义的光芒。因此,它有时似乎理所当然地与"中央"合体,有时也反过来为"地方"背书——在这一情形下,"地方"就不再是"国家"的对立面,而成为"国家"的具体呈现方式。

第五章可以看作第四章的姊妹篇,主要讨论在大学"国立化"的前提下,四川地方学术界发生了什么变化。我选取的案例是四川大学历史学科的发展。它使我们看到,大学"国立化"不仅是攸关权力归属的"学术—政治"问题,也是一种重新塑造地方学术格局的"学术政治"问题(这两个概念的之间差别,参考第四章):原本带有地方特色的学术风格被"主流"学风推向边缘位置,甚至被排除在大学建制之外,只能以"材料"方式见诸大学课堂或学术论著。不过我们也要注意到的是,蜀学也以各种方式保留了自己的影响。地方性并未因为国家化而彻底消失,相反,它也在把进入地方语境下的"国家"加以"地方化"。

四川大学史学风气的变化过程也让我们注意到"机构"在现代社会中扮演的重要角色,而这一点又和二十世纪中国面临的两个核心使命分不开:一个是建设民族国家,一个是"现代化"。它们关系密切,可谓一体双面。大学就是这两大任务作用的产物。出于国家建设的需要,也因为要有效地利用知识资源,大学把原本分散于社会

---

① 参考[英]J. L. 奥斯汀:《如何以言行事》,杨玉成、赵京超译,北京:商务印书馆,2013年。

中的学人汇聚起来，为他们提供更优越的治学环境，但也对他们加以"规训"：从此，治学不再是个人之事，必须或多或少地以"集众"方式进行。① 这两大使命在近代中国的亲缘性，使得"机构"似乎和政府之间具有一种"天然"性的关联，提示我们注意到，知识霸权和国家政权之间的合作关系。特别要注意的是，这种关系和我们在思想学术界"主流"区域中看到的景象并不完全一致：在那里，"主流"知识典范和政治之间更多地呈现出"紧张"的一面（这在位居学术界高位的自由主义知识分子身上尤为明显）。因此，二者之间的这种相对"和谐"的状态，可能正是彼时的四川处于边缘地带的另一个证据。

在简述过本书内容之后，我们有必要再次回到前文所言"通"的概念上：如果说，本书主要关注四川文化的"地方性"的话，这一探索中的若干细节恰好告诉我们，"地方性"并非自足之物，一个地方是在和外部世界的互动（包括交流和区异）中才得以成为一个"地方"的。无论是"四川"地区的形象（第三章）、"四川人"（第一章）的身份，还是"蜀学"的学术风格（第二、五章），莫不如此。因此，讲四川，必须要看到外省，看到中国，甚至需要看到世界（第三、四章）：它们虽相异而不隔。

此中存在一个普适性的道理，对中国这样一个有着悠久统一传统的国家来说，尤其重要。的确，民族国家意义上的"中国"，是晚清以来才逐渐明晰化的概念，但同样清楚的是，它的确是在一个传统国家的基础上转化而来的。姚大力先生曾指出：现代中国的一个特点是，在从"帝国"转向民族国家的过程中，基本上完整继承了"帝国"版图，而不像其他"帝国"一样，分裂成为数个不同国家。② 在此

---

① "集众"一词，出自傅斯年：《历史语言研究所工作之旨趣》，收在《傅斯年全集》第 3 卷，长沙：湖南教育出版社，2003 年，第 12 页。
② 姚大力教授发言，乌鲁木齐："边疆热点地区城市民族关系发展态势与对策研究"重大项目第二次工作会议，2013 年 7 月 23 日。

历史条件制约下，任何一个"地方"都无法不受一个相对统一的"大传统"的影响。参照有人描述"全球化"时的用语（"全球地方性"），我们可以说，中国的"地方性"也毋宁是一种"全国地方性"——其中有"全国性"，也有"地方性"，而这两者之中也都相互掺杂了对方的因子，已经构成一个不可离析的整体。① 同样，在这个视野下来看中华文化，它乃是一个充满异质性的连续体。

这引导我们面对另外一个问题：在近代中国，地方认同与国家或民族主义之间的关系是什么？引发我思考的一个案例，是美国汉学家裴士锋讨论湖南人对近代中国影响的著作。他特别提到，自己关注的一个主题是"湖南人的民族主义"：

> 我所谓的"民族主义"兼具两种流传于湖南的想法：第一种想法认为，湖南人是一个自成一格的群体，有着与中国他省人迥然有别的共同特色；第二种想法认为，湖南人有自己独特的历史，有共同的先祖，以及最重要的，有共同的历史命运。那是种时强时弱的民族主义，弱时主张湖南人负有引领中国其他人步入未来的天命，强时则主张湖南人应该摆脱中国的束缚，建立自己的独立国家。而从近代中国主流叙述的角度看，这一现象根本不该存在。传统的中国近代史认识告诉我们，儒家忠君爱国的观念自然而然转化为对中国大一统的向往，于是顺理成章的，中国知识分子无一不怀抱着中国一统的梦想。这一历史目的论（historic teleology），乃是由想以近代民族国家的形式保住古老帝国版图的中国民族主义历史学家所构造，但十九、

---

① 许倬云先生曾提到中国思想有"主张延续，而不主张断裂与对抗"的特征，具体可以从社会的流动性和网络关系等方面看出（《中国古代文化的特质》，台北：联经出版事业股份有限公司，2006 年，第 54～56 页），似乎也可以和"通"这个概念联系起来理解。

二十世纪之交许多重要的湖南改革派只把湖南省当成首要效忠对象的事实，却恰好在掏空这个立论。

在书中，作者还在近代中国区分出两种民族主义。一是"草根民族主义"：它自下而上，以"反对既有的政权"为目标；另一种是"以国家为导向的民族主义"：它自上而下，由政府确立。我们今日所知的只有后者，前一种已被主流的历史叙事拒之门外。①

　　按照裴士锋的标准，我这本书大概正落到"传统的中国近代史认识"的圈子里（虽然可能并不占据中心位置）。不过，我的论述既非臆构，更非陷于"历史目的论"枯井中的观天呓语。根据本书提供的材料，我们很容易看出，张大本省精神、抬高本省地位，甚至号称要独立成"国"的言论，绝非湖南人所独有（参看第二、三章）。从表面上看，这可能恰好稳固了裴书的立论：近代中国各省知识分子们都曾有独立建国的考虑。实际不然。

　　裴氏处理这些言论时，犯了两个错误：首先，他似乎过于执着于史料的字面意义，被封锁于文字陷阱而不自知。细看他所引用的文献，包括陈天华（1875—1905）、蔡锷（1882—1916）、杨度（1875—1931）、杨毓麟（1872—1911）、毛泽东（1893—1976）等人的言论，很难在裴氏所说的强弱"湖南民族主义"间做出区分。不同的段落有不同的重点，里边当然不乏"独立"字样，但那十有八九是用来表明湖南的实力，其最终目的则是召唤湘人起而救国。那些字句的真实意义只有从全文中才能确定。事实上，裴士锋自己有时也觉得，他笔下的人物（比如杨毓麟），在关于湖南人是否是"中国人"的问题上，态度甚为"含糊"。不过，这并没有动摇他的自信，因为他发现："杨

---

①　本段和以下数段，分见［美］裴士锋：《湖南人与现代中国》，黄中宪译，北京：社会科学文献出版社，2015年，第3、227～228、123页。

毓麟畅谈湖南人如何独特，却对中国其他地方如何能够追随湖南的脚步少有着墨。他不关心其他省，因此，'新中国'的形象不过是附带一提的东西，是个幽灵。"然而，如果杨毓麟作文就是给本省人看的，为什么要谈到其他省份？而这就表明他对其他省份（更不要说"中国"）不加关心吗？其实，即使正式宣布"独立"或"自治"，甚至要制定"省宪法"，在时人那里，也只是一种权宜性步骤。其正确的读法是：由爱乡到爱国，通过联省自治走向全国统一（参看本书第三章）。地方自治的思想当然受到西洋影响，但难道果然与儒家修齐治平的思路背道而驰？

其次，裴氏也只看到近代中国两种民族主义之间的对立。"草根民族主义"可能确实反对政府，"以国家为导向的民族主义"也可能更受官方青睐，但我们不要忘掉，这两种思路的宣传者都是读书人，不管他们是否出仕，思想中都存在独立性和超越性的维度。像前边所提到的，在近代中国的特殊语境下，"国家"往往从"道义"之源中汲取了荣光，使得传统的道势之争在新的历史条件下延续开来（参看本书第四章）。这就决定了，"国家"并不必然站在政府一边，也未必就与"草根民族主义"话不投机。

裴氏此论，放在某些边疆地区，可能更为准确，但放在湖南、四川这样的内地省份，则颇为隔膜。此中一个重要原因，就是裴氏刻意把中国的近代与传统割裂开来。不错，二十世纪之后的中国和此前的中国有着一个根本性断裂，但也必须清楚，这种断裂是"藕断丝连"式的：在断开的结构中，还有丝丝连贯；而正是这些连贯，为近代中国的"中国性"提供了养分（当然也必定带来限制）。

其实，裴氏提出的"湖南民族主义"概念，不是没有合理性，我们甚至可以把它延伸为一个更具普遍性的概念："地方民族主义"。但对这种民族主义更准确的描述是，它是把民族（国家）与地方融为一体的认同。① 为此，我们不得不再次提醒：地方和国家之间虽然存在紧张，但并不一定势不两立。而这也并非中国所特有。英国史学家奥兰多·费吉斯在研究第二次世界大战时期苏联史时发现，在民众那里，对苏联的忠诚，是和对地方的忠诚联系在一起的："如果把一个特定社区和人际关系网的防卫（而不是'苏维埃祖国'的抽象概念）认作苏维埃事业，人们更愿意投入战斗。"② 他把这叫作"地方爱国主义"。没错，首先是"地方"，但"地方爱国主义"也是"爱国主义"，不能被简单地替换为"爱乡主义"。

　　不过，裴士锋另一个结论是有启发性的："存在草根民族主义时，不管多少种民族主义都可以并存，就像陈天华或杨毓麟之类的个人能忽而为湖南而战，忽而为汉族中国而战，不知道哪一个最终会存活。"但随着"国家民族主义"占据上风，"基于主权，一国之内只能有一个中央政府，于是只能有一个民族主义"。排除各种误读成分，裴氏注意到近代中国存在一个认同的简化过程，是非常敏锐的（不过不一定就是"民族主义"罢了）。在儒家传统中，对家族、乡里、朝廷、天下的认同本来就同时并存，且一以贯之（虽然仍存在紧张）。直到今天，人们的实际生活中也还可以如此。如同我们在书中的很多案例中发现的（参看第一、三、四章），一种认同的强化，并不意味着其他认同的消失；相反，相异乃至相反的认同完全可以并行不悖。很多变化不过是认同"重心"的调整，而不必是整个认同结构的

---

　　① 　杨树达日记 1935 年 7 月 10 日条："赴东方文化会，应日本人之招，讲湖南文化史略。余力言自王船山先后以后，湖南人笃信民族主义，因欲保持自己民族，故感觉外患最敏，吸收外来外患最力，且在全国为最先。如魏默深之志海国，郭筠仙、曾劼刚之赞欧化，光绪丁酉、戊戌之办新政，皆其例也。所言固是事实，亦欲听者会余微意，有所警觉耳。"见氏著《积微翁回忆录·积微居诗文钞》，上海：上海古籍出版社，2007 年，第 100～101 页。杨氏所云，虽有其深意，但自认"事实"，最可帮助我们理解所谓"湖南民族主义"的真实指向。

　　② 　[英]奥兰多·费吉斯：《耳语者：斯大林时代苏联的私人生活》，毛俊杰译，桂林：广西师范大学出版社，2014 年，第 441 页。

异化。但是，在近代中国主流的认同宣传架构中，家族、乡里、天下等都被程度不同地打倒或遭到抑制，国家认同一家独大（参看第四章。不过，这一章也表明，在政府"失道"情形下，其他认同也会再次活跃起来，而政府和国家实际是不同的两个层次）。它所导致的影响带有悲剧色彩：今天中国人用来构建人生意义的资源变得极为贫乏。

正面的消息是，其他认同并没有完全消失。如同第一章指出的：认同是可以解构，也可以重构的。这是因为，它本身便是各种历史经验建构的结果。这就意味着，有多少经验就可能有多少认同。我们可以把一个（或一群）人的认同视为一个"认同库"。在通常情境下，这些认同中的大多数都处于潜伏状态，只有遇到特殊境况，它们中的一种或几种才得以激活；但具体哪一种库存被提取出来，却要视特定情景而定。在这种意义上，认同并不像如今很多理论家们所设想的那样，是日常生活中须臾不可离之物，相反，其活跃性来自人们对所遭遇的各种（或大或小的）危机的因应。换言之，认同既是熏习的产物，也是应激反应的结果。当我们觉得"认同"变得越来越重要的时候，往往只说明我们的社会出现了大危机。不过，我相信，包括本书在内的对"认同"的各种反思，能够通过激活我们整个认同库存的方式，为缓解心理焦虑、重构社会生活提供更多可能。

由于集中在地方认同这一问题上，本书的大部分篇章都倾向于从"集体表象"和社会心态的视角观察问题。① 毫无疑问，对历史的"客观"领域（我指的是主要经由人的身体及其物质产品表现的领域）加以详细描写，深入探究其或显或隐的互动网络与后果，是历史学者不可逃避的专业职责。不过，除了外在领域之外，人同时还有一

---

① 据笔者有限的阅读经验，与本书视角类似的著作中有两部较为重要，除了前边提到的裴士锋的作品外，还有一部是程美宝：《地域文化与国家认同：晚清以来广东文化观的形成》（北京：生活·读书·新知三联书店，2006 年）。

个由思想、意志、想象和情感构成的精神性领域，且正是通过这种精神力量，那些纯粹物质性、生理性的现象才转化成为我们称之为"政治"、"社会"和"经济"的现象。但即使面面相对，我们也无法直观别人的精神领域，更何况它已逝为往昔？

表象史学的出现，部分地就是为了应对这一难题：表象乃是外在领域和内在领域的交界面，也是人的精神力量客观化的产物。我们透过表象来认识、把握和拟构（而不只是反映）世界（其中也包括我们自身），并通过这些方式赋予世界以意义。① 离开表象这个中介，人类的一切行为都会是另外一个样子。因此，即使是纯粹"物质性"的事物与行为，也在不知不觉中遵循着某种由人所提供的"意义"路径，而人们所能想象得到的选择方案是有限的。就这样，我们从先辈那里继承而来、时时生活于其中，同时也以自己的方式改造（这种改造体现在日常生活中，往往是微观的）着的"文化"，既为我们的实践提供了资源，又限制了这些实践的可能。显然，表象史研究提示我们，应同时对人的客观性与精神性的双重存在形态进行观察，而"文化"绝不只在"文化史"的专门领域中才有解释力度。②

本书使用的"乡神"（第一章）、"蜀学"（第二章）、"异乡"（第三章）、"国立大学"（第四、五章），虽然有的具有明显可见的物质形

---

① 我使用的"集体表象"概念来自法国社会学家涂尔干（Émile Durkheim），关于这一概念的简单介绍，参看［英］帕特里克·贝尔特、［葡］菲利佩·卡雷拉·达·席尔瓦：《二十世纪以来的社会理论》，瞿铁鹏译，北京：商务印书馆，2014年，第21页。在历史学家中，法国年鉴学派的第一代领导人马克·布洛赫（Marc Bloch）也把自己的《国王的触摸》（*The Royal Touch*）一书定位为对集体表象的论述，而他也受到涂尔干的启发（Peter Burke, *The French Historical Revolution: The Annales School, 1929 – 1989*, Stanford: Stanford University Press, 1990, p.18）。

② 关于"表象"在历史研究中的运用，更深入的解说可以参考［英］彼得·伯克：《什么是文化史》，蔡玉辉译，北京：北京大学出版社，2009年，第72～79、88～117页。

态，有的则只是"意象"，有些似乎不过是一个"概念"，实则都可说是"表象"：它们并非客观世界的被动映像，而是人们主动地想象这个世界的方式，寄托了自我认同（包括现实的和理想的），也规划着人我界线，而这种想象是具有现实生产能力的：人们可以据此提出各种实际要求，并付诸行动。随着表象这一视角的引入，我们不再把地方文化或区域文化视作对一组早经确定的文化质素的定位与命名，甚至也可以不再更多地为某一文化的"特殊性"到底是什么而烦恼。① 这世界上存在着"差异性"，但是没有任何东西真正是独一无二的，"独一无二"不过是一个人或群体对于"我"或"我群"的认知甚或希望而已。② 因此，重要的问题是，我们怎样站在当事人的立场上，认知这些表象的意义和用途。

在这些表象中，我想把"概念"这个因素特别提出来。读者或者会注意到，本书有若干篇章，都把"名相"当作一条追踪历史变化的线索。从表象这个角度去观察概念，它就不只是天才的思想家用以构筑自己思想大厦的砖瓦，而成为人们维持其日常生活须臾不可离开的工具，它的意义有赖于它被使用的方式。我们不能满足于仅仅

_____

① 而这似乎正是我们通常对"认同"一词的理解。参看英国史家西蒙·冈恩（Simon Gunn）的解说："它标示着对于单个个体或者集团而言独一无二的东西。谈到某个人的认同，由此就是暗示出，把他与其他区分开来且使之不同于他者之所在。"当然，这只是"认同"的一个含义，主要侧重于对外的面相；它同时还意味着内部的"共同性"（《历史学与文化理论》，韩炯译，北京：北京大学出版社，2012 年，第 147 页）。

② 有关论述甚多，我主要从法国社会学家皮埃尔·布迪厄（Pierre Bourdieu）那里获得启发，他的"习性"概念（habitus，或译"惯习"）就建立在这一认识的基础上，具体参看他和美国学者华康德（Ioïc Wacquant）合作的《实践与反思——反思社会学导引》（李猛、李康译，北京：中央编译出版社，1998 年，第 170 页）。一个从哲学传统出发的详尽辨析，参看 [法]保罗·利科：《作为一个他者的自身》，佘碧平译，北京：商务印书馆，2013 年。惟此说并不意味着"独特性"的假设不重要，或者全为"虚像"，需要整个推翻。不过详细解说此意，并非本书职责。

捉住一个词汇，去寻索它的语义演变过程，而只能把它看作故事中的众多线索之一：单单这条线索本身，无法成为一个完整故事。因此，我不是用一个概念把不同的历史情境串联到一起，而试图从历史场景出发，寻绎出生活在那一场景中的人们有意无意挂在口边的一些关键词汇，再以这些词汇为提示，重新理解这些场景的意义。

这里非常重要的一点是，没有任何一个概念可以独立自主。概念和概念之间要彼此支持和对抗，也往往相互晕染、渗透。每一个概念的背后都存在一个由更多的词汇和语义构成的网络，不能孤零零地拈出其中一个，不计其余。第四章对"国立化"概念的探讨，尤其使我们看出这一点。

表象虽是精神产品，而更靠近客观领域，心态则基本处于精神领域内。心态史和表象史学之间，具有密切的亲缘关系。事实上，最早也最重要的心态史著作之一、法国历史学家吕西安·费弗尔（Lucien Febvre）的《十六世纪的无信仰问题——拉伯雷的宗教》一书的一个重要贡献，就是把"概念工具"（conceptual apparatus）的视角引入了社会心态分析。① 另一方面要注意的是心态史和思想史的关系。从广义来说，心态也可以视为"思想"的一部分，② 不过，一般来说，思想史更关注作为个体的精英思想家，心态史则以"社会"或者集体作为论述单位，其主体也往往是广大民众（但也常常包括精英在内）；另外，思想史关注的是思想体系（至少也是成系统的），心态则更为分散、零碎，没有经过精心界定和策划。使用传统思想史的

---

① Peter Burke, *The French Historical Revolution：The Annales School，1929－89*, Stanford, Stanford University Press, 1990, pp. 29-30；［法］吕西安·费弗尔：《十六世纪的无信仰问题——拉伯雷的宗教》，闫素伟译，北京：商务印书馆，2012 年，尤其是第 483～501 页。

② 在 Peter Burke 的 *Varieties of Cultural History*（Ithaca, Cornell University Press, 1997, pp. 14-16）一书中，心态史就是被放在"思想模式史"（the history of models of thought）的框架下论述的。

手段处理此类问题，往往捉襟见肘，不得不借助于历史人类学、心理分析（此类手法虽主要针对个人，但仍有借鉴意义）等方法。本书各章都可看到心态史的影响，尤以第三章最为集中。不过，我对这一章的处理，仍在很大程度上采用了思想史的研究路径，不同的只是把对个体精英文献的阅读方法，运用到更为一般的"知识"文本中。

我自己是学习中国思想文化史出身的，早期受到的训练也以思想史为主。这不得不使我想到，在"新文化史"的挑战面前，传统的思想史研究方法是不是已经完全落伍，不值一提？我的经验是，绝不如此。至少，细读思想"文献"的训练，对于"文本"分析一样是有启发的。不过，在"思想"之外，更多地引入"文化"（这个"文化"是人类学意义上的，与我们通常所说的"中国思想文化史"中的"文化"不同）和物质、社会等因素，在它们之间的关联中呈现文本的多层意蕴，能够使得思想史更加鲜活，有血有肉，富于动态。事实上，随着年龄的增长，在传统的"讲道理"或者"讲知识"的思想史之外，我越来越欣赏那种"讲故事"的思想史。不过，本书中的篇章大部分写作时间较早，离这个期望还很远，希望以后能够弥补这个遗憾。

第一章 "乡神"的建构与重构：
方志所见移民会馆崇祀中的地域认同

　　会馆是明清时代常见的同乡组织，遍布通都大邑，在移民地区尤其引人注目。1945 年出版的四川《大足县志》说："吾国人民向无团体。清初移民实川，于是同籍客民联络醵资，奉其原籍地方通祀之神，或名曰庙，或名曰宫，或名曰祠，通称会馆。是为团体之始"。① 四川的民间团体显然不应自清代的移民会馆算起，但这段话也从侧面反映了会馆在清代四川这样一个"移民社会"（此处只是概言之，四川不同地方的情况其实不尽相同）中所占有的举足轻重的地位。自清代中叶到民国时期，会馆已成四川各地方志中必不可少的一项内容，即是此一现象的表征。如光绪《广安州志》描绘当地的大场镇时，就特意提到"祠庙鼎峙，会馆林立"，显然把会馆视作了标志性的地方景观。②

　　嘉庆时期，一位宦游蜀地的湖北蕲水人徐陈谟曾云："天下郡邑之有会馆，其始皆由同乡共里之人，或游宦于其地，或商贩于其区，醵金以为公廨，因得与岁时会议，有故商筹，以联桑梓之情，而使

---

　　① 郭鸿厚修、陈习删等纂：《民国重修大足县志》，卷 2"方舆下·团体"，民国三十五年(1946)铅印本，第 8 页。

　　② 周克堃等纂：(光绪)《广安州新志》，卷 9"乡镇志"，民国十六年(1927)重印清宣统三年(1911)本，第 1 页。

寄寓异地者，均不致有孤零之叹。其意良厚也。"① 身在异乡为异客，不论是宦游还是定居，都不免孤零之感，而会馆无疑为他们提供了一种归属感。这在当时已为人广泛关注，民国以来更成为学术界研究相关问题的一个基本出发点。近年来，清代四川会馆的名称、分布、修建、日常活动、财政支持及崇祀对象等基本情况已得到大致梳理。不少研究更注意到，会馆既是移民强烈的"原乡感情"（strong sense of place of origin）的产物，也强化了这种感情。因此，它在客观上不利于移民群体的融合。② 但也有学者指出，会馆为人们的跨地区流动提供了方便，清代四川移民会馆在地方公共管理方面的合作，特别是对不同原籍的民众关系的协调，也促进了移居地的地方社会整合。③

注意到会馆既维续移民原乡情感，又参与移居地新社会构建的双重性质，无疑深化了学界对此问题的认识。不过，既存研究的注意力主要还是集中在社会活动方面。事实上，会馆在时人心中不仅是一个同乡联谊组织，还是同籍移民的信仰组织。民国《富顺县志》谓："蜀民多侨籍，久犹怀其故土，往往醵为公产，建为庙会，各祀

---

① 徐陈谟：《重修禹王宫碑记》，收在汪承烈修、邓方达纂：（民国）《宣汉县志》，卷3"祠祀"，民国二十年（1931）石印本，第30页。

② 关于近年来中国会馆史的研究情况，参考冯筱才：《中国大陆最近之会馆史研究》，《近代中国史研究通讯》第30期，"中央研究院"近代史研究所，第90～108页。对清代四川移民会馆的研究，见 Robert Eric Entenmann, *Migration and Settlement in Sichuan*, 1644－1796, Ph. D. Thesis, Harvard University, 1982；王笛：《走出封闭的世界——长江上游区域社会研究（1644—1910）》，北京：中华书局，2001年，第559～565页；刘正刚：《清代四川的广东移民会馆》，《清史研究》1991年第4期及《清代四川南华宫的社会活动》，《暨南学报》1997年第4期；蓝勇：《清代西南移民会馆名实与职能》，《中国史研究》1996年第4期等。本处的引文出自 Entenmann 的博士论文，第190页。

③ 何炳棣：《中国会馆史论》，台北：学生书局，1966年，第114页；王日根：《乡土之链：明清会馆与社会变迁》，天津：天津人民出版社，1996年，第237～243页，尤其是第240～241页。

其乡之神望，有若其地名宦乡贤。"①民国《灌县志》也说："县多客籍人，怀故土而会馆以兴。彼各祀其乡之闻人，使有统摄，于以坚团结而通情谊，亦人群之组织也。"②在方志中，会馆几乎无一例外地被列入"祠庙"、"寺观"、"坛庙"、"祠祀"等门类中；其中不少对会馆一般性的联谊活动并未着墨，却无一不著录其崇祀活动。但以往的成果对这一在当时社会中备受瞩目的现象的关注反而不足。③ 另一方面，各种材料几乎异口同声地指出，会馆所祀乃一地的"乡神"或"乡贤"，显然把会馆崇祀对象视为移民乡土认同的象征。那么，从这个角度看，人们是如何界定自己的地域身份的？这不光是一个行政和法律意义上的籍贯问题，更重要的是一个心态问题。换言之，他们是否以及在什么意义上认为自己是"四川人"，又如何处理原乡与移居地之间的关系？这些问题显然很难有一标准答案。不过，透

---

① 彭文治、李永成修，卢庆家、高光照纂：(民国)《富顺县志》，卷 4"庙坛"，民国二十年(1931)刻本，第 78 页。

② 叶大锵等修、罗骏声纂：(民国)《灌县志》，卷 16"礼俗纪"，民国二十四年(1935)铅印本，第 2 页。

③ 学界对于会馆的性质做过不少争论，相当一部分人强调会馆主要是商业组织。美国学者罗威廉(William Rowe)就曾经以 1920 年修《夏口县志》的记载为例，列表说明 1889 年以前汉口同乡会建立的目的。其中，族群目的被提到 6次，商业目的提到 16 次，其他(议事、提倡实业、慈善事业)被提到 5 次。在"族群"目的中，维护乡情被提到 2 次，维持本籍被提到 3 次，祭祀故乡的神被提到 1 次。据此，他认为，"这种合法的同乡会性质的机构很多带有某种神圣的信仰色彩。但可以确定，事实上他们的主要目标仍是商业"(《汉口：一个中国城市的商业和社会(1796—1889)》，江溶、鲁西奇译，北京：中国人民大学出版社，1905 年，第 318~319 页)。事实上，会馆毋宁是一个具有综合性功能的组织，既然已经注意到它的信仰色彩，又强调其"主要目标仍是商业"，恐怕不得不说有一点先入为主之见。再者，会馆碑文中的表述固然是认知其创设目标的一个基本依据，但未被提及者并不意味着其不存在，尤其不能把碑文作者的言论视为会馆"会员"公意的表达。不过，罗氏所发现的现象也在很大程度上与汉口会馆大部分系由商人建立的现象有关，与本书关注者有所不同。

过会馆崇祀这一集体心理的表象，我们仍可做一大致把握。①

入川移民在社会层面上经历了一个由分到合、在心理层面上经过了一个由对原乡的强烈怀恋到转向新家乡认同的过程。一般认为，至迟在嘉道时期，这一过程已大致完成。② 不过，其中有几个概念性的问题仍应做进一步区分。首先是移民社会的形成问题，也可以把它视为四川地区社会经济在移民和土著的共同努力之下得以恢复和发展的过程。其次是移民被其他人认为或自认为"当地人"的一部分（不妨称之为"土著化"）的问题，它的实质是移民地域认同的改变。③ 这几个概念关系紧密，而侧重点有所不同。一般说来，自移民大规模入川开始，一个"移民社会"就已在逐步形成的过程中。但这决非移民融入土著社会的单向流动，而是移民与土著以及不同的移民群体之间互动的结果。因此，移民社会的形成并不意味着移民已经"土著化"，更不表明大家均已在"有意识"的层面上接受了"四川人"这一新身份。

不过，清初移民入川虽经过官方的号召，大部分却是自愿行为，因而，自移民之始，他们便对四川抱有非常强烈的向往之情。雍正十一年（1733 年），一群广东移民在回乡接家眷赴川途中，被广东地方官员所阻。他们为此发布了一份告帖，是反映第一代移民心态难得的资料，不妨抄录在此："我等来去四川，至今四十余年，从无在路生事，亦无在四川做下犯法事情，遗累广东官府。近来不知何故，

---

① 美国学者韩书瑞（Susan Naquin）讨论了明清北京城市认同的形成过程，指出民间信仰是促成这一认同的重要因素。不过作者更重视的是寺庙活动的"节日化"倾向在其中的作用，主要仍是对城市中公共生活的关注。参考 Susan Naquin, *Peking：Temples and City Life*，1400－1900，Berkeley：University of California Press，2000，pp. 171-283.

② 曹树基：《中国移民史》第 6 卷，福州：福建人民出版社，1997 年，第 108 页；陈世松：《大迁徙："湖广填四川"历史解读》，成都：四川人民出版社，2005 年，第 560～566 页。

③ 为了行文方便，本书一般将移民后裔亦统称移民。

官府要把绝我等生路，不许前去。目下龙川县地方处处拦阻，不容我等行走。思得我等若人少，他们必不肯放，我们亦不敢同他们争执。但是我等进生退死，一出家门，一心只在四川。阻拦得我们的身，阻拦不得我们的心肠。"①四川"田土易种"，给了他们谋生立业的希望，使得他们生活与向往的重心完全转向了四川，所谓"一心"所在也（当然，他们也尚未达到完全确立"四川人"认同的地步，而是多次"来去"于广东与四川之间，这也是许多第一代移民的常态）。

实际上，移民本有但未必很深的原乡人意识在很大程度上反而是随着移居地"五方杂处"的格局而明确化的，其内涵与意义已与在原籍语境中大不相同。换言之，移民原乡意识的培养与具体表现均离不开"移民社会"的大环境，而后者又同时制约并悄然改变着前者。如果脱离了具体的历史场景去考察"乡土意识"、"地方观念"，是无法深入其中的。进一步，从理论上说，随着代际更替，移民后裔对四川的认同至少会在潜意识中渐渐深化。然而，通常被认为移民族群区分标志的会馆在社会公共生活中日趋活跃，却要等到移民入川百年之后了。很显然，这一现象并不表明移民后裔的原乡认同越来越强烈了，而更多地意味着以原籍为标志的族群身份与对四川的新认同之间并非一种截然对立的关系。陈世松已注意到，直到道光七年，"在某些地方，在一部分移民头脑中，省籍意识依然较为突出"。信然。惟陈氏似认为移民的"土著化"与其"省籍意识"互不兼容，故云："移民社会之完全融入土著社会，还需要一个较为漫长的过程才能完成"。② 实际上，二者并不只有相互排斥的一面，而是自始就纠缠在一起的。

移民接受"四川人"认同的过程牵涉到非常广泛的面相。对于不

---

① 见广东巡抚杨永斌折，《宫中档雍正朝奏折》第22辑，台北："故宫博物院"，1979年，第101页。
② 陈世松：《大迁徙："湖广填四川"历史解读》，第566页。

同地方乃至具体的个人（包括叙述者和记录者）来说，其确立时间和稳固程度更是存在着非常大的差异。不过，大多数移民后裔都自居为一个真正的"四川人"（但这也未必意味着他们已完全放弃了原乡身份），恐怕已到清季民国时期了。本书无意对此问题做一面面俱到的叙述，只是希望通过对会馆崇祀这一特定现象的考察，讨论移民在成为一个"四川人"的过程中围绕着地域认同问题展开的思索与论辩。

文中材料大抵出自清代中叶到民国时期四川各地的方志，有些内容出自编者或目睹或耳闻的记录，有些则是编者搜罗汇集的地方文献。众所周知，方志是了解中国传统地方社会的基本资料，而清代四川方志在保存移民社会的史料之外，自身亦是四川移民社会形成过程的一部分。经过明末战乱，四川社会遭到极大破坏，文献亦凋零殆尽。随着清初移民到来，经济逐渐恢复，社会日趋繁荣，方志编纂也逐渐提上地方公共事务的日程。在四川大学图书馆收藏的四川地方志中，按其最早编纂时间排序（续修者未列入统计），雍正时期有 3 部，康熙时期有 21 部，乾隆时期有 41 部（其中又有 37 部是在乾隆十年以后修纂的），嘉庆时期有 43 部，道光时期有 20 部，咸丰时期有 7 部，同治时期有 4 部，光绪时期有 18 部（这 18 部中的大部分都是少数民族聚居地区的志书）。① 从这个粗略的统计中，我们不难看出，到了乾嘉时期，大部分地区都已开始了方志编纂工作，表明此时社会的恢复已大体完成。

同时，地方志亦在四川认同建构的过程中起着重要作用。每一部方志均有"沿革"一栏，主要勾勒该地历代行政区划的变迁，"名宦"等记载了众多地方历史名人，而"五方杂处"的格局更是大多数方志中"风俗"一目的切入点。当然，这些栏目基本是地方志的固定体

① 根据倪晶莹主编：《四川大学图书馆馆藏地方志目录》（成都：四川大学出版社，1991 年）统计。该馆已收录了目前所能看到的大部分清代四川方志，故此处数据虽不能代表整个清代四川地方志的编纂情形，至少表明了大体状况。

例，但是，它们所描述的具体内容仍是非常重要的。大部分方志在叙述过程中，往往忽略了自秦代以来四川地区发生的数次大规模移民事件，以及这些事件有可能造成的地方历史的断裂性，而创造出一部一以贯之的四川地方史。虽然其主要读者仍是官员和地方读书人，很难说对一般的民众产生了多少影响，但它无疑代表了士大夫阶层建构统一的"四川意识"的努力，并有助于推动"四川人"认同在读书人阶层中的普及。

需要说明的是，地方志的实际编纂工作多由地方士人承担。比起下层民众，这些理论上应"以天下为己任"的读书人相对更能"超越"地域性群体的局限（然落实到具体个人，实亦未见其然）。因此，他们的言论恐怕未必准确地反映大多数移民在此问题上的看法，本章所述并不代表当时的"草根心态"。其次，不管是有意识的表述还是行为背后潜藏的"象征"，这里的引述都未必是会馆"会员"的共同认知，主要代表的还是相关事业的操办者、"发言人"及其支持人的态度。惟为了行文方便起见，在文中不再一一指明。第三，文中所引材料以清代为主，有时亦兼顾民国，因为此类社会文化现象和心态具有极强的延续性，在一定程度上超过了其他方面的变革（当然也有很大变化）。不过，作为史料，地方志描述往往不够精确和具体，不少材料都缺乏明确的语境说明，给使用者造成了一定麻烦。对此，本章尽量做一些补救工作，希望尽可能将材料放入确切的时空背景下，以期深入理解各种言论的实际指向。

一、"乡神"的诞生

一般而言，在清代四川，湖广会馆多称禹王宫，主祀大禹；广东会馆称南华宫，主祀六祖慧能（638—713）；陕西会馆多称武圣宫，主祀关羽（？—220）；福建会馆通称天后宫或天上宫，主祀天后（妈祖);江西会馆或称许真君庙,主祀许逊(许真君,239—374),或称萧公祠,主祀萧公等。① 一般认为,移民会馆"各从其籍而祀之",所祀均为"桑梓大神"。故有人径称会馆为某籍移民之"福神祠"或"家庙",有的则将其与宗庙一同列入"私祀"之列。② 民国《南充县志》并在会馆与佛、道二教庙宇之间做出明确区分:"清初各省客户移来填蜀者,暨本省遗民,互以乡谊连合建庙,祀其故地名神,以资会合者,称为会馆"。至于"其不分畛域,万姓集资建庙,杂供诸神,为释道两教分驰之。"③这些记录在时空两方面均为近距离的观察,极具参考价值,从中可见,它们都是把会馆祀神看作移民畛域象征的。

今日已很难找到足够详尽的资料讨论四川大量会馆在清代出现时的情况了,但其活跃程度的变化则可从方志的记载中略知一二。嘉庆《井研县志》在列出了当地的江西、陕西、广东、湖广、福建五省会馆后说:"右五省会馆旧志无一焉。意其时商贩来集,未若今日之盛;抑亦略有数椽,不足以壮观瞻,而姑从其略欤?今备载之,以著商贾辐辏,亦升平富庶之征也"。④ 从文中看,井研五省会馆似均为商人所创,与一般移民会馆不尽相同。不过,其对会馆发展情况的描述,也适合于一般的移民会馆。方志开始大量著录会馆,多

---

① 这里所说的只是大体的情形,实际上仍有不少变化,本章中会提及一些,至于更详细的信息,可参考蓝勇:《清代西南移民会馆名实与职能》。

② 侯俊德等修、刘复等纂:(民国)《新繁县志》,卷4"礼俗",民国三十六年(1947)铅印本,第24页;李南晖修、张翼儒纂:(乾隆)《威远县志》,卷1"建置",清乾隆四十年(1775)刻本,第72页;王文照修、曾庆奎、吴江纂:(民国)《重修什邡县志》,卷7之下"礼俗·寺观",民国十八年(1929)铅印本,第13页~15页。陈习删等修、闵昌术等纂:(民国)《新都县志》第3编"礼俗·享祀":"凡一地一姓人所祀者,曰私祀,如会馆是也。"民国十八年(1929)铅印本,第12页。

③ 李良俊修、王荃善等纂:(民国)《新修南充县志》,卷5"舆地志·祠",民国十八年(1929)刻本,第15、16页。

④ 张宁阳等修,陈献瑞、胡元善纂:(嘉庆)《井研县志》,卷9"方外志",清嘉庆元年(1796)刻本,第5页。

数始于嘉庆时期。恐怕正如《井研县志》推测的，此前移民人数较少，资金不裕，且大抵仍在奋斗阶段，会馆在社会生活中也还没有起到核心性的作用。到了嘉庆时期，移民入川已历百年之久，生活安定，社会呈现"升平富庶"之相，会馆的规模和活动都较前更为盛大，且形成相互竞争局面，乃成为一地不可忽视的社会景观，而进入地方志编纂者的视野。不过，此时仍远未到会馆鼎盛之时。在什邡，会馆是道咸时期才快速发展的："清康、雍、乾、嘉时代，各省人来什者，先后建设会馆，增修寺观，创立神会。……迄道、咸、同、光时庙产益富，神会愈多，至光绪中为极盛。"①而在会馆已明显呈现衰落态势的民国时候，仅大足一地就有移民会馆百余所之多，则其高峰时期的兴旺局面，可想而知。②

将这些记录与前述一些学者注意到的移民社会形成的过程相比对，可以知道，嘉道年间在四川移民史上确是一重要时期，但它也对我们提出了新问题：一般说来，随着移民的代际更替，其后代对于原乡的情感也会逐渐淡化，对移居地的认同度则会增加。然而，会馆活动的兴盛期却并不在一般说来原乡意识最为浓厚的第一、二代移民生活的时期，相反，随着移民后裔"土著化"程度的增强，会馆的活跃程度反有提升之势。那么，移民融入"新家乡"的趋势与他们对于原乡认同的维持之间，到底是一种什么关系？

实际上，地域认同概念本身就是一个"变量"，其方向与强度均会随具体的人事、地点有所变异。生活在同光时期的湖北京山人易崇阶曾谓，一个人的原乡意识是在陌生的环境下得到强化的；身在故土，并不需表明自己对家乡的认同，反而可能因彼此距离过近，

---

① 王文照修，曾庆奎、吴江纂：(民国)《重修什邡县志》，卷7之下"礼俗·神会兴废"，第1页。

② 郭鸿厚修、陈习删等纂：《民国重修大足县志》，卷3"政事上·建设"，第54页。

造成各种直接间接的利益冲突，而出现此疆彼界的争执："夫人同居里闬，即至亲骨肉，日与聚处，而不知其乐"。然而，"一旦远适他方"，身为异客，感受立刻就会改变，"举不知谁何氏之人，一闻其土音是操，遂不觉情投意洽，有出于不自知者，其即古人里号新丰、社立枌榆之遗意耶？"这正是会馆的意义，因为它可以使得移民在一定程度上超越其内部的差别，凝为一个在家乡反而很难建立起来的整体意识："每届春秋令节，乡人少长咸集，泯南北之畛域，叙水木之本源，并回思缔造艰难，务期有基勿坏"。① 换言之，正是"异乡"的存在，给了人们"故乡"的自觉。易氏自己是身历其境者，说来自然亲切有味。

会馆崇祀也须放在同样的思路下加以考察。移民背井离乡，多出自生活的压力，或怀抱着致富的梦想。但是，经过明末清初的历次战争，四川已经残破不堪。自然环境的恶劣，给移民们带来了沉重的生活压力。涉及此一时期移民生活状况的一些文献（主要是各地县志的人物传记）中，常常出现"艰难创业"、"备历风霜"、"民常多病"一类文字，便是此一情形的反映。移民潮的出现，也在土客之间、客客之间造成了大量矛盾。因此，如何自我保护，乃成为移民不得不面对的严峻问题。此外，初到异乡，不免有难以排遣的孤独寂寞之感和思乡之情，这对实际生活的影响也不容忽视。民国《西昌县志》云："原夫间关万里，邑聚一方。或动祀典之思，或兴枌榆之念。势宏力厚，则广厦而细旃；地僻孤村，亦数椽而小筑。或春秋隆祈报，或风雨话乡邦。"②在这种情况下，其原籍"通祀之神"作为集"福佑"与"故乡"于一体的象征，为移民们提供了一个相对熟悉的

① 易崇阶：《重建禹王宫序》，收在蓝炳奎等修、吴德淮等纂：(民国)《达县志》，卷10"礼俗门·庙祠"，民国二十二年(1933)刻本，第24页。
② 郑少诚等修、杨肇基等纂：(民国)《西昌县志》，卷6《祠祀志》，民国三十一年(1942)铅印本，第17页。

场景，自然受到垂青。换言之，会馆崇祀的对象最初只是在原乡较为流行的神祇，这种选择主要是习惯性的，并不具有区分性的标志意义，这有助于我们理解下文将谈到的会馆崇祀的一些异例：神祇与会馆之间并不严格遵守一一对应关系，有些大神甚至为几所不同的会馆争相致祭。但是，在移民社会的语境下，某一神祇既已和某一特定人群联系在一起，也便自然而然地从"故地名神"或"通祀之神"转变为某籍之"乡神"。这种状况正反映出移民的地域认同方向与强度的改变。①

　　一般说来，第三代以下的移民对原籍已无直接经验，仅仅通过口耳相传的故土记忆，显然难以为原乡情感提供持久动力。不过，会馆定期组织的祀神活动却可以周期性地唤醒他们的"本源"意识，而"五方杂处"的局面也为不同的移民或土著群体提供了互相参照并进而明确彼此区分的可能。但是，这种"原乡意识"到底在多大程度上仍具有"故土"的内涵，其实很值得怀疑。它的存在恐怕更多地依赖于和其他移民族群的区分，而不是对故乡的真切怀念，因而，与其说这代表了一种"原乡认同"，毋宁说它更多的是在"新家乡"产生的一种身份意识。在这里，"原乡"毋宁只是一种平面性的"符号"，而不再成为效忠的对象，不再具有情感的深度。就此而言，"乡神"崇拜既维持了移民的原乡认同，也成为移居地社会建构的一部分。这实际上意味着，作为"移民"和作为"四川人"的身份并不矛盾，二者可以并存。

　　其实，"家乡"也是处于变动中的概念，在不同语境中，其所指是不同的。一般说来，移民都是以一个省份为单位建立会馆的。但

----

　　① 程美宝在讨论二十世纪二三十年代上海的广东文化状况的文章中也注意到，不少被认为"地域"性的文化现象之地域标签是在异乡的环境中被强化的，见《近代地方文化的跨地域性——二十世纪二三十年代粤剧、粤乐和粤曲在上海》，《近代史研究》2007年第2期。

是，在移民较少的地区，常有数省移民联合享有同一会馆的现象。其中，山西、陕西两省客民合作的情况比较突出。如茂州秦晋香院便是陕西和山西人在乾隆初年联合设立的一座会馆。乾隆二十五年（1760 年），陕西移民另设陕西馆；道光八年（1828 年），山西移民另建山西新馆。① 在秦晋香院时代，山、陕移民显然因地缘相近，而共享了一个广义的家乡认同。类似现象还有潼南县的四川会馆惠民宫，祀李冰，"土著人及云贵来者祀之"。② 铜梁县的贵州移民会馆黔阳宫则设在当地四川会馆川主庙的东厢，贵州客民几次谋求另建新馆，均因各种原因没有成功。③ 在这些例子里，云、贵、川显然被视为一个相对整体的地域单位，而川主（李冰）则成为此一共同的区域性认同的表象。

在达县的申滩场，有一座创建于雍正年间的五圣宫，"中奉禹王、关帝、文昌、桓侯、王爷暨诸神像，为阖境士民、各省客居商贾岁时致祭报饮祈福之所"。④ 禹王是较为典型的湖广会馆祀神；关帝崇拜较为广泛，而山陕会馆多以之为主神；文昌虽也有被当作四川的地方神来崇拜的，但大部分情况下都可以看作一个全国性的信仰；其他如桓侯当为张飞（？ －221），王爷信仰的资料不详。由此"五圣"的组成看，很难被视为某籍"家庙"，但内中又表现出几分地域性色彩，若隐若现。考虑到雍正年间移民活动才刚刚开始，达县所处的川东地区又恰是移民入川的主要通道之一，落籍者较多，因

---

① 杨迦怿等修、刘辅廷纂：（道光）《茂州志》，卷 2"祠祀志·寺观"，清道光十一年（1831）刻本，第 27 页。

② 王安镇修、夏璜纂：（民国）《潼南县志》，卷 1"舆地"，民国四年（1915）刻本，第 48 页。

③ 韩清桂等修、陈昌等纂：（光绪）《铜梁县志》，卷 2"建置志·坛庙"，清光绪元年（1875）刻本，第 16 页。

④ 谭宗龄：《重修五圣宫碑记》，收在蓝炳奎等修、吴德淮等纂：（民国）《达县志》，卷 10"礼俗门·寺观"，第 53 页。

此，或可将此五圣庙视为各省人民的"公共会馆"。在这一时期，四川地广人稀，各省人之间的矛盾似不如后来那样激烈，家乡区别反不突出。

此外，在不少地方，专门为某一省籍的人们设立的会馆（本书称为"省籍会馆"）和由数个省籍的人们联合建立的会馆（本书称为"跨省会馆"）是并存的。比如，峨边有三省宫一处，"即楚、蜀、江西三省会馆"；另有楚蜀宫三处、万寿宫三处、禹王宫两处、南华宫一处。① 从名字上看，楚蜀宫应该也是一所跨省会馆。万源四区（按照民国区划）设有陕西会馆、帝主宫、禹王宫等，而陕西馆又称三省会馆。② 盖三省会馆系旧称，陕西馆为后改；或以陕西馆为主，余二省会馆附设其中，如前述铜梁黔阳宫的例子，具体情形如何，不得而知。西昌有五省庙十四所、九省庙一所，虽其详情难明，当亦是各省移民公共崇祀之处。③ 由于材料不足，很难判断在上述情况中，跨省会馆和省籍会馆的建立，孰先孰后。不过，如黔阳宫和秦晋香院的事例表明的，跨省会馆往往只是在移民较少情形下的权宜之计，一俟时机成熟，某籍移民及其后裔增多，就有可能分立出去，成立本籍的会馆。这也是和前边提到的会馆在清代日趋活跃的现象相吻合的。

由于近水楼台，"湖广人"在清代来川移民中较占多数。这一称呼和由明代到清初的行政区划设置有关。湖广涵盖今日湖北、湖南两省。康熙三年（1664 年），湖广省内分设布政使司，雍正二年（1724年）正式一分为二。不过，即使在此后入川者，也多被认为是"湖广

---

① 李宗镛等修、李仙根等纂：（民国）《峨边县志》，卷 2"建置志"，民国四年（1915）刻本，第 14 页。

② 刘子敬修、贺维翰纂：（民国）《万源县志》，卷 2"营建门·祠庙"，民国二十一年（1932）铅印本，第 23 页。

③ 郑少诚等修、杨肇基等纂：（民国）《西昌县志》，卷 6"祠祀志"，第 11～16 页。

人"。也就是说，虽然一般而言，人们的地域认同总和行政区划有关，但由于"传统"的影响，广义的楚人认同并未因朝廷对行政区划的调整而发生大的改变。然而，湖广移民太多，此名涵盖范围到底过大，而不少楚人恐怕正是放弃了其"原籍地方通祀之神"，才集合到禹王信仰之下的。但这反过来又意味着其他选择的可能。在有些地区，楚人常以州县为单位组织自己的会馆。比如，在新宁就有黄州人的护国祠和帝主宫、常德人的禹王宫、澧州人的太和宫、衡州人的寿佛宫、荆州人的忠义宫等。志云："邑多楚人，各别其郡，私其神，以祠庙分籍贯，故建置相望。……惟关庙、文昌宫则公祀之，亦各镇皆有。其楚籍永州人祠祀濂溪周子，城内无；长沙人祠祀禹王，仅见于乡镇。从宜从俗，相袭既久，蜀州县亦大抵皆然也。"①由于籍贯细分，新宁楚人的会馆崇祀情况也和一般所见有异。对禹王的祭祀仅仅成为常德和（在乡镇之）长沙移民的行为，"祭祀圈"明显缩小，其他诸神却也无法获得全体楚人的共同拥戴。作为"公祀"的关羽与文昌崇拜，又并非楚人特色。因此，新宁县的楚地客民实际已缺乏一个共同的湖广认同了。

与一般认为的不同移民族群在社会交往中由分到合的趋势不同，这一事例反而表现出由合到分的趋向。此一趋势的出现，部分原因是由于定居已久，外部的"威胁"减弱，移民群体内部因各种客观上的差异和人事上的矛盾而产生分裂危险。成都府简州镇子场江西客民设有一文昌会，其"创业之初，阖省乡翁联为一体，无不井井有条，尽美尽善"。然而，随着后来"人众事繁，累讼不休，以至焚献几绝，无从措理"。同治时期，该会分为仁、义两号，"以便好义者则归义，好仁者则归仁，各经各界，毋得侵争"。在为此事而作的碑

---

① 复成修，周绍銮、胡元翔纂：(同治)《新宁县志》，卷2"祠庙"，清同治八年(1869)刻本，第16～17页。

记中，作者不无感慨地说："国贵于合，不贵于分；而人之众也，则贵于分，不贵于合。"①盖有为之言也。实际上，"人众而分"这一现象正和原乡社会中人们各分畛域的状况有类似之处，表明移居地已在移民的心目中由"异乡"向"家乡"转化。

分裂与融合看起来是一对矛盾，其实并不冲突，而是发生在不同层面上的事情。就总的趋势看来，随着移民彼此之间的交流日益密切，"五方杂处"的状况逐步形成，他们的"原乡认同"势必会淡化。但要在此社会中立足，在其他移民群体并未放弃原乡认同的情况下，即使从竞争的角度考虑，至少也应保留作为"五方"之一的地位。同时，在移民社会中，"初逢问原籍"已成过场之一，在当时以至民国时期大量的四川人物传记资料中，对原籍的介绍亦是必不可少的内容。这表明，在日益频繁的社会交往中，不同的族群区别仍可继续维持。然而这又并不妨碍族群的融合。学者常常引用的署名"六对山人"的一首竹枝词（写于嘉庆八年，1803 年）云："大姨嫁陕二姨苏，大嫂江西二嫂湖。戚友初逢问原籍，现无十世老成都。"②这首诗既反映了移民对原籍的维持，又反映出不同移民群体逐渐"一体化"的情况。诗中云"现无十世老成都"，言下之意是大量移民后裔在那一时期已被视为"成都人"。在此语境中，陕、苏、赣、湖这样的"原籍"标记实际上已主要成为不同移民群体在"新家乡"中的身份标志，与真正的故乡倒无多少实质性联系了。

移民群体在融合中维持原籍身份的现象，在会馆对地方公共事务的参与中也有体现，此处仅以公共仪式和庆典活动为例，对此略加说明。作为各地民俗文化的一个重要组成部分，会馆的酬神赛会

① 《重建东文昌碑》，转引自孙晓芬：《明清的江西湖广人与四川》，成都：四川大学出版社，2005 年，第 431 页。原文标点有误，本书已改正。
② 六对山人：《锦城竹枝词》，收在林孔翼辑：《成都竹枝词》，成都：四川人民出版社，1986 年，第 44 页。

在地方志中多有记录。在大邑县,"季春初三日为媒神圣母降诞、真武帝降诞,楚人会馆真武宫集梨园庆祝,城北圣母殿亦如之,观者如堵。……孟夏朔日为江西会馆萧公钦启王降诞,豫章客民演传奇,介神麻,聚观多人。……仲夏十三日为关圣大帝降诞,秦晋会馆工歌庆祝。……仲秋朔为江西会馆许真君降诞,亦演剧庆贺,多聚观者。……季秋九日为重阳节,真武成道,楚人集会馆演戏"。① 在广安,正月十三禹王会,湖广馆演戏;三月十五系帝主降诞,黄州馆赛会演戏;四月初一,"江西馆向有迎萧公之会,备极观瞻";八月初一,许真君诞辰,万寿宫演戏。② 在犍为,各场正月十三有湖广会馆组织的禹王会、六月二十三日有川主庙组织的纪念川主诞辰活动、二月初八有南华宫组织的六祖会、三月二十三有福建会馆的天后会等。③ 会馆赛会主要是为了报答酬谢"乡神"护佑,参与者均是同籍人士,但外籍人也多以聚观的形式参与其中。同时,由于各会馆均有自己的酬神日期,无形中使其具有了族群竞争的意味。比如,在成都的各大会馆中,陕西会馆以戏剧知名:"会馆虽多数陕西,秦腔梆子响高底";黄州会馆的元宵灯则最受称赞:"元宵处处耍龙灯,舞爪张牙却也能。鞭炮连声灯烛亮,黄州会馆果堪称。"④一地的各种娱乐活动此起彼伏,构成公共文化生活的主要内容之一。

各会馆除了有自己的会期外,还共同承担组织地方公共宗教仪式活动。在德阳,"立春先一日,迎春东郊。五省会馆各醵钱,扮故

① 宋载修纂:(乾隆)《大邑县志》,卷3"风俗",清乾隆十七年(1752)刻本,第26~28页。
② 周克堃等纂:(光绪)《广安州新志》,卷11"方物志·风俗",第7、8、11页。
③ 《犍为县各省人民集会一览表》,收在陈谦等修、罗绶香等纂:(民国)《犍为县志》,卷2"居民",民国二十六年(1937)铅印本,第51~52页。
④ 定晋岩樵叟:《成都竹枝词》,收在林孔翼辑:《成都竹枝词》,第60、62页。

事一台，名曰社伙。……各官行礼毕，入城时，五省首事设春酒春盘于道旁，官过时各举觞上寿，迄游行通衢乃归。"七月十五日中元节，"城隍出北郊赏孤。六省会馆各雇浮屠，设盂兰会、扮铁围城、血河诸像，使礼佛者合掌唱佛偈绕行其中，谓之破血河铁城"。① 在彭山，每年七月十五的盂兰盆会，"各会馆皆召术士为会，以荐乡人之先亡者"。② 如果说在各会馆不同的神诞日活动中，不同移民群体得以区分开来，那么，这种超越了地域限制而通行于全国的活动则更多地提供了族群合作的可能。不过，在共同参与的同时，各省会馆仍有其独立的一面，如社火各出一台、浮屠各雇等，都标志着不同群体在社会地位上的"平起平坐"。这表明，以原籍为单位组成的会馆，实际已参与到对"新家乡"的社会塑造中，并构成其中的一个部分。

概言之，在移民社会中，"乡土认同"是一个重要的也是处在不断变动中的考察对象：一个人的原乡意识是通过与异乡的对比而明确化的，但"乡关"何指，又常随具体语境而不同。在维持原乡认同的同时，"新家乡"也逐步成为客民实际生活的一部分，并越来越成为主要的生活场景。而会馆虽多被认为维续原乡认同的组织，同时也在努力参与着移居地公共生活的建构。至少对于第三代以下的移民来说，主要仅仅存在于想象中的"原乡"，已很难与对"新家乡"的实际认同相抗衡，尽管后者在相当长的一段时间里也许还处在潜意识的状态。

---

① 何庆恩等修、刘宸枫等纂：(同治)《德阳县志》，卷18"风俗"，清同治十三年(1874)刻本，第13～14、19页。
② 刘锡纯纂：(民国)《重修彭山县志》，卷2"民俗篇一"，民国三十三年(1944)铅印本，第6页。

二、"一隅"通"天下"

如前所述，会馆崇祀某一神祇，主要是承继了移民原籍的信仰习惯。从理论上讲，"乡神"与其奉祀者之间的关联并非"排他性"的。美国学者詹姆斯·沃森曾注意到，在中国，同一神祇"对不同的人代表的内涵不同"。① 由于"乡神"具有"追认"性质，就更是如此。作为一个向不同诠释开放的符号，他们在被视作移民原乡认同象征的同时，又常被赋予一些超地域性的内涵，从而使其作为原乡象征的形象变得模糊起来，并因此而突破狭隘的移民族群界限，具有了容纳新认同的潜能。

从形象来源上看，会馆祀神大致可分两类。一类如禹王、关羽，乃至禅宗六祖慧能等，本属全国性文化传统的一部分，或者获得了后者的广泛认可，地方色彩相对淡薄。另一类则如天后、许逊、萧公等，系由地方性神灵发展而来，虽已列入国家祀典，仍呈现出相对较为浓烈的地域色彩。② 从籍贯上看，山西会馆崇祀关羽，福建会馆崇祀天后，广东会馆崇祀慧能，江西会馆崇祀许逊和萧公，均

---

① ［美］詹姆斯·沃森：《神明标准化：在中国南方沿海地区对崇拜天后的鼓励（960—1960年）》，收在［美］韦思谛编：《中国大众宗教》，陈仲丹译，南京：江苏人民出版社，2006年，第83页。

② 日本学者滨岛敦俊将天后、关帝、梓潼等列为"不属于或基本上不属于地方性的全国闻名的神祇"，以与在一定地域内受到信仰的"土神"相区别（《近世江南海神李王考》，收在张炎宪主编：《中国海洋发展史论文集》第6辑，台北："中央研究院"中山人文社会科学研究所，1997年，第217页）。这一区分是从"知名度"的角度做出的，恐怕忽视了天后信仰仍主要局限于沿海地区或沿海移民之中的事实。同样，除了"土地神"是有相对固定的地区限制的，其他的"土神"信仰依然可以随着移民走向全国。就此而言，美国学者韩森（Valerie Hansen）区分限于一个地区的"地方性祠祀"与"向各地扩展"的"区域性祠祀"的做法是有意义的（《变迁之神——南宋时期的民间信仰》，包伟民译，杭州：浙江人民出版社，1999年，第126页）。

是同乡关系；而湖广会馆崇祀禹王，则明显不属此类。这就意味着，"乡神"并不一定是"其乡所产之神"。

不过，早在清代，在一般的认知中，乡人祀"乡神"就已成为"通例"。光绪五年（1879 年）正月，接受四川总督丁宝桢（1820—1886）邀请来到成都的王闿运（1833—1916）发现贵州会馆奉祀的是唐代名将南霁云（712—757），颇感诧异："南岂贵州人耶？"过了一天，他再次在日记里谈到："次民言南霁云曾为贵州刺史，盖其赠官，而贵州、湖广、四川俱祀之，号为黑神。"①王闿运显然认为会馆应祀本乡人，才会感到困惑，而次民的回答其实也并没有完全解决此一问题，盖南霁云既是贵州、湖广、四川普遍崇祀的对象，严格来说，自不应算是贵州的乡神。事实上，如王闿运一样对此现象感到费解的人尚有人在（详见下文）。

不过，南霁云崇祀圈相对较小，引起更多争议的还是禹王。嘉庆十八年（1813 年）出任丰都县令的楚人方宗敬注意到："历代古圣先贤，其用功在社稷，泽被生民者，莫不犁然载在祀典，而禹庙独未经官建。惟吾楚宦游贸易于外者，自京师及各直省州县，其会馆皆立禹庙，亦莫考其由来。"②嘉庆十九年（1814 年），宣汉县令徐陈谟说："予尝观天下各郡国之会馆，皆祀其乡所产之神，而独楚人之建馆于蜀，则特奉神禹之像，而因称之曰禹王宫。询之楚民之居于川者，皆莫识其所自。"③道光二十三年（1843 年）左右，城口厅修溪坝一位士人洪锡畴亦表达了同样的困惑：当地各省会馆"皆各以其乡之

---

① 王闿运：《湘绮楼日记》第 2 卷，光绪五年正月廿日、廿二日（1879 年 2 月 10 日、22 日），长沙：岳麓书社，1997 年，第 732、733 页。

② 方宗敬：《重修禹王宫碑记》，收在黄光辉等修、郎承诜等纂：（民国）《重修丰都县志》，第 12 册卷 11"艺文·文"，民国十六年（1927）铅印本，第 5 页。

③ 徐陈谟：《重修禹王宫碑记》，收在汪承烈修、邓方达纂：（民国）《宣汉县志》，卷 3"祠祀"，第 30 页。

神而祀之"。然"考《蜀志》,禹生于蜀之石纽村。茂州则有大禹庙,锦城则有神禹坊,未闻以会馆称也。而独以为湖广馆者,及问之楚人,亦皆莫识其所自"。①

徐陈谟和洪锡畴等人的困惑,同样源于他们将"乡神"理解为"其乡所产之神"。大禹乃上古圣王,籍贯虽有数说,而均与楚地无关,显然不合此一定义。为此,他们做了不少疏通,以期证成禹王与楚地的特殊渊源。徐陈谟认为,这主要是因为楚人能够来川,尤其得力于大禹治水之功:"东南之水,莫大于江,其次莫如汉,而皆发源于蜀"。江、汉又均流经楚境,"楚人之入蜀者,必由二水泝流而上,所历如巫峡、滟滪诸处,皆怪石隐见,惊涛怒浪,为舟楫危险之地,而楚人之往来商贩,悉如履坦途,以致货累巨万,家裕千金,均若不知有蜀道之难。其士大夫之游宦于其地者,亦觉布帆之无恙,藉非赖有大禹疏凿之功,曷克臻此?则以思明德之留贻,而群钦而奉之,未必非楚人之微意也"。虽"江汉之利不独荆楚",但"自楚而上,江汉之奔趋,其险独甚。自楚而下,江汉之朝宗,非值风雨连朝,则风帆直指,几不知有波涛之惊,故虽赖有禹功,而亦若忘帝力于何有,则又安得以此为疑哉?"②至洪锡畴,则从观点到表述,均有与徐陈谟雷同之处,兹不引述。

这一说法成立的前提是,只有蜀地的楚人才崇祀大禹。但是,如方宗敬的观察,这其实是全国各地湖广会馆的通行现象。因而,徐、洪二氏的解说并不成功。不过,从"水"上做文章,却是大部分论者的共同思路。筠连县教谕、西昌人杨学述说:"昔者禹抑洪水,江、汉为大。江与汉皆源于蜀而达于楚。江、汉不治,则荆与襄先为巨浸,而徐、扬无论矣。故治水之功莫大于江、汉,思禹之德莫

---

① 洪锡畴:《禹王宫碑记》,收在刘绍文修、洪锡畴纂:(道光)《城口厅志》,卷20"艺文",清道光二十四年(1844)刻本,第86~87页。

② 徐陈谟:《重修禹王宫碑记》,第30~31页。

甚于楚人。"①咸丰时期担任渠县县令的楚人王蔺三亦说："南条之水，江、汉为大"，江、汉皆发于蜀。"江、汉不治，荆、岳、汉、沔民其鱼乎！则治水之功，被于全楚者甚大。楚人之祀禹庙，其以是欤？"②同治《珙县志》在"禹王庙"条下注云："城内湖广会馆，以禹初生于蜀，而其后又道江、导黑水于此地也。"③民国时期修纂的《巴县志》和《荣县志》均在"禹王庙"条下指出，"两湖（或湖广）者，水汇也"。④ 王叔岷(1914—2008)先生抄录其父为成都洛带镇湖广会馆所撰对联，亦云："治民先治水，山川永奠，泽及湖湘。"⑤意味正同。二十世纪三十年代，川人罗念生(1904—1990)追叙自己由上海溯江而上回川的历程时还说：三峡水流湍急，山势险峻，而"两岸万仞石崖斧劈一般的陡，相传是禹王治水的神功"。⑥ 可知这一观念流传之广。

上述解说均强调楚人乃是大禹治水最大受益者，实际上是先认可大禹乃湖广乡神，再来寻找理由，而这些行为本身就是禹王"楚神化"过程的一部分。但宣汉一位士人邓师柳在为当地重建的禹王庙所作碑记中，完全不赞同这一思路。他指出："禹生石纽，蜀人也，祠

---

① 杨学述：《重修禹王宫后殿两廊乐楼缭墙序》，收在程熙春修、文尔炘等纂：(同治)《筠连县志》，卷14"艺文·序"，清同治十二年(1873)刻本，第13页。

② 王蔺三：《琅琊场补修禹庙碑记》，收在杨维中等修、钟正懋等纂、郭奎铨续纂：(民国)《渠县志》，卷12"文征志八上"，民国二十一年(1932)铅印本，第69页。

③ 姚廷章修、邓香树纂、冉瑞桐等增刻：(同治)《珙县志》，卷2"坛庙"，清光绪九年(1883)增刻本，第7页。

④ 朱之洪等修、向楚等纂：(民国)《巴县志》，卷5"礼俗"，民国二十八年(1939)刻本，第16页；廖世英等修、赵熙等纂：(民国)《荣县志》，卷11"社祀"，民国十八年(1929)刻本，第6页。

⑤ 王叔岷：《慕庐忆往》，北京：中华书局，2007年，第6页。

⑥ 罗念生：《芙蓉城》，《罗念生全集》第9卷，上海：上海人民出版社，2004年，第212页。

庙遍蜀中,而祀之者皆楚人,或疑与各省会馆各祀其乡之贤之义未协"。不过,类似现象在其他省籍会馆中也可看到,并非楚馆独有的特例。比如,四川会馆所祀川主、文昌就并非川人。进一步,"乡人祀乡贤"之说也根本不合儒家大义。盖"先王之制祭祀也,凡以有功烈于民耳,非以私其乡也"。就此而言,"禹敷土地平天成,万世永赖,凡戴高履厚者,世世宜祀也"。而浙江、江苏、河南等处亦皆有禹庙,"虽不与祭告",仍"饬地方官春秋致祭",更可知禹王绝非楚人"私有财产"。邓师柳认为,重修禹王庙时,"巴之籍于楚与不籍于楚者,罔不乐襄",更证实了禹王信仰的公共性。因此,该庙修成后,"其福庇将不惟楚之人也"。①

邓师柳是否楚地移民后裔,资料不详,难以确定。不过,宣汉禹王宫重修于嘉庆时期,正是移民社会基本成熟之时。邓氏明确表示禹王"福庇将不惟楚人",似应放入此一背景中理解。显然,他不惟不认可禹王宫乃是湖广人士的私产,甚至根本就否定了"会馆各祀其乡之贤"的通例。大概当时大多数人已将会馆祀神理解为"其乡所产之神",故使他感到有澄清的必要。大禹治水,功在天下,禹王宫当然不能视为楚人之"家庙";但这样一来,禹王实际也已不再是湖广的地域认同象征了。比较而言,徐、洪、杨诸氏感到困惑的只是禹王何以成为楚人的地方神,并未否定"乡人祀乡神(乡贤)"的通义。不过,他们的论说重点均放在对大禹功烈的描述上。照此思路,祀神的主要意义在于崇德报功,凡有益于民者,均有被人崇祀的资格。事实上,王蔺三虽专门撰文讨论大禹与楚地的特殊渊源,且自承常谒楚庙,"隆祀典亦以敦梓谊也",但也指出:"夫夏王之明德远矣。平成之功,九州攸同,万世永赖,天下后世皆当祀之,独蜀人乎哉,

———————

① 邓师柳:《重修禹王宫碑记》,收在汪承烈修、邓方达纂:(民国)《宣汉县志》,卷3"祠祀",第31~33页。

独蜀人之籍楚者哉！"①这些都可看出，"乡神"为一乡的人们共同崇奉，但绝不排他；它具有地域性，同时又能够超出地域限制。在一定程度上，这恐怕正和其原本只是某乡"通祀之神"的出身有关。

大禹作为一个全国性人物，却被视为楚地乡神，这二者之间的逻辑紧张关系引发了这场讨论；但即使更具乡土特征的神灵崇拜，也仍然存在局于一隅还是更为开放的选择。雍正十二年（1733年），安县知县、福建人陈汝亨在为该县天后宫所写的碑记里说，天后"以险而灵"，"闽、浙、关东，皆所式凭。而予尝游彭蠡，过洞庭，由震泽，渡易水，历孟津，望三门，禹迹之所经，龙穴之所都，而后之神实镇护焉。盖遇险而灵，非独于海然也。夫神之在一邑者，庇一隅"，而天后却能"生于莆而福佑天下"。即以蜀地而言，人们能够于"万流奔赴，湍波激荡之中，舳舻往来不绝，非后之功乎！"因此，"后之德也，岂特吾乡人所宜庙而祀之乎？"②

在四川，天后信仰主要集中在福建及一部分广东移民中，较禹王崇拜具有更强的区域色彩。但从文意可知，陈汝亨所预设的读者不仅是福建移民，当还包括了其他客民乃至四川土著在内。陈氏任职安县的雍正年间，四川的移民活动正在进行时，不同的移民群体之间仍然存在较大的心理距离。在此情境中，陈文着力强调天后功德所被超出福建一乡范围，既有提升天后地位的意味，亦不无推动福建移民与其他群体交流的可能。但要达此目标，天后也必须超越福建乡神的形象。这种取向或与陈氏作为地方官主要从治理角度考虑问题的取向有关，但也是地域性神祇崇拜常见的现象。李亦园先生即在对台湾新竹庙宇崇祀的研究中发现，即使为私人所占有的私坛，也存在着将其崇奉范围"尽量扩大"的倾向，因为只有这样，"庙

---

① 王蔺三：《琅琊场补修禹庙碑记》，第68～69页。
② 陈汝亨：《天后宫记》，收在杨英灿纂修、余天鹏续修、陈嘉绣续纂：（嘉庆）《安县志》，卷31"艺文"，清同治三年（1864）增补嘉庆本，第26页。

宇的声望才能提升,神灵的格位也才会因此而超越"。① 这正和我们
在四川移民会馆中所观察到的现象是一致的。

因此,在会馆崇祀中,"天下"与"一隅"既有"相克"一面,也存
在"相生"的可能。乾隆十八年(1753 年),江西籍的新津知县黄汝亮
为当地江西会馆所写碑记中也隐含着类似认知:

> 余谓聪明正直为神,其泽被于人而无私。而神独佑吾豫章
> 之人,豫章之人亦信之笃,尊之至。得非以人例,桑梓之私,
> 冥漠中亦有同然欤?夫以人之情而揆诸神,尤当推神之意以及
> 于人,使吾乡聚处于斯者,勤其本业,毋为浮浇,而又知敦笃
> 于梓好,有无相通,缓急相济,雍雍然如家人手足之相倚。吾
> 知神明之感孚而庇佑其乡人,又不啻俎豆辉煌之为歆也。爰书
> 其始末,并推广其建祠之意,以为吾乡劝。②

与陈汝亨重在强调神之"无私"不同,黄文指出,虽然神之为神
是因其"无私",但"桑梓之私"仍难忘怀。实际上,这种依违于"公"、
"私"之间的心态恐怕更多地反映了黄汝亮自身的处境。黄文专为赣
籍移民而作,自然无须掩盖甚至必须表达出足够的同乡情谊;然而,
作为朝廷派下的"父母官",他也必须平等地对待治下原本来自不同
地方的属民。从这个意义上看,文章意在通过劝诱乡人而达到化成
地方的目的,"桑梓之私"在这里成为导向"无私"的一条途径。

钱穆(1895—1990)先生曾云:中国士人的"心情所寄,不在乡

---

① 李亦园:《民间寺庙的转型与蜕变——台湾新竹市民间信仰的田野调查
研究》,收在《宗教与神话》,桂林:广西师范大学出版社,2004 年,第 195~
196 页。

② 黄汝亮:《重修万寿宫记》,收在王梦庚原稿、陈霁学修、叶方模等纂:
(道光)《新津县志》,卷 40"艺文下",清道光九年(1829)刻本,第 28 页。

土，而在中国，在天下"，其杰出者"决不为一乡一里之士"。① 然这又不必在形迹。常有人终其一生，足迹所至，不出一乡一里，而关怀所向，仍不失为国士、天下士者。因此，士人也常可从一隅之中，窥见整个天下。这一点或可从安岳一位贵州移民后裔谭言蔼的两篇文章中得到启示。谭氏是嘉庆十四年（1809 年）进士，后出任江南道监察御史等职。嘉庆十五年（1810 年），安岳通贤场江西移民欲重修万寿宫，请谭氏为文，向寓居当地的江西商人募捐。谭氏在文中说，江西人之"贾蜀者，邑中市聚无处无之"，虽然因为人多，居住分散，"若不足以相溷者，然真君之御灾捍患，为德于故乡也甚煊赫"。诸人既"均出豫章"，应"念桑梓枌榆之谊，共藏斯举"。② 但四年之后，该县龙台场贵州会馆黔阳宫落成，亦请谭言蔼作文，他的说法就变了：贵州人崇祀的黑神，即唐代忠臣南霁云。南氏"非生于黔，仕于黔者也"。然"其忠义之气，横塞宇宙，千古犹生。御灾捍患，远憺威棱，庙食于黔，所谓公非有私于潮，而潮人独信之，深思之至也"。此正如"大禹生于石纽，壮缪终于荆襄。奚必故里所居，宦游所及，人始得而祀之者哉！"③

这两篇文章目的不同，立场自然有异。前文是代人立言，且为募捐之作，故不免动以乡情；后文是处理"家乡"事务，必须解决南霁云非有私于黔却受黔人崇祀这一矛盾。显然，谭言蔼也不免要面对如同王闿运一样的疑惑。重要的是，对观两文，可看到谭氏在桑梓观念和天下意识间的自由转换，与前述黄汝亮、陈汝亨等人徘徊于"私"与"无私"的立场颇有异曲同工之处。另一方面，谭言蔼也指

① 钱穆：《再论中国文化传统中之士》，收在《国史新论》，北京：生活·读书·新知三联书店，2001 年，第 205、206 页。

② 谭言蔼：《通贤场万寿宫重修歌台募疏》，收在陈其宽修、邹宗垣等纂：（光绪）《续修安岳县志》，卷 2"坛庙"，清光绪二十三年（1897）刻本，第 15 页。

③ 谭言蔼：《龙台场黔阳宫碑记》，收在陈其宽修、邹宗垣等纂：（光绪）《续修安岳县志》，卷 2"坛庙"，第 16～17 页。

出：地域性神祇在形式上固然由某一地人专祀，但这并不意味着神祇"有私于"该地，则与邓柳泉的看法颇有可以互相印证和补充之处。

韩森教授曾经论述过，某一地域性神祠向其他地域的扩展过程，是怎样在南宋时期的士人们之中引发了争论的。她认为，支持人们接受跨地域神祇崇拜的主要理由即是这些神灵的"灵验性"，其主要的传播者乃是商人和一部分游宦。那些反对这些信仰扩散的人们则坚持"祭不越望"的原则，要求人们只崇拜本地神祇。韩森认为，这至少有一部分原因是因为"许多从前极有威势的官僚家族由于受京师党争的排挤，已经将注意力转向集中于本籍县区"。① 这个解释着眼于特定时期的政治权力转换和社会结构变化对人们信仰世界的影响，当然极具启发性。不过，在本书所讨论的这个时代，区域性神祇崇拜早已不再是一个"问题"，其中不少神祇早已进入祀典，获得了官方认可。从"国家"和"地方"关系的角度看，一方面，地域性神祇的位格得到提升，在很大程度上得力于它们具有相对稳固的地域性社会根基，另一方面，随着它们被纳入官方的"万神殿"，朝廷也在象征性层面上加强了对地方和民间的控制（但后者仍有很大的自主空间），从而在一定程度上弱化了它们的地域色彩，使其兼具了超地域的可能。实际上，孔子虽有"非其鬼而祭之，谄也"（《论语·为政》）的教导，但宋元以降，《大学》中由一身到天下的思路在士人中所产生的影响力，在不知不觉中突破了此一崇祀原则的限制。这大概即是邓、陈、谭等人能在"乡神"中虑及"天下"的制度性与思想性依据之所在。

不过，也正是由于这些神祇潜在地具有超越地域性限制的位格与影响，因而更加受到移民的重视，甚至被运用到与其他移民的群

① 具体讨论参考韩森：《变迁之神——南宋时期的民间信仰》，第126～159页，引文出自该书第166～167页。

体竞争中。如《民国新修合江县志》"禹王宫"条称，此庙"正殿祀夏禹及其佐命诸臣"，殿后"西为濂溪祠，祀周子。本县人公意，而永州人私之，爱其乡也"。① 周子固非神也，不过其在此语境中具有的意义并无差别。濂溪祠的设立使县人对周敦颐（1017—1073）的崇仰与永州客民的乡土认同各得其所，自然是理想状态。但细味文意，县志编者似非永州移民后裔，且对后者以濂溪祠为私有的举动颇有微词，恐怕代表了当地相当一部分非永州籍读书人的意见，暗示着其间可能存在着的族群矛盾。事实上，在渠县琅琊场湖广会馆中亦有周敦颐的塑像。一位楚人后裔李映莲在为该馆所作碑记中说："吾楚之人累承夫子教泽，岂以移居于蜀而遂忘故土大贤乎？故凡散处川中者，莫不立庙塑像崇奉。"②文章刻意突出周敦颐作为"故土大贤"的形象，正是《合江县志》所谓"私之"之意。

实际上，按照常例，合江濂溪祠的建立恐怕更有可能首先出于永州移民的"私意"，且其所谓"县人"，估计也不过就是县志编者本人及其所属的那一类读书人。而为周氏立像，恐亦主要出自永籍士人而非其他阶层的提倡。如此，则围绕着濂溪祠属公属私的争论，其实不过就是原籍不同的读书人之间的争执而已。但无论如何，这一事例表明，周敦颐已成为部分人"争夺"的对象。

在众多楚人乡贤中，周敦颐之所以受到特别礼遇，实离不开"公意"的背景。这意味着像他这样的"大人物"已成为跨族群的"公共资源"，既可能是社会的凝合剂，也为族群竞争灌注了动力。道光戊申年（1848 年），家住德阳的陕西客民后裔刘宸枫就抱怨当地的陕西会馆不祀张载（1020—1077）："古圣王祀典之制，所以崇德报功也。秦

---

① 郑贤书等修、张森楷纂：《民国新修合江县志》，卷 3"建置一"，民国十年（1921）刻本，第 16 页。

② 李映莲：《琅琊场禹王宫奉祀濂溪夫子碑记》，收在杨维中等修、钟正懋等纂、郭奎铨续纂：(民国)《渠县志》，卷 12"文征志八上"，第 79 页。

人功德之盛，孰有过横渠张先生者乎！先生德备一身，功在万世。关中之学，濂洛同宗。今天下府厅州县莫不各有学以祀之，而乡人独阙祀于乡先生"，不能不让人感到面上无光。刘氏呼吁"急宜位置"张载于会馆中，"以明祀事"，以使"后人于以慕义无穷"。① 按照在全国范围内知名程度的不同，乡贤大约也具有不同的级别，而像周敦颐和张载这样具有全国性影响的大人物更容易被移民选中，正因其具有超地域的影响，更易为其他区域性群体所认可，为本籍人士带来荣耀。②

从族群竞争的角度看，会馆显然又并不仅仅是移民原乡情结的寄托。渠县李渡镇禹王宫有一通光禄大夫、太子太保、都察院长院都御史、曾为兵部尚书的罗源汉（1708—1782）写的碑文：

　　余自秘省参枢要，一切外务未遑及也。辛酉夏，吾里张中书世浦走书告余曰："余因浦丁内艰，（原有缺文——引用者，下同）王事。迁道渠邑之李渡镇，风俗（缺文）。而吾楚之居渠者，（缺文）立修禹王宫为公家庙，凡以敦睦桑梓，因以不忘于楚，而有归楚之志欤？"既属叙于张子，复欲缘张子以（缺文）。余未尝居渠，甚愿吾楚之居渠者，俱有声于楚也。余虽不能至渠，然有以知吾楚之居渠者必不忘于其本也。或名显荣封，归祭其楚宗祖；或利积丰亨，言返其楚之故区。此余所日夜切切冀之者。夫生圣天子之宇下者，俱关爕理。彼渠人士既远托桑

　　① 刘宸枫：《陕西会馆祀田记》，收在钮传善修，李炳灵、杨藻纂：（光绪）《德阳县志续编》，卷3"建置志·祠庙"，清光绪三十一年（1905）刻本，第15~16页。
　　② 清代汉口的徽州商人亦利用朱熹崇拜加强"内在凝聚力"，同时"使得徽商在诸多商帮中鹤立鸡群"。王振忠：《明清以来汉口的徽商与徽州人社区》，收在李孝悌编：《中国的城市生活》，北京：新星出版社，2007年，第85~86页。

梓之诚，又何可不于枢要而一及之？①

说李渡镇的湖广移民"有归楚之志"，恐怕是罗源汉的臆测，但是，向原籍高官请序，是一件极"有面子"的事，足以抬升本会馆及湖广移民在地方上的地位，却是肯定的。换言之，这种行为并不一定表明移民思乡之烈，而更可能是楚民在新家乡与其他族群竞争的手段。

因此，不管是历史上的名人，还是当代的高官，都可能被移民族群利用，而最受欢迎的，还是已经广为人们接受的"大神"。在这方面，关羽崇拜是一值得注意的例子。在清代，关羽是所谓武圣人，每年均由官员在各地武庙对其祭祀。在民间，他又因地利之便，成为山西和陕西会馆所祀乡神。但实际上，将关羽作为主神崇拜的并不只有山陕人士。泸县的江浙会馆、中江县城内的湖广会馆均主祀关羽。合江湖广会馆于主祀禹王之外，亦兼祀关帝。② 中江名医林愈蕃说，关羽为海内外所崇祀，"而吾蜀士民则自湖南、北来者，奉之尤笃。盖以侯之辅汉，首尾于楚，其忠诚之气浸灌于楚人者深，而施于千载之后者为最远也"。故他们"虽流寓蚕丛远地，犹崇奉弗衰乃尔也。……予谓侯之神在天下，而功烈忠义于楚最显。吾乡人奉祀之笃，无可议者。"不过，林氏既再三感到有阐明楚人奉祀关羽尤笃原因的必要，则其心中大概仍觉自己的说法并不有力。因此，文章的结尾仍落在"天下"二字上："吾尝游京师，取道秦晋，见祠宇甚密，以侯为北人故也。南游于楚，经襄樊，泊江陵，见居民谈侯

① 罗源汉：《禹庙碑记》，收在杨维中等修、钟正懋等纂、郭奎铨续纂：(民国)《渠县志》，卷12"文征志八上"，第77～78页。

② 王禄昌等续补：(民国)《泸县志》，卷1"舆地·坛庙"，民国二十七年(1938)铅印本，第43页；杨需修，李福源、范泰衡纂：(道光)《中江县新志》，卷2"建置·祠庙"，清道光十九年(1839)刻本，第57页；郑贤书等修、张森楷纂：《民国新修合江县志》，卷4"礼俗"，第48页。

遗事，多拊髀太息，壮而悲之。不谓楚人之在中邑者，犹此志也。亦可知旁礴宇宙，浃民肌髓，惟此树人伦，维纲常正气，人生天地间，宜奚所取型哉！"①林氏的思路与前述徐陈谟等人的思路基本类似，而主题相异，对照而观，会馆祀"乡神"之说与其说是一个事实，毋宁更是一个"理想"。

实际上，林愈蕃自己也感到他试图将关羽加以"湖广化"的解说，并无法解释关羽在各地广受欢迎的现象。在这方面最具启发性的是巴县事例。该县移民众多，仅城内就有八省会馆，除湖广馆祀禹王、江西馆祀许逊、福建馆祀天后、广东馆祀慧能外，其余的山西、陕西、浙江、江南诸馆均祀关帝。据民国修《巴县志》载："浙江馆旧名列圣宫，疑先祀吴大夫伍员、吴越王钱镠。清初皆加封号立祠，载在会典。后乃专祀关帝。江南馆初为准提庵，亦后改祀。"准提庵乃佛教寺院的名称，江南馆或是在其基础上改建而成；而浙江会馆则很可能是放弃了原本更具地方性特色的伍员（伍子胥）、钱镠的崇拜改祀关帝的。这一过程何时以及如何发生，改祀原因又何在，《巴县志》并未细究。但它指出，这与清廷"极崇"关羽一事有关。② 巴县诸会馆争祀关帝，看似与楚人专祀禹王的现象相反，实际上却是内里相通的。盖关羽和禹王均来自"大传统"，不啻文化上的"公共财产"，当然是任何人都可拿来一用的。但这样一来，会馆崇祀显然已无法作为区分不同地域认同的标准了。

进一步，如佛、道二教这样的"公共信仰"，也存在着被地域性群体利用的可能。筠连县禹王宫于主祀禹王之外，兼祀寿佛、帝主、镇江王，"皆为其德之有造于楚，而功足以配飨夫神禹也"。同治时期，该馆又增修了观音堂。禹王宫而将寿佛、帝主、镇江王、观音

---

① 林愈蕃：《增修关圣宫记》，收在杨需修，李福源、范泰衡纂：（道光）《中江县新志》，卷2"建置·祠庙"，第57～58页。

② 朱之洪等修、向楚等纂：（民国）《巴县志》，卷5"礼俗"，第17页。

等汇集一堂，兼而祀之的情形，亦可在大竹等地发现。而会馆兼祀观音，则既非筠连也非楚馆所特有的现象。丹稜的江西会馆万寿宫便在许真君而外，兼祀萧公、镇江王、三官、观音等。① 佛教信仰本"不分畛域"，会馆却是一籍人之"家庙"，二者本来凿枘不合；但在民众心中，无论来路如何，这些神灵都能提供福佑，自可共处一堂。实际上，楚馆祀观音，并不比其主祀大禹更不合理。但禹王作为楚神的地位已获得人们的广泛认同，观音入"家庙"，到底显得怪异。杨学述大概正是有鉴于此，特做解释云："观音大士盖广发宏誓，以慈航渡世者，功不在禹下，故祀禹不可不祀观音。"②实属牵强，盖功不在禹下者甚多，岂能一一同祀？况且，这套说辞也未证明观音和楚人有何特殊关系，实际是虚晃一枪。显然，民众对于观音和关羽这样的"大神"的崇信，远远超过对神祇之地域性的关心。这不但再次表明会馆祀"乡神"这一"通例"的局限性，也表明地域性神祇和超地域性神祇的界限其实并不像《南充县志》里说的那样分明。

显然，"乡神"实是一非常模糊且未必符合实际的概念，而不管是士大夫还是更为下层的民众在使用这一概念或者崇祀活动中，均表现出超出地域性的开放特征。这就为移民突破原乡的族群界限并构建新的家乡认同提供了可能。

三、成为"四川人"

移民入川，多保持着自己原籍的风俗习惯。光绪《崇庆州志》引

---

① 丁元恺：《万寿宫记》，收在刘良模等修、罗春霖等纂：(民国)《丹稜县志》，卷3"建置志·通祀"，民国十二年(1923)石印本，第47页。

② 杨学述：《重修禹王宫后殿两廊乐楼缭墙序》，第14页。

康熙时修县志称："兵燹以后，半属流寓，好尚不一。"①嘉庆《达县志》亦云："今自兵燹之后，土著绝少，而占籍于此者率多陕西、湖广、江西之客。业已五方杂处，未免各俗其俗。"②同治《嘉定府志》说，在婚礼方面，"川省五方杂处，各从其乡之俗"。③ 直到民国时期，都还有不少文献记载了人们在具体风俗习尚方面的差异，如《丹稜县志》："十一月冬至不祭墓，惟江西客民及诗礼家有送寒衣者。"④《重修彭山县志》："十月送寒衣，秦籍人有行者。冬至拜墓，粤桂籍人行之"云云。⑤ 这些记录从康熙年间一直到民国时期，可知"各俗其俗"的现象在四川延续之久。

但是，在其他一些事务上，移民后裔文化趋同的步伐在嘉庆以后明显加快。前引六对山人的竹枝词写于嘉庆八年，而民国《三台县志》中也说，当地"五方杂处，习尚不同，久之而默化潜移，服其教不异其俗"。⑥ 民国《宣汉县志》称，"邑人多客籍，少土著"。直到清代中叶，"凡本籍与本籍者遇，必述其原籍之土语，曰打乡谈。一以验真伪，一以必亲切也。且父子兄弟互相传习，以为纪念。迨传世既久，习与俱化，相谈之存在者，百不得一，已自成为一种宣汉语

① 沈恩培修、胡麟等纂：(光绪)《增修崇庆州志》，卷 2"风俗"，清光绪三年(1877)刻本，第 1 页。
② 鲁凤辉等修、王廷伟等纂：(嘉庆)《达县志》，卷 19"风俗"，清嘉庆二十年(1815)刻本，第 3 页。
③ 文良等修、陈尧采等纂：(同治)《嘉定府志》，卷 6"风俗"，清同治三年(1864)刻本，第 3 页。
④ 刘良模等修、罗春霖等纂：(民国)《丹稜县志》，卷 2"舆地下·礼俗"，第 51 页。
⑤ 刘锡纯纂：(民国)《重修彭山县志》，卷 2"民俗篇一"，第 4 页。
⑥ 林志茂等纂修：(民国)《三台县志》，卷 25"风俗"(录嘉庆旧志)，民国二十年(1931)铅印本，第 5 页。

矣"。① 在达县，"咸、同以前，语言尚异，后渐混而为土音矣"。②
这些论断大都是印象式的，但作为一种观察，仍具重要的参考价值。
嘉庆十二年（1807 年）进士、垫江李惺（1785—1863）在为大邑县牟氏
族谱所写序言中明确提到："大抵今日所为土著者，率皆国朝定鼎以
后，自粤东、江右、湖南北来。其来自前明洪武初年麻城孝感乡者，
则旧家矣。"③文章写作时间不明，而被收录在同治六年（1867 年）编
修的《大邑县志》中。故所谓"今日"，大抵正着落在十九世纪开头的
六七十年中。惟此仍是特例，难以概论而已。实际上，恐怕要到了
二十世纪初，大部分清初移民的后裔才正式认同于"四川人"的身份。

　　不过，需要指出的是，共同文化要素的形成固然是四川地域认
同在移民中得以确立的基础和表现，但这毕竟仍是两个问题。1883
年，英国商人阿奇伯尔德·约翰·立德由湖北沿江而上，在"进入四
川省后的第一个村庄"，遇到一位当地民团的首领，便问他是否"本
地人"，他的回答是："不！"立德了解到，"他们是两个世纪前乾隆年
代从江西迁至此地的"。④ 立德所遇到的情况也许是因为那里位处四
川"边区"，与三台这样的"内地"不同，甚至有可能是在语言交流中
出现的误解。不过，已经移民二百多年，仍不自认"本地人"（注意并
非"四川人"），也在很大程度上展示了在有意识层面中改变地域认同
的艰难。

　　事实上，光绪九年（1883 年），王闿运便曾在梁山、大竹之间的

----

　　① 汪承烈修、邓方达纂：（民国）《宣汉县志》，卷16"礼俗·会话"，
第28页。
　　② 蓝炳奎等修、吴德淮等纂：（民国）《达县志》，卷9"礼俗门·风俗"，
第22页。
　　③ 李惺：《牟氏祠堂记》，收在王铭新等修、钟毓灵等纂：（民国）《大邑县
志·文征卷》，民国十九年（1930）铅印本，第18页。
　　④ ［英］阿奇伯尔德·约翰·立德：《扁舟过三峡》，黄立思译，昆明：云
南人民出版社，2001年，第66页。

袁坝驿遭遇类似现象。他在湖广会馆遇到一姓丁的人,"自称湖北人",然"不知原籍何县。问其来,则雍正中"。① 这在立德入川前十年,地点也相对更近四川腹地,丁姓自称湖北人,很可能因为丁氏面对王闿运这个湖广"大同乡",为了拉近距离而特意强调其原籍身份,但其先辈移居四川是在雍正年间,其时湖广已分省,故明言是湖北人,故此事还是展示了移民后裔原乡认同的持久性。然而另一方面,他竟然已经说不清楚自己原籍的具体县份了,表明其原乡认同已开始模糊化而呈现出"存而不论"的态势。

这一现象提示出,移民群体对原籍文化特色的保留并不意味着他们拒绝接受新的地方认同。前揭王蔺三写于咸丰时期的文章揭出"蜀人之籍楚者"一概念,便颇耐人寻味。殆"籍楚"者仍可被视为"蜀人",原籍符号并未阻止移民的"土著化"。到了民国时期,移民后裔已毫无疑问地成为"四川人",却仍可保持原乡风俗,甚至仍存在着较为突出的族群矛盾。身为移民后裔的郭沫若(1892—1978)曾回忆道:"乡里人的地方观念是很严重的,别的省份是怎样我不甚知道,在我们四川真是在大的一个封建社会中又包含着无数的小的封建社会"。在大规模移民运动中,"这些移民在那儿各个的构成自己的集团,各省人有各省人独特的祀神,独特的会馆,不怕已经经过了三百多年,这些地方观念都还没有打破,特别是原来的土著和客籍人的地方观念"。他并举出实例,以证明这种社会冲突的严重程度:"杨姓是我们地方上的土著,平常他们总觉得自己是地方上的主人,对于我们客籍总是遇事刁难的。我们那小小的沙湾,客籍人要占百分之八十以上,长江领域以南的人好象各省都有,因此杨姓一族也就不能不遭镇里的厌弃了"。这种矛盾已成当地社会传统的一部分,到清末仍未衰竭:"关于地方上的事务,公私两面都暗暗地在那儿斗

① 王闿运:《湘绮楼日记》第 2 卷,第 1216 页。

争。譬如我们发起了天足会，他们便要组织一个全足会；前面在福建人的会馆里开办了一座蒙学堂，他们在他们的瑶瑺宫也要开办一个。凡事都是这样。"①把"地方观念"视为"封建社会"的特征，明显受到二十世纪二三十年代社会思潮的影响，② 这且不论。不过，从郭沫若的表述中可以看出，乐山沙湾的土、客族群矛盾显然并未阻止移民后代接受"我们四川"的认同。

自然，成为"四川人"的过程多数情况下是潜移默化，因而是无法划出明确轨迹的。不过，自十九世纪中后期开始，四川不同地方都出现了一些有意识整合不同移民群体而促使其"土著化"的努力。在此过程中，一般被认为四川乡神的川主崇拜受到了特别的关注。岳池县余家场南楚会馆禹王宫设立于嘉庆二十一年（1816年），本来只祀禹王，但至迟在道光时已加入文昌和川主，从而成为以禹王为主祀，以文昌和川主为附祀的崇祀格局。按，文昌崇拜虽出自四川，然已遍布全国，而川主则分明是地方性极强的神灵。类似的以本籍主神为主，附祀川主的现象，也可在内江禹庙中看到。③ 这一趋向应该反映出，这些地方的楚人后裔在维持原乡身份的基础上，已逐渐开始产生对四川的认同。

岳池县恩贡陈合德在为余家场禹王宫所做序文中说，该庙将禹王、川主、梓潼"三神合祀，其寓意之深且远，亦可嘉矣"。据谯周《蜀本纪》、《宋书·符瑞志》等，"梓潼帝君与大禹实为蜀人"。至于川主，一说即"隋赵昱守蜀，降伏水怪，当时奉为川主清源妙道真

---

① 郭沫若：《沫若自传第一卷——少年时代》，《郭沫若全集·文学编》第11卷，北京：人民文学出版社，1992年，第14～15页。

② "地方观念"的地位在二十世纪前半期几经变化，参考王东杰：《地方观念和国家观念的冲突与互助：1936年〈川行琐记〉风波》，《四川大学学报》（哲学社会科学版），2004年第1期。

③ 曾庆昌纂修：（民国）《内江县志》，卷1"寺观"，民国十四年（1925）刻本，第28页。

君"。然据《史记·河渠书》、《风俗通》和《通志》，应为李冰之子李二郎，"蜀民舍其封爵，或称二郎，或称川主者，亲之也，亦尊之也。其与赵昱同称川主，犹之夏以上祀柱曰稷，自商以来祀弃亦曰稷云尔。诸君以南楚入籍西蜀，而所祀如是，岁时瞻拜之下，得毋有观感而兴起者乎?"①看"诸君"一词可知，陈合德可能就是时人所说的"土民"。此文不但强调无论是"土著"还是"移民"，均应崇祀川主，且将大禹也明确纳入"四川人"的历史叙事中。因此，该馆的形制虽是仍以禹王为主，但陈氏的解说实际上已取消了独立的楚人认同。

这当然极有可能是陈合德的一厢情愿。盖从会馆崇祀格局来看，余家场的楚民是在以禹王为主祀的前提下容纳川主，与陈合德的论述中以川主为重的叙事格局不同。不过，楚人后裔主动"土著化"的倾向仍显而易见(唯未必同时放弃了原乡认同)。实际上，楚民邀请一位四川土著撰文做序，本身便可能有象征意义。与此相似，仪陇县土门铺万寿宫是江西移民后代陈典润一家两代人努力修建而成的。落成以后，陈典润的儿子陈东升邀请当地土著、士绅胡辑瑞为万寿宫写序，谓"斯役也，家君心力殆瘁矣，愿先生一言表章之。且其地实先生发祥所，地灵人杰，如响斯应，尤不可以无言"。② 胡家大概是当地的书香门第，但据陈氏所言可知，他之所以看重胡氏，原因不仅限于此，也还由于胡家原系土著，在地方上颇有号召力的缘故。虽然具体情况不明，但作为客民的陈氏父子不乏有借此结纳土著的动机，和郭沫若描写的乐山沙湾杨氏家族与移民群体的关系不同。

与陈合德欲把川主提升为所有"在四川的人"之共同信仰对象的努力相同，光绪二十八年(1902年)，一位万源县的贡生赖嵩山也说，

① 陈合德:《余家场禹王庙文昌川主序》，收在白汝衡等修、熊世瑆纂:(道光)《岳池县志》，卷39"序"，清道光三十年(1850)刻本，第26～28页。
② 胡辑瑞:《土门铺新修万寿宫序》，收在曹绍樾等修、胡辑瑞等纂:(同治)《仪陇县志》，卷6"艺文"，清同治十年(1871)刻本，第33页。

江水"由岷山出灌口，经成都，汇渝城，出夔门，下巫峡，以达于荆襄。任水下紫阳，亦达于荆襄，所谓江汉合流也。吾乡舟船往来，商贾辐辏，咸赖于斯"。这和李冰父子治理岷江的功劳分不开。因此，川主"不特川人宜祀，即荆襄人客川者亦宜祀"。① 从文中可知，赖嵩山大概是湖北移民的后裔。有意思的是，前述徐陈谟等论证禹王为湖广乡神，也是遵照同样的思路，结论却大相径庭。盖二人之所欲者实异也。显然，陈、赖二氏均试图以川主崇拜整合土、客各自相异的信仰体系，以营建一个更能超越族群区分的、整体性的"四川人"概念。

在上述事例中，或是土著积极推行川主信仰（陈合德），或是移民主动接纳川主信仰（赖嵩山），显然与川主身为四川地方神祇的性质分不开。不过，也正因如此，在大多数人们的认知里，川主仍只是造福于四川人的地方神祇，接受他的前提是已经接受了"四川人"的身份认同。事实上，即使在蜀人内部，对于川主的信仰也还存有不同意见。赖嵩山即道出了万源这一四川边地的某些人心中的疑惑："或有难余者曰：'如子之说，川人宜祀川主矣。而吾乡与秦接壤，距江较远，任水西流八百里，又复入秦，不与凡江水所经，被李公泽者等，非所宜也。'"② 而早在同治年间，荣昌县的一位士人敖册贤亦说，当地有人对川主信仰颇有疑虑："或曰：（李冰父子——引者注）所凿所溉不过蜀西一隅耳。吾里去离碓远矣，与成都二江风马牛不相及"，何以"全蜀之人，皆俎豆而尸祝之？"他说：这些人"不知离碓居江之上游，成都二江又蜀水之上游也"，荣昌之水即发源于此。"江源清则由资内入叙、泸，趋巴、渝，以达夔、巫。水患平则水利兴。估客往来，千舻万舳，蔽江而下，盐、粟、锦绣，百物之利甲

---

① 赖嵩山：《大竹河川主、神农、药王三圣庙碑序》，收在刘子敬修、贺维翰纂：（民国）《万源县志》，卷 2"营建门·祠庙"，第 30～31 页。

② 赖嵩山：《大竹河川主、神农、药王三圣庙碑序》，第 30 页。

天下,皆神功也。则吾里与全蜀之俎豆而尸祝之,复奚疑?"①

　　既云"或曰",即非确指,不能据此判断对川主之祀抱有异见者的具体身份(是否移民等)。但两文均要澄清此一疑问,可知类似的顾虑确实存在。同时,二文中的"或曰"均以李冰治水不及其乡为理由,表示不当祀之。从地域认同的角度看,敖文的"或曰"显然并不赞成把李冰视为四川的整体象征,而认为其只可代表"蜀西一隅"。显然,政治力量规划下的行政区域虽然是建构地域认同的一个重要标准,但同一省份的人们也可能由于该地在省内所处的具体位置及与临近地区的关系而产生独特的体会。参考前述新宁楚人各以郡望立会馆的情形,可知以省份为单位建立的乡神崇拜在塑造省籍意识的同时,恐怕也使得不少更为"基层"的地域神祇崇拜遭到了"压制"。进一步,赖文写于1902年,而文中的"难余者"则似乎根本不自视为"川人",与一般材料中显示的情况有异,亦揭示了川人认同在这一"边缘"地区确立的困难。同时,这些疑虑也暗示着正统文献中经常连用的"崇德报功"四字,在民间的认知里恐怕实可歧而为二,"德"显然不如"功"更有说服力。

　　在移民认同尚未有彻底改变的前提下,川主在社会整合方面起到的作用自然有限。实际上,川主确也只是当时被用来整合族群信仰的诸选项中的一个。咸丰时期,射洪士人夏肇庸在为当地湖广会馆所做序文中说:"石纽村界蜀之西,相传崇伯诞禹处。蜀之祀禹也固宜。江自岷山而下五千里,至于大别,与汉合流,为东南巨浸。微随刊之功,荆之人其蛙鼋乎!故楚寄籍于蜀者,其祀禹也尤

_____

　　① 敖册贤:《重修吴市川主庙碑序》,收在文康原本、施学煌续修、敖册贤续纂:(同治)《荣昌县志》,卷20"序",清同治四年(1865)增刻本,第19~20页。

宜。"①夏氏的具体事迹不详，此文系为楚庙所撰，着眼点自然在楚人。惟一个"固"字，一个"尤"字，前呼后应，耐人寻味。前述民国《荣县志》于"禹王宫"条下云："禹生于石纽，蜀祀亦宜。"②着力处与夏文恰好相反，而均暗示出禹王这一形象中潜藏着整合楚、蜀认同的可能。

　　光绪六年(1880年)，达县举人张美枢在为当地培修禹庙所写的碑序中说：据《帝王世纪》、《蜀王本纪》、《华阳国志》等，禹乃茂州汶川人。"夫禹为蜀人，蜀人已当奉祀，况八年著胼胝之劳，九州奏平成之绩，其功其德，固宜天下万世享祀不忒者乎？时人动谓禹王宫为湖楚人家庙，严分界域，殆未深考耳！目今之自命为蜀人者，询其祖籍，非黄州、麻城，即汉阳、孝感，来川较早耳，何尝有楚蜀之分也？"既然"移民"和"土著"，其实只是来川时间迟早的不同，则严分土、客"界域"，实属无谓。不过，据张氏观察，这一界限已在逐渐消除的过程中："我场乾隆中始建庙，嘉、道、咸、同迭加补修。维时俗见未泯，皆来川较迟者董其事，他无问焉，以故乐楼倾圮，尚未议及。岁庚辰，首事等欲易而新之，集众筹款，一时来川之迟与早者，皆倾囊相助。"③庚辰年当为光绪六年(1880年)，此时当地的"楚蜀之分"似已不甚严格。

　　与前引张合德、赖嵩山一样，张美枢的文章也表现出欲将四川土著和湖广移民整合为一的意图。至其具体论证策略，则有两点。首先，他强调大禹原籍四川，故本该川人奉祀，而不应以之为湖广乡神。其次，强调"土著"和"移民"均为移民后裔，因而并无实质性

---

① 夏肇庸：《改建禹庙山门记》，收在黄允钦等修、罗锦成等纂：(光绪)《射洪县志》，卷16下"艺文·记"，清光绪十年(1884)刻本，第39页。
② 廖世英等修、赵熙等纂：(民国)《荣县志》，卷11"社祀"，第6页。
③ 张美枢：《培修禹庙碑序》，收在蓝炳奎等修、吴德淮等纂：(民国)《达县志》，卷10"礼俗门·寺观"，第60页。

区分。与前述张、陈二文不同，张美枢并不要求移民向土著靠拢，相反，从文中语气看来，他的主要意图是提醒土著（即"来川较早"者）应放弃地域"俗见"，与移民合作。张文把土、客区分描述为同源异流，不仅是要把四川塑造成为包容所有人群于一体的"新家乡"，还隐含了一种泯除"界域"的"天下"意识。禹系川人，又受到移民中人数最多的楚人的崇拜，更在中国历史上具有绝高地位，要比李冰父子更能赢得多数人的认同。虽然就实际情况看，禹王仍主要被视作湖广人的地方信仰，但正如前文所述，他自身本就蕴含着面向"天下"的超越性，使其不可避免地带有开放色彩和包容能力。

这绝非张美枢的异想天开。实际上，由于明清两代的湖广移民在各省移民中均占多数，其生活方式对四川的影响也最大。不少人注意到，川俗多与楚俗相近。如嘉庆《定远县志》说："民俗半楚。近来土著老民不过十之二三。"①咸丰《隆昌县志》云："蜀楚接壤，俗亦近似。"②光绪《广安州新志》谓："州人多楚籍，习尚沿之。"③川、楚风俗相近之说，也获得了楚人的印证。同治纂修《巴县志》的湖北人熊家彦就发现："蜀自明末兵燹后，余黎几无孑遗。吾楚与蜀接壤，楚人多占籍于此。故蜀中有麻城县孝感乡之称。予孝感人也，见其风土大半与《荆楚岁时记》相似，不胜敏恭桑梓之意云尔。"④蜀、楚地近，俗亦近，自古而然，但明、清两次大规模的湖广移民入川运

---

① 沈标远、吴人杰修，何苏、何烋纂：（嘉庆）《定远县志》，卷17"风俗"，四川大学图书馆藏抄本，刻印时间不详，第59页。

② 魏元燮、花映均修，耿光祜纂：（咸丰）《隆昌县志》，卷39"风俗"，清同治元年（1862）刻本，第75页。

③ 周克堃等纂：（光绪）《广安州新志》，卷34"风俗"，第11页。

④ 霍为棻等修、熊家彦等纂：（同治）《巴县志》，卷1"疆域志·风俗"，清同治六年（1867）刻本，第37页。

动，显然强化了这一现象。①

不同族群的融合固然是建构新地域认同的基本条件，移民的内部"分裂"亦有可能成为其认同转向的契机。据《大竹县志》："黄州亦湖广郡，旧同一馆。后以微有争执，黄籍人始募资增修三圣宫，作为黄州会馆。"按当地禹王宫建于雍正八年（1730 年），三圣宫建于乾隆五十二年（1787 年），则黄州移民与禹王宫的争执正发生在此五十余年中。作为黄州人与其他湖广人分裂的产物，为了与旧的湖广会馆相区别，黄州会馆树立了新的崇祀对象：川主李冰、土主冯绲（？—167）、药王孙思邈（581—682），合称"三圣"。同治十年（1871年），馆内另增帝主像。按帝主名张七，相传为初唐时四川璧山人，后至楚经商。"明万历加威灵显化封号，清同治加灵感普救封号。麻城人尊为帝主，迁蜀者亦崇祀之"。② 如此，则帝主虽原籍四川，而主要为湖广麻城人所崇奉，其信仰是随着湖广移民迁蜀而回传至四川的。因此，帝主像的增设，反使三圣宫较前更多一层地域色彩。不过，整体而言，黄州馆崇祀格局中的"土著化"意味极为明显，代表了主动向"四川人"认同靠拢的趋势。且这一会馆是在乾隆晚期修建的，据笔者所见，应是有关移民认同转向最早的史料之一。

四、结 论

一般都认为中国人乡土意识极强。这一看法大体不错，至少"落叶归根"便是二十世纪之前大多数中国人的基本信条之一。不过，它

————————————

① 今日通行的"四川话"也是在明初以来的"湖广话"基础上形成的，深受明初与清初两次移民活动的影响。参考崔荣昌：《四川方言与巴蜀文化》，成都：四川大学出版社，1996 年，第 107～109 页。

② 郑国翰、曾瀛藻修，陈步武、江三乘纂：（民国）《大竹县志》，卷 3"祠祀志·群祀"，民国十七年（1928）铅印本，第 14 页。

过于强调了中国人"安土重迁"的一面，轻视了历史上屡见不鲜的移民现象。实际上，不管经过多么漫长的时间，移民或者他们的后代最终总会转向新的家乡认同。惟此一转变发生在人们的内心深处，很难对其具体过程做出清晰的描绘。本章试图从象征层面对清代四川地区移民群体的地域认同状况做一把握，并对他们成为"四川人"的大致过程做一粗线条的勾勒。

通常而言，人与自己的家乡具有一种"原生性的关联"。① 这种与生俱来的关系使得原乡情感非常稳固。但另一方面，在真正的故乡，或没有"外人"参照的情况下，它无须证明，因而也未必强烈。只有在与外人相对照的情况下，特别是在异乡，这种意识才得以明确化。因此，"原乡认同"在很大程度上其实更是一种特定历史语境下的建构（这样说并不排除它的"原生性"）。同样，所谓"乡神"亦更多是在移居地被赋予原乡认同象征的内涵。就此而言，它虽具有浓郁的地域色彩，却与近年受到学界关注的"地域崇拜"现象不同。

大体来说，学界对于中国社会中地域建构问题的认识，存在三种研究方案：以施坚雅（G. William Skinner）的理论为代表的功能主义市场模式、强调政治主导力量的行政空间理论与"地域崇拜"研究。本章的关注点与第三类研究有相似之处，均注意宗教与象征领域。不过，地域崇拜研究主要关心"庙宇是如何成为社区的象征性体现"，会馆崇祀却显然无法归类于一个具有明确地域边界的"社区"，而是对一个具有共同地域认同的族群的界定。地域崇拜仪式的一个重要内容是神祇被周期性地请出巡境，以确定其边界所在。但在一个"五方杂处"的移民社会中，尤其在城市，移民无法严格地按照其原籍聚居，巡境仪式显然是不适合的。乡神崇拜并无明确的地理边界，且

---

① Edward Shils, "Primordial, Personal, Sacred and Civil Ties," in *Selected Essays by Edward Shils*, Chicago, Center for Social Organization Studies, Department of Sociology, University of Chicago, 1970, pp. 39-40.

未必获得居住在同一土地上的人们的共同认可。这一点，看前边所讲的四川一些边地居民对于是否应崇祀川主尚有疑义的现象即可知晓。地域崇拜的另一重要表现是通过向"根庙"进香的活动将不同地区联系起来，在会馆崇祀中亦是缺乏的。① 乡神崇拜的主要意义并不在于对具体"地方"的关怀，而在于对其信众之族群身份的定义——它面对的是新家乡而不是移民记忆中的故土。

刘宸枫在批评德阳陕西会馆不祀张载时提出了"祀神将以报本，抑将以祈福与"的问题，并自答曰："祈福则非所祀而祀之，名曰淫祀。淫祀无福。釐而正之，宜亟已。"②他看出了民众以"祈福"为主的崇祀目的有可能造成"非所祀而祀之"的状况，颇为不满；要求急祀乡贤张载，正是要解决这个问题。但实际上，中国大多数民众所关心的恰是神祇能够提供多少福惠，而不是其地域属性。周作人（1885—1967）曾回忆道，民初时钱玄同（1887—1939）在北京的黄包车夫当年曾是义和团运动的参加者，"但是其时已经是热心的天主教徒了"。这位车夫自述"改宗"的原因是："因为他们的菩萨灵，我们的菩萨不灵嘛。"③"灵"与"不灵"才是"菩萨"能否获得信众的根本原因，至于是"我们的菩萨"还是"他们的菩萨"，倒并不重要；而判断灵验与否的标志，实际上又是其背后所代表的社会权力大小，这也正是获得官方认可的神灵更易为人遵从的主要原因。地域既然并非决定信仰的根本因素，乡神的"能指"与"所指"就都可随着信仰者认同的改变而改变。人们既可在会馆中纳入新神祇，也可赋予旧神祇以新意义。

---

① 本段有关"地域建构"的理论探讨参考了王铭铭：《明清时期的区位、行政与地域崇拜——来自闽南的个案研究》，收在《走在乡土上——历史人类学札记》，北京：中国人民大学出版社，2003年，第89～93页。

② 刘宸枫：《陕西会馆祀田记》，第15～16页。

③ 周作人：《知堂回想录》上册，石家庄：河北教育出版社，2002年，第180～181页。

另一方面，儒家思想中由家、国到天下的思路也深深影响到读书人对会馆崇祀的看法。对他们来说，由一身推而至于家、国、天下，或由天下退而至于一身，均是顺理成章。正如邓柳泉和谭言蔼坦然承认的，会馆所祀，未必即是一乡所产之神灵（圣贤），但反过来，这并不妨碍他受到某籍乡人的特别崇敬。通过"崇德报功"的概念，乡神或乡贤得以兼具同时向乡土收缩与向天下开放的两面性。传统读书人的族群认同与超越性观念之间，并没有经受了民族国家观念洗礼的现代知识分子如郭沫若那样强烈的紧张感。罗威廉曾发现，汉口的会馆"介于狭隘的乡土观念与世界观念之间"，① 而这显然并非汉口地区会馆的特色。

这又牵涉到如何在社会史的框架内纳入思想史研究取向的问题。一般认为，社会史是关注下层生活的，而思想史则主要关怀精英和经典。然而，如果我们仅仅把"思想"理解为精英思想家有系统的理论构建，那未免过于小看了普通人的精神世界。事实上，非思想家们依然有自己的思想。它们活生生而变动不居，常常经由隐性传播方式对整个社会产生着潜移默化的影响。所谓隐性传播，我指的是一种观念附着于日常的行为、习俗、惯例之上，并通过这些形式的流传而日益扩散，被人们不自觉地接受的过程。它和通常我们关心的思想的显性传播，也就是以演讲、口号、标语、论著等方式进行的传播方式大不相同，但其对社会的实际影响力甚至往往超过后者。在此意义上，思想决不是外在于社会的异质因素，而是社会内涵的一部分。而基于这个理由，思想史和社会史应有更多的合作。

目前，学界对于传统中国祠神信仰的研究似有过重"祀典"的倾向，其重点在通过祠祀现象切入"国家"与"社会"的关系，尤其关注

---

① 罗威廉：《汉口：一个中国城市的商业和社会（1796—1889）》，第 328 页。

民间信仰的"国家化"与"儒家化"过程。① 但事实上，在中国传统社会里，超越于"国家"之上的"天下"观念，才是衡量一种信仰合"道"与否的最终依据（尽管在实际上，对许多民众来说，连"国家"也不是他们思考问题的根本出发点，不过，类似于意识形态的"天下"意识，作为一种"标准"价值观，仍然对人们的行为举止或对行为举止的合理化方式，起着不可忽视的"规范性"作用）。比如，天后早在南宋就进入了官方正祀。但是，陈汝亨在文章中仍不忘强调天后并不独佑闽人，而是"福佑天下"的。显然，他并不因为天后已经获得了正统地位，而对她在其他地域性群体中的吸引力充满信心。同样的，其他会馆的崇祀对象也多已获得官方认可，然而面对其他群体，其超越性却仍多次被强调，均暗示了"国家"力量对此一问题影响的有限性。

实际上，民间信仰的多元性和模糊性本来就有利于多维度的诠释，从而具有极强的伸缩空间。比如，"乡神"这个概念就可以做多方面的解释：或是出自本乡，或是曾仕宦本乡，或是有功于本乡，甚至本乡只是其受惠者之一。加上有关众神的传说纷纭，横说纵说，总能使一个神祇与不同地区的人们都能发生关联。换言之，如果把乡神崇拜视作移民地域认同象征的话，它显然是既可被"建构"，又可被一套新的叙述所"解构"与"重构"的。

过去的研究之所以更多注意了会馆维持移民原乡观念对于族群融合及形成新的地域认同不利的一面，大概出于两个原因：一是将移民的族群区分简单地与他们的原乡观念等同起来，二是将移民的原乡认同与他们对新家乡的认同对立起来。事实上，对于第三代以下的移民后裔来说，原乡的意义更多体现为在一个新家乡中对自己

----

① 有关研究参看蒋竹山：《宋至清代的国家与祠神信仰研究的回顾与讨论》，《新史学》第 8 卷第 2 期，1997 年 6 月。

族群性身份的建构，其重心已转向移居地。只是由于这种认同在多数情形下还只是处在潜意识之中，且是以族群区分的形式表现出来的，故可以和显意识层面上仍然维持着的原乡身份并行不悖。其实，即使到了二十世纪，不少移民后代依然保留着原乡印记和移民身份，但这并不妨碍他们已经自认为一个彻底的"四川人"。① 在此意义上，地域认同的改变绝非一个非此即彼的单向转变，而是充满了内心的徘徊与难明的纠葛的过程。

出于同样的道理，我们也不能把会馆祀神中寄托的原乡记忆和情感一笔抹杀。对于许多移民后代来说，原乡差异仍是其身份意识中或浓或淡的组成部分。前边说过，随着时光流逝，代际更新，任何原乡记忆都会不可避免地流失。但这种稀释过程也并非是匀速的、自然而然的。这里需要引起我们注意的一个关键因素是德国学者扬·阿斯曼所说的"回忆形象"（Erinnerungsfigur）——它既凝缩了相对抽象性的"意义"，也为人们提供了具体的感知形式。离开这样一些形象，任何集体记忆都难以进行。② 具体到本章的论题来说，移民会馆及其所崇祀的不同神祇，以及方言、风俗等身份标志，就属于此类"回忆形象"。通过为移民及其后裔提供一个直观而生动的"故乡"印迹，它们创造并不断维系着移民的原乡认同。只要会馆的崇祀活动还在周期性地进行，方言和族群性的风俗习惯仍在被使用或实践，原乡记忆就是日常生活内在的一个组成部分，保持着鲜活的面貌，其流失过程也相应地被减缓。

---

① 李一氓（1903—1990）就注意到："四川流行的人事表格都另加'原籍'一项。"（《李一氓回忆录》，北京：人民出版社，2001年，第4页）根据李的履历推测，这里说的应该主要是民国时期的情况。

② ［德］扬·阿斯曼：《文化记忆：早期高级文化中的文字、回忆和政治身份》，金寿福、黄晓晨译，北京：北京大学出版社，2015年，第30页。这个概念是阿斯曼在法国社会学家莫里斯·哈布瓦赫（Maurice Halbwachs）的"回忆图像"（Erinnerungsbild）概念基础上改造而成。

　　但是，二十世纪以来，随着整个中国社会与文化的急剧变迁，这些"回忆形象"也不同程度地遭到破坏：自清末新政开始，包括会馆在内的各种公产被以国家建设之名陆续征用，围绕着这些公产展开的公共活动遂因丧失必要的物质条件支持而难以为继；在各种公共活动中，祀神更沦为"科学"的敌人，遭到政府和众多新知识分子的严厉打击；再加上新的社会管控与组织形式重新规划了人们的日常生活，社会流动性的规模以加速度的方式日益扩展，公共传媒的触角无远弗届，使得方言和各种传统的风俗习惯迅速式微。所有这一切"现代性"因素，都对维持着移民原乡记忆和群体认同再生产的"回忆形象"造成了严重破坏，前所未有地加快了移民后代认同更新的速度①。不过，这个论题已经超出本章的论述范围，只能有待于将来更为细致的研究了。

---

　　① 关于四川会馆在民国时期的破坏，参见 John Fincher，"Political Provincialism and the National Revolution," in Mary Wright, ed., *China in Revolution*：*The First Phase*，*1900 — 1913*，New Haven, CT：Yale University Press，1968，pp. 221-222.

第二章　地方认同与学术自觉：
清末民国的"蜀学"论

　　中国文化中，地域意识的兴起甚早。先秦典籍如《诗经·国风》以方国为单位编纂诗歌，《尚书·禹贡》描述了各地风土物产的差别。秦汉以后，随着政治大一统格局的奠定，各地原本存在的文化多样性更受关注。《礼记·王制篇》明确提出，各地文化的不同根于自然地理环境的差异，《汉书·地理志》更注意到不同的历史经验对地域文化的影响，提示了自时空两条线索考察地域文化的思路。在学术史中，这一意识主要体现为一系列以地名加"学"字为后缀构成的名词的使用，如宋代的"关学"、"洛学"、"朔学"、"闽学"，清代经学中的"吴派"、"皖派"、"常州学派"等。它们一经产生，就常常变成"不证自明"的分析范畴，被人广泛使用。

　　从实际运用看，"某地之学"中的"学"字，包含有学校、学风、学术以至文化等多层意谓，其确切指向须视上下文而定。一般学术史研究提到此类概念，则多着落在具有地方特色的学术这一层面上。但即此而言，其所指仍是模糊而宽泛的。所谓"地方特色"，或指某些学科，或指某些学派，或指某种学术路数，或数种含义兼而有之，但有时也不过就只是一个地域范围而已。这类名词基本上是一开放（并会继续开放下去）的表述，其意涵处在不断波动中，而又多少指向一个相对统一的内核。

　　作为此类概念中的一个，"蜀学"也具有同样的特点。这可从既存研究对这一概念的语义演变所做的梳理中看出一斑，兹不赘言。①
需要指出的是，现有成果虽已多少注意到蜀学概念的开放性，而仍
多倾向于将其指涉对象视作一个清晰的"实体"，或依据研究者个人
的见解，为其划出一明确疆界，进而努力讨论其"特色"所在。问题
在于，为概念下个"准确"定义，固然可能使研究对象清晰化，但也
不无时代错位的危险，极易以今人所见替代时人认知。因此，怎样
尊重历史中的当事人对"蜀学"一词的理解，恐怕仍是蜀学研究首先
应解决的问题。

　　根据"蜀学"一名的使用情况来看，它至少应有两个层面。首先
是作为文化学术"实体"的层面，这也是既存研究处理较集中的层面；
但在此之外，它也是被"表述"出来的对象。在此层面上，不论其作
为"实体"是否存在以及其具体面貌如何，这一称谓的提出都反映了
人们对四川学术文化状况的认知（有时或是"理想"）。② 对四川学者
而言，蜀学一名更多地体现出一种区域学术的自觉，而这里又寄托
了某些"超学术"的关怀。事实上，清末民国一些四川学者对蜀学发
展脉络的历史考察，一方面反映了蜀学内部彼此歧异的学术立场，
另一方面也凸显了他们在共同的社会文化语境中形成的大体类似的
"问题意识"。这既与近代四川地方观念的形成有关，也是整个中国

---

　　① 详细的讨论见胡昭曦、刘复生、粟品孝：《宋代蜀学研究》，成都：巴
蜀书社，1997年，第1～6页；粟品孝：《朱熹与宋代蜀学》，北京：高等教育
出版社，1998年，第1～6页。后粟品孝又根据新发现的材料对此前的若干具
体判断做了修正，见《"蜀学"再释》，《蜀学》第3辑，成都：巴蜀书社，2008
年，第51～56页。对"蜀学"的研究，参考胡昭曦：《蜀学与蜀学研究权议》，
《天府新论》2004年第3期。有关近代蜀学，见刘复生：《表宋风，兴蜀学——
刘咸炘重修〈宋史〉简论》，《四川大学学报》（哲学社会科学版）2003年第5期；
《刘咸炘〈蜀学论〉及其在学术史上的意义》，《社会科学研究》2006年第3期。
　　② 蒋寅认为，中国古典诗学中"地域概念的形成与实存无关，而与意识有
关"（蒋寅：《原诗笺注》，上海：上海古籍出版社，2014年，第240页），可与
本章所见相互发明。

近代学术典范转移的一部分。因此，考察这一学术传统的建构过程，无疑有助于我们对蜀学研究中若干立场的反思。

不过，这两个层面虽有不同，又不能截然区分。"表述"无论如何都要以一定的"事实"为基础，而一个概念一旦被表述，特别是被概念范围所及的人群有意识地采用和阐发，也就反映了表述者的心理自觉，这又会成为一种塑造力量，对"现实"产生影响。一般认为，十九世纪八十年代以后，四川学术异军突起，影响力明显提升，成为近代"蜀学"勃兴的表征。此说延续既久，今日仍被学界接受，然实有不少事后追想的成分，值得做一清理。不过，这些追想也仍是建立在若干事实的基础上的。而且，正是晚清以来四川学术的实际发展，刺激了蜀中学人的"蜀学"自觉(此一称谓在历史上即存在，但近代学者采用此概念，自有特色。本书不主张将不同时期的蜀学视为一个连续的统一体，至少在"实体"层面中并不如此。不过，正如我们在下文将要看到的，在"表述"层面上，对于存在一个一以贯之的"蜀学"传统的意念，仍对近代蜀学的兴起提供了养料)，并试图对其重新诠释。

与此相关的另一种区分是学问的名实之分。在学术史上，有名无实或实至而名不归的现象累见不鲜。面对这种状况，固须循名责实，包括了将历史上那些有其实而无其名的人们重新发掘出来，给他们一个适当的历史定位；不过，有名者何以有名，无名而有实者何以为人遗忘，也是值得严肃讨论的问题，不能简单地归之于运气了事。有名无名虽然不能反映某种"实际"，却常可反映出一个时代的风会所趋，那也是另一种"实际"。讨论学术升降，就必须兼顾这两种不同的"实际"，一方面致力于重新发现历史上的失语者，另一方面也从"名"的升降中追踪学术风气的演变轨道。

本章意在结合近代四川地方社会和全国学术风气转移的大背景讨论四川和外省学人对蜀学的认知，基本集中在"表述"和"名"的层面，惟在此过程中，仍要兼顾"实"的层次。

一、近代"蜀学"兴起诸说检讨

一般认为，清代四川是移民社会，移民中多农、商，少士族，故其文化水平在全国长期落后。这一看法在清代就已存在。乾隆《雅州府志》云："蜀于献贼兵燹之后，又继以吴逆，疮痍未起，流亡未复，或有不耕不读之人。"①嘉庆《定远县志》云："国初兵燹之后，家少藏书。士大夫子弟担簦负笈，远道从师。贫乏者教授生徒，兼营耕读。"②民国《长寿县志》引旧志云："明季兵燹后，老成凋谢，图籍散亡。士多带经而锄，苦无师授。"③廖平（1852—1932）在1896年也说："川省初遭兵燹，县不过数十百户，人与鸟兽争地，鬼魅横行，粮食栖野，相率以鸡、布易田土，比今诚为浑噩。然不知诗书，争械相杀，婚嫁尤为简略。"④廖说大约来自故老相传的记忆。

类似记录在有关文献中俯拾皆是，几成"套版"。⑤ 不过，至迟到了嘉庆时期，大部分地区的社会经济状况已经恢复，文化也继之复苏。同治《仁寿县志》谓，"入国朝二百余年"，当地"儒雅之风"仍"未大畅"。直到"道光八年，戴羙门制府檄令州县各兴乡学"，情况

---

① 曹抡彬等修、曹抡翰等纂：(乾隆)《雅州府志》，卷5"风俗"，四川大学图书馆藏1984年油印本，第37页。

② 沈标远、吴人杰修，何苏、何怵纂：(嘉庆)《定远县志》，卷17"风俗"，四川大学图书馆藏抄本，刻印时间不详，第59页。

③ 陈毅夫等修、刘君锡等纂：(民国)《长寿县志》，卷4"风土"，民国十七年(1928)石印本，第1页。

④ 廖平：《经话》，李耀仙编：《廖平选集》上册，成都：巴蜀书社，1998年，第458页。

⑤ 现代学者也继承了这一看法，如 Yu Li, "Social Change during the Ming-Qing Transition and the Decline of Sichuan's Classical Learning in the Early Qing," *Late Imperial China*, June 1998, pp. 26-55.

才大变。① 这一时段与道光《岳池县志》的描述非常接近:"近日经学隆重,生儒皆知学古。研经茹史,颇多博洽之儒。数十年来,科名亦盛。"②民国《万源县志》也说,该县"文化落后","在昔科举时代,乾嘉后始知重学"。③ 虽都是印象式的描述,但不约而同,亦应道出几分实相。④

科举考试情况虽不能反映学术的真正状况,但某地文风盛衰也与当地学术水平的高下有着密切的联系。不过,按照一般规律,二者之间总有一时间差,具体来说,学术的兴盛当略晚于兴学。关于近代四川学术的发展,学界多追溯到同光时代的尊经书院,张之洞(1837—1909)与王闿运则被视为两大助产士。清末参加过同盟会的黄崇麟在为吴之英(字伯朅,1857—1918)文集所作序文中说:"有清二百年,蜀学暗黮,恒不逮他行省"。直到"南皮张文襄公督学吾蜀,创建尊经书院,以经史词章之学倡导后进,而湘潭王壬甫先生为之师,于是文雅彬彬,比于江浙"。光绪初年,吴之英、廖平、杨锐(1857—1898)、宋育仁(1857—1931)、胡延、张祥龄(1853—1903)、吕翼文等"辐辏并出,颉颃上下,于是号称极盛"。⑤ 吴之英的学生吴虞(1872—1949)追溯蜀中学术蔚兴轨迹,也说:"蜀中文献,明末

---

① 陈韶湘:《义学记略》,收在罗廷权等修、马凡若纂:(同治)《仁寿县志》,卷5"礼教志·义学",清同治五年(1866)刻本,第32页。

② 白汝衡等修、熊世瑢纂:(道光)《岳池县志》,卷18"风俗",清道光三十年(1850)刻本,第1页。

③ 刘子敬修、贺维翰纂:(民国)《万源县志》,卷5"教育门·礼俗",民国二十一年(1932)铅印本,第42页。

④ 自嘉庆十三年开始到光绪七年国史馆编成儒林、文苑、循吏列传14卷,收入197人,四川无一人选(参看郭嵩焘:《郭嵩焘日记》,第4卷,长沙:湖南人民出版社,1983年,第242~243页)。表明这一时期四川人物在全国的影响非常有限。

⑤ 黄崇麟:《寿栎庐丛书序》,收在吴之英:《吴之英诗文集》,成都:四川大学出版社,2008年,第565、566页。

以来渐灭殆尽。蔽于帖括，人不知学。至学使张公孝达来川，建立尊经书院，蜀中人士始通古学，比于齐鲁。"① 蒙文通（1894—1968）则云："蜀经明季丧乱，学术衰颓，晚清南皮张文襄公之洞来督学政，始以纪、阮之学为号召"。而"蜀士旧无知许氏《说文》者，独（廖平）先生偶得之败篚中而好之"，故得到张之洞赞赏。② 这些论述分别以吴之英和廖平为中心，而均以尊经书院为蜀学勃兴的关键，可谓学人共识。

一般认为，张之洞是尊经书院真正的创办者。他对近代四川学术的影响，主要体现为把清代正统汉学一线引入四川，这一思想主要又体现在他为尊经书院学生编写的《书目答问》一书中。虽然在尊经书院建立之前，四川绝非"无知许氏《说文》者"（详下），但张氏对此一风气在川中的推广功不可没。廖平晚年自言，他在尊经书院时，"《书目答问》始刊，朝夕揣摩，于国朝诸名家，师承源委，缕析条贯，莫之或先焉。至今五十余年，未尝废学。学经六变，五花八门，盖未尝出《书目答问》范围"。③ 大师如此，其余可知。此书的影响直到二十世纪二十年代不绝。其时曾就读于成都高师的姜亮夫（1902—1995）说，高师国文课由林思进（1874—1953）讲授，第一节课就让学生"各备《书目答问》一册"。④ 陶亮生（1900—1984）也回忆道，在高师教书的另一位学者向楚（1877—1961）"虽不曾任经学课程，然于群经却贯穿透彻。常云：'六经尊伏、郑，百行法程、朱。'见我所执注

_____

① 吴虞：《王祚堂传》，收在《吴虞集》，成都：四川人民出版社，1985年，第36～37页。

② 蒙文通：《廖季平先生传》，收在《经史抉原》（《蒙文通文集》第3卷），成都：巴蜀书社，1995年，第139页。

③ 廖平：《陆香初目录学叙》，《国立四川大学周刊》第1卷第2期，1932年9月27日，第12页。

④ 姜亮夫：《思师录》，收在王元化主编：《学术集林》第14卷，上海：上海远东出版社，1998年，第58页。

疏为叙府本，曰：'此陋甚，当购南昌本有阮氏校勘记者，行间圈识最重要。'"①"六经"、"百行"云云乃汉学家惠士奇（1671—1741）所常言，在相当程度上代表了汉学家的人生信条。更重要的是，向楚教导陶亮生的读经法亦出于《书目答问》。按该书《十三经注疏》条下："阮本最于学者有益，凡有关校勘处旁有一圈，依圈检之，精妙全在于此。四川书坊翻刻阮本，伪谬太多，不可读，且削去其圈，尤谬。"②可谓其来有自。直到二十年代末三十年代初，蒙文通还曾为范希曾（1899—1930）《书目答问补正》加过若干条案语。③ 这在蒙先生的学问生涯中虽然不过是一小小插曲，亦可见出蜀地学人与此书渊源之深。

不过，张之洞本不以学术名家，且不久就离任了。故谈及清代四川学术的著作，通常更重视王闿运的影响。钱基博（1887—1957）《现代中国文学史》将廖平、吴虞列于王闿运名后，又云尊经学子"廖平治公羊、穀梁《春秋》，戴光治《书》，胡从简治《礼》，刘子雄、岳森通诸经，皆有师法，能不为阮元《经解》所囿，号曰'蜀学'，则闿运以之也。"④二十世纪三十年代初毕业于国立四川大学的萧印唐（1911—1996）曾云："余昔年负笈成都，闻师友说湘绮王氏。湘绮于逊清长尊经书院，自来蜀中，学风蔚盛焉。"⑤按萧氏"负笈成都"，

---

① 陶亮生：《先师向先乔言行忆录》，收在成都市政协文史资料研究委员会编：《成都文史资料》1988年第2期，第45页。

② 张之洞：《书目答问》，范希曾编：《书目答问补正》，上海：上海古籍出版社，1986年，第1页。

③ 赵灿鹏：《蒙文通先生〈书目答问补正〉案语拾遗》，收在四川大学历史文化学院编：《蒙文通先生诞辰110周年纪念文集》，北京：线装书局，2005年，第393～413页。

④ 钱基博：《现代中国文学史》，收在傅道彬编校：《中国现代学术经典·钱基博卷》，石家庄：河北教育出版社，1996年，第78、622页。

⑤ 萧印唐：《目录学丛考序》，收在《印唐存稿》，成都：巴蜀书社，2003年，第92页。

应在二十年代中后期，彼时师友尚争说王湘绮，可知其影响持续之久。① 四川内外学人均把王闿运作为近代"蜀学"的开山祖师，实视"蜀学"为其余脉。

按照黄崇麟和钱基博所列名单，近代蜀学可谓是彬彬多士。不过，一般的学术史著述往往只提廖平一人，且多强调其为王闿运弟子。梁启超(1873—1929)说："平，王闿运弟子。闿运以治公羊闻于时，然故文人耳，经学所造甚浅，其所著《公羊笺》，尚不逮孔广森。平受其学，著《四益馆经学丛书》十数种，知守今文家法。"②说王闿运学问甚浅，又谓"平受其学"，则其对廖平的学术评价不高，故仅许其"守今文家法"而已，实际未必真懂廖平学术。③ 然廖平学出湘绮，却是很多人的共识。章太炎(1869—1936)在《訄书》初刻本《清儒》篇中说："闿运弟子，有井研廖平传其学，时有新义，以庄周为儒术，说虽不根，然犹愈魏源辈绝无伦类者。"④邓实(1877—1951)云："今文者，发源于庄(存与)、刘(逢禄)，浸盛于龚(自珍)、魏(源)，而集其大成者王氏(闿运)。王氏有弟子曰井研廖季平。季平著书最多，乃及百种，余杭章氏称其时有新义，而未见其书也。"⑤未睹其书而闻其人，了解当然有限，所述殆本于太炎。

晚清民初四川学术在国内的名声，泰半系于廖平一人，而一般

---

① 但萧文又说："余于学无所窥，然慕其人，高其文，求其遗书，而十年不获其全"，也可知王氏其时的影响已有些"流风余韵"的味道。

② 梁启超：《清代学术概论》，收在《饮冰室合集》专集第三十四，北京：中华书局，1989 年，第 56 页。

③ 李耀仙说，廖平平分今、古文，是知今知古，梁启超说"仅限于今文一隅，不免偏低了"(《〈廖平选集〉(上册)内容评介》，《廖平选集》上册，第 19 页)。是也。

④ 章太炎：《清儒(一)》，收在徐亮工编：《中国近三百年学术史论》，上海：上海古籍出版社，2006 年，第 8 页。

⑤ 邓实：《国学今论》，收在徐亮工编：《中国近三百年学术史论》，第 341 页。

认为廖平乃主今文学者，故学者提及四川学术，多把其放入晚清的今文经学统系中，勾勒出一条从湖南到四川再到广东的传播路线。刘师培（1884—1919）云："湘中前有魏源，后有王闿运，均言《公羊》，故今文学派亦昌，传于西蜀、东粤。"①川人庞俊（字石帚，以字行，1895—1964）并不认为四川经学惟廖平为最，但也说：

> 西京今文之学，自武进庄方耕、刘申受，长洲宋于庭，仁和龚定庵，邵阳魏默深，德清戴子高先后推阐，而湘潭王壬父遂遍注群经。弟子井研廖季平，尤善别今、古，益为闳肆，穷高极深，沦于不测。余论沾被，以启南海康长素，成其《新学伪经》、《孔子改制》之说。于是微言大义，始自毗陵，流衍于吴、越、湖、湘，上溯于蜀，反注于粤，浸淫遍天下焉。②

则廖平上承湖南王闿运，下开广东康有为（1858—1927），在今文一线中，实处于转捩地位。

这样，在学者心目中，晚清四川学术确已获得全国性声望。其中评价最高者似为钱基博："疑古非圣，五十年来，学风之变，其机发自湘之王闿运；由湘而蜀（廖平），由蜀而粤（康有为、梁启超），而皖（胡适、陈独秀），以汇合于蜀（吴虞）；其所由来者渐矣，非一朝一夕之故也。"③钱氏对此一"疑古非圣"之风自然是不满意的，惟在其描述中，蜀人对清季以来学风转移出力甚大，廖季平为其枢纽，吴虞则其集大成者，不论钱氏有何褒贬，蜀学地位实已甚高。

---

① 刘师培：《近儒学术统系论》，收在徐亮工编：《中国近三百年学术史论》，第152页。
② 庞俊：《记龚向农先生》，收在《养晴室遗集》，成都，自印本，1995年，第212页。
③ 钱基博：《现代中国文学史·四版增订识语》，收在《中国现代学术经典·钱基博卷》，第562页。

不过，以今文学家视廖平，针对的只是廖学"二变"的情形，对此前、此后的廖学均不能涵括；其次，近代四川学界实亦不仅廖平一家独秀。在经学之外，小学、文学、史学皆可观；在经学之内，亦济济多士，这只要看廖平"二变"的代表作《古学考》即知。据廖氏自叙，此书之作，乃其《今古学考》刊刻后，"历经通人指摘，不能自坚前说。谨次所闻，录为此册。"观其书中开列名单，基本皆为蜀人，多有逸出前引黄崇麟、钱基博所开名单之外者。他们的有些批评对廖平学术的发展起到了至为关键的作用，比如长寿李命三不同意廖氏"今古同重"的立场，"以为古不如今"，便全为廖平接受，成为其"二变"的骨干。① 当然，并非所有的人都赞同廖说，他们中尚应有与廖平立场不同，而未列入此名单中的，如吴之英等，更是自有风格。但这些人物，在外间学者所著的学术史著作中却少有提及。自然，虚名与实际往往颇有距离，外边的人不提，并不等于学问不好，可是这也说明，在尊经书院诸子中，真正获得全国性声望的并不多。即使是廖平，也多是作为晚清今文学"二传手"的形象出现，在通论性的文字中，多附于其师王闿运后，钱穆《中国近三百年学术史》更将其附于康有为章（王闿运则根本未提）。至于世俗的声望，廖平更无法和康有为相比了。

其实，将四川学术放在晚清以来学风流变的系统论述中加以评估，似乎其颇有影响，更多地乃是事后的诠释。康有为发挥廖氏学说撰《新学伪经考》、《孔子改制考》后，一时名声蔚起，廖氏移书有为云："后之人不治经则已，治经则无论从违，《伪经考》不能不一问途，与鄙人《今古学考》，永为治经之门径，欣忭何极！"又云："天下之为是说，惟我二人，声气相求，不宜隔绝，以招谗间。其中位置，

---

① 本段引文均在廖平：《古学考》，收在《廖平选集》上册，第 115、122 页。

一听尊命",惟希望"称引必及,使命必道,得失相闻,患难与共"。
钱穆分析道:

> 其曰"称引必及",盖名士相标榜之故习。《伪经考》既享大
> 名,季平欲藉其称引,自显姓字,故为《古学考》先两引长素《伪
> 经考》云云,我以此施,亦期彼以此报。盖长素骤得盛名,全由
> 《伪经考》一书,宜季平健羡不能置。而长素则深讳不愿自白。
> 然季平亦震于盛名,方期相为桴鼓,故书辞亦逊。①

由此一公案,正可看出廖平彼时社会声望远不能和康有为相比,
实际处于有求于康的地位。

前引黄崇麟、吴虞等文描述蜀学勃兴之效,几乎不约而同使用
了"比于江浙"、"比于齐鲁"的话。按"比于齐鲁"一语出自《汉书·循
吏传》论文翁化蜀之效(原文是"蜀地学于京师者比齐鲁焉"),"比于
江浙"则由此化出,而无论如何,皆反见其内心对蜀学地位实不甚自
信。这些不自觉脱口而出的用语,和前述廖平期望康有为能够"称
引"一样,都流露出长期处在边缘人们的心态。② 另一方面,在前引
讨论近代学术的著作中(四川学者作品除外),对蜀人注意较多的乃
是钱基博《现代中国文学史》。但书中有关廖平、吴虞等人的记述,

---

① 钱穆:《中国近三百年学术史》下册,北京:商务印书馆,1997 年,第
717~718 页。廖平致康有为书亦转引自此。
② 在一些自居正统的经学家看来,不但四川经学算不得突出,被认为蜀
学源头的湘学也不怎么样。章太炎 1932 年在北京师范大学演讲,就说:"清代
经学,自分布之地域观之,最先为苏州(又分出常州一支),次徽州,又次为扬
州,浙江在后。其在山东,则有孔广森及桂馥。在广东,则有侯康,讲《穀梁》;
又有陈澧,亦是汉宋杂糅者。余如四川、两湖亦有经学家。"(《清代学术之系
统》,收在徐亮工编:《中国近三百年学术史论》,第 36 页。)"亦有"者,显然不
甚认可,然此处对康有为一系根本未置一词,则四川经学在其心中尚可一提,
不算太惨。

乃是 1936 年第 4 版所增补者，此前数版并未及之，也意味着"蜀学"最初并未进入其眼中，则蜀学在全国的影响力到底如何，亦甚难言矣。①

故晚清民初的四川学术实际是处于（较之此前）已有所发展并潜在地开始对其他地区的学术产生影响，但在人们心目中仍基本处在边缘的状态。有关此时蜀学勃兴的论述，有一半乃是事后的总结，未必真正反映了现场实况，因而也多少夹杂了一些想象成分。但这些论述也绝非虚构，自有若干事实为素地。实际上，此一时期的四川学术确实呈现一些特色，正是这些特色成为近代蜀学论的依据，而它们又必须放在整个近代中国学术转型和四川文化发展的双重背景下加以解析。

二、近世学风转移与"蜀学"勃兴

钱穆曾说："一时代之学术，则必其有一时代之共同潮流与其共同精神，此皆出于时代之需要，而莫能自外。逮于时代变，需要衰，乃有新学术继之代兴。"②蒙文通先生晚年则云："讲论学术思想，既要看到其时代精神，也要看到其学脉渊源，孤立地提出几个人来讲，就看不出学术的来源，就显得突然。"③在近代蜀中学人中，廖平以其新经学尤受关注，正是"时代变了"的表现。且正因为他是时代潮流浪尖上的人物，故通常提到近代蜀学，多突出之。但前已讲过，

---

① 按钱基博在《四版增订识语》中感谢"致书通殷勤，匡我不逮"者的名单中有王利器，增补廖、吴及一系列蜀地学人名单或即王氏提醒乎？然未见原函，此亦猜测而已。

② 钱穆：《两汉经学今古文平议·自序》，北京：商务印书馆，2001 年，第 4 页。

③ 蒙文通：《治学杂语》，收在蒙默编：《蒙文通学记》（增补本），北京：生活·读书·新知三联书店，2006 年，第 28、29 页。

其时四川学界绝非只有廖平一人。研究近代学界尤其是川外学者对蜀学的认知,自不能不突出那些有全国声望的学者,但此中所见也更多的是"全国"而非"四川"(然也不能全分);研究四川的学术,则必须同时兼顾那些不常被提到的学人。同时,蒙先生这里提到的"学脉渊源",也须做多角度理解。既要关注"学派"系统,也要注意一个地区流传的文化风格的影响。一般学术史提到廖平,主要注意的还是今文学的脉络;但如果放眼尊经书院乃至整个晚清四川学界,不但今文学不足以涵盖之,近代"蜀学"自张之洞、王闿运二人开辟的结论也须稍作辨正。

把近代蜀学自尊经书院算起,实际意味着在尊经书院建立之前清代四川无"学"可言。但仅凭一二人之力(且此一二人在学术上亦无高深建树)而使一个地区的学术蔚起,实不无夸张。做过老师的人都知道,人才培养,严师固是一重要助力,而学生的材质亦不可忽略。更重要的是,正如喜马拉雅山是出现在青藏高原,而不大可能出现在平原地带一样,一个文化巨人的出现,固然有其"超时代"之处,也必得益于此一时代文化的"平均水准"。尊经书院几乎同时涌现大批人才,显然意味着此前四川文化土壤中已经存在合适的种子,惟外在条件不备,一旦春风吹过,立刻萌发壮大。这看起像是忽如其来,实际上是由于研究者忽视了此前一些潜在的根苗所致。姜亮夫曾言,他在二十世纪二十年代初从云南昭通到四川读书,发现蜀中"文风很盛,民间读《五经》、《四书》很普遍。在去峨眉山的路上,抬轿人前后对答往往用诗句,尤其是用唐诗"。① 其时距一般认为的近代蜀学勃兴也不过半个世纪左右,而轿夫这一类下层民众居然可以出口成章,如果民间没有长期的文化积淀,是不可想象的。故这段

---

① 姜亮夫:《忆成都高师》,收在王元化主编:《学术集林》第2卷,上海:上海远东出版社,1994年,第269页。

回忆提示的信息颇值注意。

学界断言四川文化落后的一个重要根据是科考情况。但能否在科考中胜出，不仅取决于考生的文化水平，还取决于录取标准。考官的喜好往往决定了考生能否中试，而这种喜好一旦为人接受，又成为一时风气所趋，无形中起到导向的作用。对于居住在信息不通的偏远地区的考生来说，因为不能及时捕捉到"风向"，很容易落第。① 清代四川恰是这样一个"偏远地区"。道光年间一位任职江安的官员就说，该地"国朝来几二百年，擢科甲者仅二人。嘉庆癸酉后，七科无举于乡者"。他"检阅戊子科落卷"，发现"笔意条鬯者颇多，然皆疏于法，又无熔铸才，此特不讲求之过也"。② 江安考生之所以"无举于乡"，不见得是水平不够，而太半是不了解科场风气所致。这虽不能推广到整个四川，但其揭示的问题，显然不应是江安一地所特有。李新(1918—2004)先生就曾说：四川官话和北京官话音韵不同，"四川人作诗，常常押错韵。在科举考试的年代，不少四川举子，常因作诗押错韵而名落孙山"，并举出他幼年时的一位老师为证。③ 按有清科举考试用韵，并非北京官话韵，而是平水韵，李先生此处所述有误，但四川学子考试出韵，恐怕也非个案，这也是因为文化风气与外地不同而导致失败的事例之一，同时说明这些学子的音韵学训练不足，仍可谓是"不讲求之过也"。

学额限制也是造成一般印象中清代四川文化不发达的一个重要原因。据张仲礼(1920—2015)先生统计，1812 年，四川的府厅州县有各类官学 152 所，以数量论，仅次于陕甘和直隶(分别为 163 所、

① 参考罗志田：《科举制的废除与四民社会的解体——一个内地乡绅眼中的近代社会变迁》，收在《权势转移：近代中国的思想、社会与学术》，武汉：湖北人民出版社，1999 年，第 170 页。
② 高学濂纂修：(道光)《江安县志》，卷 10"风俗"，清道光九年(1829)刻本，第 31 页。
③ 李新：《流逝的岁月》，太原：山西人民出版社，2008 年，第 11 页。

159 所),位居全国第三;但学额仅有 1366 人,位居全国第七,而位居第一的直隶学额有 2845 人,较四川多出将近 1500 人。这一状况在 1886 年的统计中有所改观:四川官学 155 所,跃居全国第二;学额也增为 1918 人,排位略有提升,居全国第五,但位居第一的直隶也增为 2888 人,仍较四川多出 970 人。① 自然,官学数多,未必意味着读书人的整体数量大,更不见得其质量佳,但学额与官学数量不成正比,四川显然要吃亏不少。

清初到清代中叶相当长一段时间里,四川确实是文献凋敝。张之洞在同治十年(1871 年)注意到:"楚、蜀藏书家、彝器家皆少,……庙市一无所见,真可叹也。"② 在此稍后,一度在成都侍奉父母的王懿荣(1845—1900)也在给缪荃孙(1844—1919)的信中说:"会府及学道等肆,旧书佳拓名迹断港绝流,只壬秋(王闿运——引者)物色去足本《文苑英华》一千卷,携之南行。"③ 直到清末四川成立存古学堂,谢无量(1884—1964)向社会各界募捐,仍说:"蜀地僻远,民间鲜藏书之家。…… 兹学之立,仅能以官钱数百千,置图书而已。"④ 不过,当时仍有一些例外。赵熙(1867—1948)曾云:"乾、嘉之际,海内宗尚鸿博,荣县僻山区,士风犹质,自五经外罕循诵者"。然其曾祖"已多藏书,故有司致宾礼焉"。⑤ 赵熙未讲其曾祖的学术渊源,但这一记录表明,乾嘉时代四川已有学尚博雅之士,与

① 张仲礼:《中国绅士——关于其在十九世纪中国社会中作用的研究》,李荣昌译,上海:上海社会科学院出版社,1992 年,第 141、143 页。

② 张之洞:《致潘伯寅》,收在《张之洞全集》第 12 册,石家庄:河北人民出版社,1998 年,第 10105 页。

③ 王懿荣书,收在顾廷龙校阅:《艺风堂师友书札》上册,上海:上海古籍出版社,1980 年,第 135 页。原函无日期,此据书信内容大致推断。

④ 谢无量:《存古学堂募捐启》,《蜀报》第 4 期,宣统二年九月朔日(1910 年 10 月 17 日),第 2 页。

⑤ 赵熙:《曾祖赵湾墓识》,收在《赵熙集》,成都:巴蜀书社,1996 年,第 1253 页。

当时汉学考据的风气颇多同趣。更早之前，乾隆时期的李调元（1734—1802）已开始从事朴学研究，其治经宗主郑玄（127—200）。张循据李调元的例子及相关史料断言："四川汉学风气之起固不待张之洞的推动，但张氏督学之后，此风气方得普及。"①此说有理，惟其时汉学是否已经达到"风气之起"的程度，仍可商榷，而更具体的情况也有待进一步研究。

事实上，这里所引几条材料，基本上都是用"藏书家"或考据学家的尺度来衡量的，标准较高，一般著作在四川恐怕就未必这么缺乏。姜亮夫说："在四川，大体说来，十三经、廿四史及重要诗文集都可找到刻本，虽精致不如江、浙，但量不少，价也廉，民间百姓买得起。"②这虽是二十世纪二十年代的情况，但如前所述，文风应是经过一个相当长时段的积淀才会渗透到民间这个层面，而不大可能是一蹴而就的。

在汉学以外，前尊经书院时期的四川学术界更多可观。雍正时期的彭端淑（约 1699—约 1779）长于古文辞，论文宗仰司马迁（前145—前 90）、韩愈（768—824），论诗推尊陶渊明（？—427）、杜甫（712—770），曾主讲锦江书院，对蜀地文风产生过一些影响。蜀人中讲宋学者尤多。清初有费密（1623—1699）。③钱穆曾云："晚明兵燹，蜀中所罹尤惨酷，宜其学者谈思所及，常有余痛，而激宕所至，亦与河北颜、李如合符节，若新繁费氏其著也。"④这里特别从蜀人

---

①　张循：《义理与考据之间：蒙文通先生的经学历程》，收在北京大学国学研究院编：《国学研究》第 23 卷，北京：北京大学出版社，2009 年，第 421页。

②　姜亮夫：《忆成都高师》，第 269 页。

③　另一位常被提到的是唐甄。但唐氏几乎终身流寓东南，其人虽为蜀人，学不必"蜀学"也。

④　钱穆：《〈清儒学案〉序》，收在《中国学术思想史论丛》第 8 卷，合肥：安徽教育出版社，2004 年，第 368 页。

的历史遭遇研求费氏学术精神所在，值得关注。嘉庆时期双流刘沅 (1767—1855)学杂三教，其思想在儒学脉络中倾向宋学一路，而尤近陆王心学。其言曰："读圣人书如见圣人，岂不赖乎此心此理得乎天理之正而后可哉？愚故离其章句，核其指归……然要亦吾心自然之天理。人情中正之秉彝，辅相裁成，皆自一心而推，实由穷理尽性而致。外此奚所著作而奚所考据哉？"[①]其学通过其所创之"刘门教"在民间传播甚广，实系清代"蜀学"一潜流，值得更深入的研究。

显然，按照主流汉学立场来看，前尊经书院时期的四川学术确可谓不"入流"。[②] 不过，换一个角度看，也正因如此，川人对学术风气的变化也就较易有体会。咸同时期的学者李榕(1818—1890)论学调停汉宋，谓："汉学详训诂，宋学明义理。学问之道，二而一者也。"又云，汉学"主于切实"，其弊在"穿凿附会，曲为臆说"；宋学"主于精深"，其弊在"悠蔓奥衍，而矜为独得"。调和汉宋，正是得时代先机的议论。[③] 是李榕虽不以学术知名，而学术感受力是相当敏锐的。

晚清四川士子给人的一个重要印象即聪慧趋新。李榕说："蜀人

---

① 关于刘沅的学术观念，参考周鼎：《刘咸炘学术思想研究》，成都：巴蜀书社，2008年，第31～44页。文中所引出自刘沅：《槐轩约言》，亦转引自该书。

② 此和科场一样，仍有一参照系问题。其实彼时川人的学问未必差很多，惟因地势偏僻，不甚"讲求"外间风气，故给人以未曾"预流"之感。

③ 李榕：《问汉学宋学异同得失》，收在《十三峰书屋全集》，成都：巴蜀书社，1995年，第27页。李氏曾参曾国藩幕，而曾氏固讲究汉宋调和者也。不过，曾氏更倾向于宋学，而李榕在汉儒与宋儒中偏向于前者。看其下文论汉儒曰：虽"当时诸儒之说经，竞奇立异"，然其"纷纭"者仅在"细故"，于"古先圣旨大经大法、三纲五常之所系，九族万邦之所托，……汉儒固未有以异同之也。"论宋儒则批评甚多，一则曰其"自命与推许之过当"，无怪"纳侮"；再则曰，治宋学者，"一经之不习，六书之不通，固无阻于其登进之途也"(前文，第28、29页)。可知其意向。不过，李氏所许汉儒者在"大经大法"，又非考据。事实上，其时汉学主流所研究者，正是李文中所谓"细故"也。

心巧远过他省，而不肯作一笨事。见长处在此，受病处亦在此。"①
此是川人自省。至于外来学者，更是异口同声，发出类似的感慨。
张之洞尝言："蜀中人士聪敏解悟，向善好胜，不胶己见，易于鼓
动，远胜他省。"②王闿运初到尊经书院的印象也是："蜀士驯秀虚
心，异于湘上，盖文翁之教，师法尚存也。"③后来吴庆坻（1848—
1924）也说："蜀士聪俊，可与言开新知者，不乏其人，因以导之，
颇得通敏之士，它日或觊有出而表异者，山川之灵，庶几其不终阒
乎。"又云："蜀士秀杰，稍病浮夸，其间有通识能知时者，颇不乏
人。……此邦人士，不患风气不开，而患志识不正。……蜀士它日
有兴起者，当可与东南诸子颉颃，此亦山川之气，久而必昌，机固
如此耳。"④其观察较张之洞晚了20余年，结论则非常相类。梁启超
虽未入川，对川人也有近似印象："蜀为天府之国，而僻处内地，开
化较后于中原，顾气腴厚而沈雄。数千年来，往往一时代学风之所
播，蜀之受影响者稍晚，而结果或有以优于他地，地理之感化使然
也。"⑤直到二十世纪七十年代，李璜（1895—1991）还总结道，四川
虽在"旧学渊源上"，"对于新潮发生一部分的排拒情势，但四川人的
省性（特别是成都自来为各省知识分子所流寓之地）又较为敏感与流
动，聪颖而欠沉着，故对川外的思想及活动，虽得风气较后，也就

---

① 李榕：《复乔茂萱比部》，收在《十三峰书屋全集》，第323页。
② 张之洞：《輶轩语·序》，收在《张之洞全集》第12册，第10056页。
③ 王闿运：《湘绮楼日记》第2卷，光绪五年二月廿九日（1879年3月21
日），长沙：岳麓书社，1997年，第755页。但不久，他就改变了看法，屡次
抱怨蜀士"失教"，见第834、846、887、1022、1039、1337页。
④ 吴庆坻致汪康年，收在上海图书馆编：《汪康年师友书札》第1册，上
海：上海古籍出版社，1986年，第377、379页。标点略有改动。
⑤ 梁启超：《呜呼四川教育界》，收在《饮冰室合集集外文》，北京：北京
大学出版社，2005年，第198页。

容易闻风而起"。①

不过，郭嵩焘(1818—1891)光绪八年六月三十日(1882 年 8 月
13 日)的日记里说，川人沈锡周"言王壬秋主讲四川尊经书院，坏乱
人心风俗甚剧。蜀人本极浮动，得此毁坏藩篱，益相习为无忌惮，
贻害至无穷"。② 可见，王闿运对蜀中学术的实际影响，当时的蜀人
未必全然认可；沈氏对蜀士的评论，更是强调其"浮动"一面，较为
负面。然"浮动"也可说是"聪敏"的另一种表述，惟价值取向恰好相
反而已，这只视立言者的态度而定。参与了湖南维新事业的蜀人吴
樵(1866—1897)亦云："四川之不开化，非湖南之比。湘人固拒，川
人恍惚。固拒者有物，恍惚无精。蜀民之变，恐在天下后矣。"③与
前述诸人的看法颇异，大约是爱之深恨之切之故，但他也指出川人
之不变非"固拒"也。揆诸实例，上述诸人实有所见。近代蜀学里最
出名的廖平经学，正可为张之洞"聪敏解悟，向善好胜，不胶己见，
易于鼓动"几句做一注解。

关键是，清代学术在咸同以降确实已在发生大变化，汉学的正
统衰落，各路英雄竞起，恰是一个求变求新的时代。蒙文通 1925 年
写《议蜀学》一文，实际可以说是议"廖学"，其开篇便从清代经学"之
穷"讲起："清代经学之明，称轶前世。……迄乎近世，特识之士，
始喟然慨清儒之无成，独古音之学，实能于散漫繁惑之中明其统理，
斯为足尚，则清学之穷矣！"而"道穷则变。逮其晚季，而浮丽之论
张，儒者侈谈百家之言，于孔子之学稍疏，经术至是，虽欲不改弦
而更张之，诚不可得"。廖平学术的勃兴，便与此一全国范围内的学

　　① 李璜：《学钝室回忆录》(增订本)上卷，香港：明报月刊社，1979 年，
第 218 页。

　　② 《郭嵩焘日记》第 4 卷，第 302 页。

　　③ 吴樵致汪康年，收在上海图书馆编：《汪康年师友书札》第 1 册，第
505～506 页。

风变化息息相关：

> 井研廖先生崛起斯时，乃一屏碎末支离之学不屑究，发愤于《春秋》，遂得悟于礼制。《今古学考》成，而昔人说经异同之故纷纭而不决者，至是平分江河，若示指掌，汉师家法，秩然不紊。……故其初出，论者比之亭林顾氏之于古音，潜丘阎氏之于古文《尚书》，为三大发明。于是廖氏之学，自为一宗，立异前哲，岸然以独树而自雄也！盖三百年间之经学，其本在小学，其要在声韵，其详在名物，其道最适于《诗》、《书》，其源则导自顾氏者也。廖氏之学，其要在《礼》经，其精在《春秋》，不循昔贤之旧轨，其于顾氏，固各自张其帜以相抗者也。①

蒙先生特意把廖学与"清学"区分开来，划时代的意味昭然可见；而廖平之"崛起"，也兼有时势造英雄与英雄造时势的双重意义。

自王闿运后，今文经学在四川大行其道，廖平学说一时甚为得势。庞俊言清末民初川内学术风气云："蜀人言经，必曰廖氏。游食之士，攀附光景，惟恐弗及，至有不读注疏（按号为经生而未读注疏，百年前已有此弊，……今更无论矣），不知惠、戴、庄、刘为何人，而日言'三科九旨'、'五际四始'，附会牵引，无所不葸。"②姜亮夫也说，自廖平学术出，康有为大扇其风，"蜀士之轻儇者悉尊之。"③1915年吴虞写诗咏廖平，云："孔教日沉沦，陋儒斯标榜。苦心谈坠绪，微言炳天壤。南北感深芜，章康传逸响。蜀学寄何人，

---

① 蒙文通：《议蜀学》，收在廖幼平：《廖季平年谱》，成都：巴蜀书社，1985年，第177～178页。
② 庞俊：《记龚向农先生》，收在《养晴室遗集》，第212～213页。
③ 姜亮夫：《龚向农先生传》，收在王元化主编：《学术集林》第6卷，上海：上海远东出版社，1995年，第286页。

斯文实心仰。"①吴氏即是"蜀士之轻儇者",其心中的蜀学所在,便明确落到廖平身上(此诗前另有咏吴之英一诗,主旨在表彰吴高蹈脱尘的气质,就不怎么言其学术)。

廖氏在其时四川学界的影响力,可从青年学生的反映中见出一斑。郭沫若说,在乐山读小学堂期间,"帅平均老师讲的《今文尚书》讲义是我最喜欢的一门功课",后来"在中学里面感觉兴趣的仍然是经学。"②郭沫若小学老师帅平均(?—1953)和中学的经学老师黄经华均是廖平弟子,则其感兴趣的"经学"主要还是廖平一线的学问。张秀熟(1895—1994)回忆自己1917年升入成都高师本科国文部,由廖平讲授"群经大义",张甚崇拜之,"立志将来作一个经学家。在笔记本上,仿朱熹称二程子为'子程子'的例,写为'子廖子'口授"。③据姜亮夫的回忆,二十世纪二十年代初廖平还时在成都的公园里讲课。④ 这虽未必火爆如今日的"百家讲坛",但毕竟是公开面向社会,可以想象其号召力之大、之广。如此,廖平的影响在四川延续20余年不绝。

今文经学如此之盛,以致那些虽不以今文学自居者亦多染此风。廖平在尊经书院的同学吴之英便主张会通今古,其《寄廖平》诗云:"礼制何必说古今,历代损益圣贤心。"⑤根本不同意经学分古今的取向。稍后精于经学者有龚向农(名道耕,以字行,1876—1941),其论学亦与廖氏异。与龚氏交往甚多的庞俊言,对于"蜀人言经,必曰

---

① 吴虞:《三君咏并自述》,收在《吴虞集》,第329页。

② 郭沫若:《沫若自传第二卷——学生时代》,收在《郭沫若全集·文学编》第12卷,北京:人民文学出版社,1992年,第9、11页。关于黄氏的学说及郭氏自承在小学时候就养成的今文学兴趣,参看该书第120页。

③ 张秀熟:《对廖平先生学术思想的浅见》,收在四川省政协文史资料研究委员会、四川省文史馆编:《四川近现代文化人物》,成都:四川人民出版社,1989年,第10~11页。

④ 姜亮夫:《忆成都高师》,第274页。

⑤ 吴之英:《寄廖平》,收在《吴之英诗文集》,第71页。

廖氏"的情形，"先生故深耻之，益闭门自精，于廖说不为苟同。尝欲作书申郑君，以辨廖氏之加误，属草未具，会治他书而辍。虽善今文，而不喜康氏言变法，以为哗世取宠，殆非君子之学"。① 姜亮夫也说其"虽与廖君同郡国，且亦习今文，悯其恣睢不实，以为此哗世取宠，弋取富贵尔，故从无一语和之"。② 龚氏以"希郑（玄）"为号，亦会通今古一脉。不过，正如庞、姜二位所提示的，会通今古者亦需"习今文"也。

在经今文学以外，宋学在四川一直未衰。曾学传（1858—1930）、徐炯（1862—1936）等俱以理学著名，龚道耕也学兼汉宋。③ 稍晚一辈中，专治理学者则有唐迪风（1886—1931）等，蒙文通亦对理学情有所钟。光绪二十四年（1898年）宋育仁等在成都组织蜀学会，明确提出："兴蜀学以伦理为主，故每届专讲《孝经》。《蜀学报》论撰，首冠人伦说，即是蜀学宗旨。"④宗旨离宋学颇近。宣统二年（1910年）四川存古学堂招生，以理学、经学、史学、词章四门为正课，而教经学者即为曾学传，张循推断曾氏所讲不出理学范围，则此四门功课中宋学就占了两门。⑤ 此论颇有所见。如是，则清季四川学界的理学风气之盛可想而知。

讲宋学乃是四川学界的"传统"，今文经学则更多地受到外来学

---

① 庞俊：《记龚向农先生》，收在《养晴室遗集》，第212~213页。

② 姜亮夫：《龚向农先生传》，第286~287页。

③ 龚道耕晚年著《礼记义疏》，言："破汉宋门户之成见，合义理考据为一家，庶于经义或有所当。"不过，整体来看，龚氏治学更近汉学一路，其许可宋学之言："疑古文《尚书》之伪，实始于朱子，其门人黄榦、杨复皆精研礼学，著述卓然可传。宋季王应麟、黄震皆深于经术，及其他宋元明说经之书，亦复披沙拣金，往往见宝，是在学者博观而慎取之也。"实是宋学中近汉学的一路。龚语转引自姜亮夫：《学兼汉宋的教育家龚向农》，收在四川省政协文史资料研究委员会、四川省文史馆编：《四川近现代文化人物》，第119~120页。

④ 《蜀学报》第13册，转引自粟品孝：《"蜀学"再释》，第55页。

⑤ 张循：《义理与考据之间：蒙文通先生的经学历程》，第391页。

风的影响，惟从全国学术典范转移的趋向看，这两种学问的兴起均是近代学风趋新的表现，而蜀人于此二者皆有心得，殆非偶然。在这方面，近代"蜀学"确与"湘学"接近（此是讲大趋势和为学风格，非特指王湘绮一路经学也）。罗志田教授曾论近世湖南学风云："在学术典范的'话语权势'存在时，'独立'不过是不入流的代名词；只有在道咸以后，经学之正统已衰落，'独立'才可能成为正面价值。价值观一变，不利的条件就转化成有利的因素了。"①近代的"蜀学"与"湘学"均面临着类似环境，大约也是许多学者将二者并提的一个重要原因。

近代蜀学与湘学还有一个类似处，即是对"新学"的接受。在这方面，学界也长期存在误解。钱基博云："蜀处奥壤，风气每后于东南。自中外互市，上海制造局译刊西书，间有流布；蜀中老宿，蹈常习故，指其政治、舆地、兵械、格致之学为异端，厉禁綦严，不啻鸩酒漏脯。（吴）虞则不顾鄙笑，搜访奔藏，博稽深考，十年如一日；盖成都言新学之最先者也。"②吴虞自己也在《王祚堂传》中说："新学自壬寅、癸卯以来，君（按即王祚堂）与周克群、伍伯谷诸君及余，竭力提倡至今，不逾十二年，而风气大通，学校林立，比于古学之兴，迟速悬绝。其于乡邦教育文化，不可谓非原动力也。"③钱基博所谓"蜀处奥壤，风气每后于东南"一语，确有所见，而前述诸人发现的蜀人"易于鼓动"的特点也不容忽视。实际上，川人在戊戌维新时期的作为世人有目共睹。④ 除了"六君子"中的杨锐、刘光第

---

① 罗志田：《近代湖南区域文化与戊戌新旧之争》，收在《权势转移：近代中国的思想、社会与学术》，第 88 页。

② 钱基博：《现代中国文学史》，第 72、77 页。

③ 吴虞：《王祚堂传》，第 36～37 页。

④ 茅海建教授就发现，戊戌期间倡议设立蜀学堂的川籍京官都"属热心变法的人"（见《戊戌变法期间司员士民上书研究》，收《戊戌变法史事考》，北京：生活·读书·新知三联书店，2005 年，第 299 页）。

(1858—1898)外，吴之英、宋育仁、骆成骧（1865—1926）、赵熙均是新派，其于兵械、格致之学或确不通，而于西人政治学说绝不"厉禁"，廖平学术更是融入大量西学元素，固不待吴虞等人开风气也。①

清季民初四川最流行的一些学问大抵是道咸以降兴起的学术新风气。这表明，蜀地虽偏，而近代蜀学的兴起，实是整个中国近代学术转型的一部分，且廖平这样的学者之能够获得全国性声誉，也要在相当程度上归因于国内这一总体性的学术典范转移。

三、近代四川地方认同和学术自信心的提升

前边讨论了近代四川学术的兴起及其与全国范围内学术典范转移的关联，这在学术界多被视为近代"蜀学"勃兴之相。不过，"蜀学"在实际上是否自成一格是一回事，蜀人有未自觉意识到"蜀学"的存在并将其作为一种追求目标是另一回事，后者自然要以前者为基础（倘本无学而自认有学，实可笑），并对前者产生实际的影响，但仍是一独立问题，而这又是和近代四川地方认同的兴起分不开的。

这要再次回到清代四川作为一个移民社会的特征上。如前所述，移民及其后裔通常会在社会层面上经过一个由分到合、在心理层面上经过一个由保持强烈的原乡记忆到转向对新家乡的认同（但未必排斥原乡感）的过程。不过，这涉及集体心态的问题，过程持续既久，

---

① 吴之英于事变后有《哭杨锐》一诗（《吴之英诗文集》，第58~63页），可见出他的政治取向；关于宋育仁的政治观点，见王尔敏：《宋育仁之旅英探索新知及其富强建策》，收在《近代经世小儒》，桂林：广西师范大学出版社，2008年，第239~265页；关于骆成骧，见周叔平：《毕生从事文化事业的状元骆成骧》，收在四川省政协文史资料研究委员会、四川省文史馆编：《四川近现代文化人物》；关于赵熙，见王文才：《蜀中诗豪赵熙》，收在四川省政协文史资料研究委员会、四川省文史馆编：《四川近现代文化人物续编》，成都：四川人民出版社，1989年，第59页。

标准相对模糊，又很难划分出明确的阶段性标志，非常难以把握；同时，四川地域辽阔，对于不同地区乃至具体的个人（包括叙述者和记录者）来说，答案也存在着很大差异。一般说来，大多数移民后裔都自居为一个"四川人"，大约已到了光绪时期甚至是清季民初了（参看第一章）。从这一角度看，近代蜀学概念的流变，也可以视为这一心态在学术文化上的体现。

对地方文献的整理是清代四川地方认同形成过程中的一个重要步骤和体现。李调元已经鉴于"川中书少"，开始整理乡梓文献，编有《蜀碑记》、《蜀碑记补》等著作。① 嘉庆初，朱遹唐购得明人杨慎（1488—1559）所编《全蜀艺文志》一书稿本，加以校对，付梓刊行，距此书成稿已 257 年（自明嘉靖辛丑至清嘉庆丁巳）。此后，经安岳谭言蔼、绵竹唐张友、犍为张汝杰、金堂陈一津等人整理后重刊。光绪三十一年，安岳邹兰生又一次将其整理印行。值得注意的是，应邀为此书作序的广西全州俞廷举（曾任四川定水知县）云："李穆堂曰：凡能拾人遗文残稿，而代存之者，功德当与哺弃儿、埋枯骨同。夫以本地之文献，本地之人，尤当爱惜而表章之"。历史名人之书自可流传，"若迁客骚人、隐逸缁黄辈，名位未著人间，其所作零星碎锦，片羽只光，必附青云乃显者，不得是刻，不几湮没弗传乎？噫，亦幸矣！使升庵诸公闻之，固未有不鼓掌称快者。然蜀之贤士大夫多矣，百余年来，何以任其湮没，不闻续刻于前，而必俟我遹唐，始得重刻一新？噫，亦甚危矣！使升庵诸公闻之，又未有不喟然叹者乎！"②此书的整理刻印是与四川地方社会、文化重建的进程相吻合的。事实上，首次将此书整理出版的朱遹唐只是曾在蜀为官（曾任

---

① 沈振辉：《李调元与〈蜀碑记补〉》，收在周少川主编：《历史文献研究》总第 28 辑，上海：华东师范大学出版社，2009 年，第 104 页。

② 谭言蔼：《重校全蜀艺文志跋》；俞廷举：《全蜀艺文志序》，均见杨慎编：《全蜀艺文志》，成都：巴蜀书社，2003 年，第 15、14 页。

四川永宁知县)、寓居蜀地的湖北江陵人，而参与此书后来整理重刻工作的便都是川人了，其中如谭言蔼还是移民后裔。这种"本地之人"表彰"本地之文献"的过程，折射出四川士人对蜀地认同感的增强。

对乡邦文献的整理既体现出士人的地方认同感，也强化了这种认同。前引同治《仁寿县志》说四川在宋代文化彬彬而历经元、明、清三代犹未能复原的感慨，就揭示了作者对地方文化发展状况的关注。嘉庆《双流县志》的编者也流露出类似的不安："双流当宋元明时，世家遗俗，相沿七八百载"。经"明季兵燹后，招集雁户，苟安苟得"，风俗沦丧，"砥砺无由"。① 历史的辉煌与晚近的黯淡对比鲜明，造成川省读书人长期存在一种文化焦虑感。吴之英在写杨慎的《桂湖》诗的序中说："英尝谓吾蜀自汉室初兴，司马相如以文章冠天下，厥后异代间生，虽类聚无多，皆有清拔之才，震燷当世。慎之在明，亦天生独使者也。而由慎至今，未有作者，是可慨已！"②宣统元年，谢无量也慨叹道："蜀兴自人皇以来，蜀山巨灵尚矣，巴黔则有神农之祥焉，峨眉则有黄帝受经咨道之迹焉。凡大酋秘藏三坟之文，彪炳恢奇，露见乎岩壁，不可胜数"，直到"秦灭蜀置郡县，犹代以文章冠天下。降至元明之际，兵火盗贼相接，遗民熸焉"，遂至"典籍畔散，风雅响息"。③

这种焦虑感和四川地方认同感的强化结合在一起，流传甚广。聂荣臻(1899—1992)曾云，由于交通不便，清政府很难控制"富饶"的四川，"同时，四川人民富有反抗精神，对清王朝的统治并不买账，不断掀起各种斗争。因此，清政府对四川人民是又气又恨，统治手段特别残酷"。他在小时候听过一个传说：

---

① 汪士侃纂修：(嘉庆)《双流县志》，卷1"风俗"，清嘉庆十九年(1814)刻本，第1页。

② 吴之英：《桂湖》，收在《吴之英诗文集》，第55页。

③ 谢无量：《存古学堂募捐启》，《蜀报文汇》第4期，第1页。

　　清朝的官员扬言,"你们四川人想中状元,除非是石头开花马生角",可见对四川人厌恶之深。可是,四川人还是争了一口气,有个叫骆成骧的四川人,考中了清朝最后一科状元。……四川人都觉得骆成骧给四川出了气,争了光,把他中状元的事情传为佳话,说什么"骆"字拆开是"马"字和"各"字,"角"和"各"在我们四川是谐音,也就说成是马真的生了角了。①

　　"石头开花马生角",街谈巷议,当然不足为据②。不过,这个传说一方面折射了地方认同感在川人中的普及,另一方面也流露了对四川文化不具备全国性地位的不满,代表一种流行的社会心态,是非常传神的。特别值得注意的是,这一传说把川人不中状元与"清朝官员"的嫉恨联系起来,③ 似乎问题主要是由于外来歧视造成的,既有一种屈辱感,也已隐隐透露出川人文化自信心的提升。按四川曾有民谣云:"光绪乙未年,势不比从前。"④即指骆成骧于光绪乙未

---

　　① 聂荣臻:《聂荣臻回忆录》,北京:解放军出版社,1984 年,第 3 页。

　　② 按"马生角"一语渊源甚古。司马迁《史记·刺客列传》引"世言"燕太子丹之命,即有"天雨粟,马生角"之辞。此说流行甚久,虽曾经应劭辨正,而仍被张华引入《博物志》(详见胡宝国:《文史之学》,收在《汉唐间史学的发展》,北京:商务印书馆,2003 年,第 56~57 页)。此类迹象提示我们,地方性的民间口头文化传统与属于"精英"的早期书本文化传统之间存在着非常密切的关系,而那些看起来荒诞不经的传说,却可能拥有非常悠久的历史。

　　③ 这大约是非常接近民间传说本意的,但也未必是"清朝官员"所言;至于强调此与"四川人民富有反抗精神"有关,便只能是聂荣臻这样一个革命家的诠释了。

　　④ 李朝正:《明清巴蜀文化论稿》,成都:四川大学出版社,1997 年,第 231 页。

科(1895 年)中状元之事，再次表明此事对四川地方社会心态的影响。①

蜀学在全国文化中的地位是清末民国时期四川学者持续关注的问题。直到傅增湘(1872—1949)编《宋代蜀文辑存》时还说，自己研习目录之学，"于乡邦文献尤三致意焉。后阅《宋史》，见吾蜀人名登列传者至一百五十余人，其人类以政治、学术有名于当代。设纂其遗文，汇为一编，扬蜀国之光华，即以彰一朝之文治，岂非不朽盛业乎？乃稽之簿录，《四库》所存两宋蜀人之集，不越三十家；且有本集久亡，而由《大典》辑出者，又居其半。然后知蜀都耆旧之文，历四朝七八百年，沦丧于兵尘，摧毁于蠹屑者，正不知纪极"。于"叹伤"之余，遂"怃然于网罗放失之责"。② 动机和吴之英相似，都对蜀学长期处于"边缘"的地位不满，但关注点显然又不相同。吴氏承认有清以来四川文化一直处在衰落之中，而思以振兴之，傅增湘则更多强调蜀中文献长期隐没不彰而欲以表彰之。二人所述并非同一时段，宜乎所见不同，但从表述重点来看，傅增湘对四川文化的自信心已经增强很多。

这和川人地方意识的勃兴有关。清末四川留日学生所办《四川》

---

① 吴玉章则提供了这个故事的另一个版本："乙未科殿试的时候，清帝光绪要大家不拘陈例，直言无讳。骆成骧就根据这个精神投机取巧，他写的殿试对策不仅撷拾了一些变法维新的词句，而且还打破了以往对策文章的规格。光绪帝一看，认定是康有为写的，便把他点为状元。等到打开密封，才知道写这篇文章的并不是广东的康有为而是四川的骆成骧。"按照吴氏的看法，此事的意义在于"助长了'新学'在四川的流行"(《辛亥革命》，北京：人民出版社，1969年，第 40 页)。吴玉章是革命家，宜乎所见与一般川人不同。不过，从地方意识的角度看，这个传说也透露出一部分川人在潜意识里仍未能完全建立文化上的自信力(骆成骧中状元乃是歪打正着)，这正是长期处在边缘者的心态；从学术史的角度看，这一传说则再次把蜀学与康有为的今文经学连在一起，恐怕也非偶然。

② 傅增湘：《宋代蜀文辑存序》，收在《藏园群书题记》，上海：上海古籍出版社，1988 年，第 1053 页。

杂志有一篇题为《过去之四川》的文章。作者自称,其"意在溯文明之变迁,考先贤之旧事,明攻守之得失,叙治乱之由来。使读者参观过去陈迹,即知吾四川未始不可以有为,感怀现在之心生,希望将来之念起"。文章把四川的历史追溯至人皇时期,谓人皇有弟八人,分封宇内,巴蜀居其一。据此,"其血统之尊,固足矜尚;其建国之古,亦无与伦比者。特异如是,维我蜀人。尚论至此,岂不足多乎!"①作者显然忘记了,即使原始蜀人的血统真可上溯至"人皇",但"我蜀人"多为明清移民后裔,实与之无关。不过,制造谱系历来是凝聚族群认同的重要手段,作者的目的显然不在考镜史实,他着意提拔蜀人历史地位,实是要激动其救国心的动机所致。

事实上,早在《四川》之前,就有一批川籍革命党人看到杭州、安徽、湖州、绍兴、宁波等地都办有白话报,浙江更是"各府都办得有白话报",而"我们四川一省,一种白话报都莫有",深以为"可耻可恨",创办了《鹃声》杂志。发刊者以"山河子弟"为笔名,在《说鹃声》一文中,声称刊名典出于杜宇传说,"原来是望我们四川人,听了'鹃声'二字,就想起来亡国的惨历史,触目惊心,自然动了些感情,把整个报买一份来看看"。因不如人而感到"可耻可恨"和为杂志定名"鹃声",都是蜀人地方意识自觉的表现。虽和《过去之四川》一文着力强调四川历史的荣光不同,意向是一致的:川人在中国的救亡事业中,负有重大使命。

在作者看来,四川地广人众,"岂惟是中国有一无二的第一大省吗?就与日本比较起来,还要多一倍呢!"以财力而言,亦异常"雄富"。其风土、气候、历史、社会、文学、美术,"无不与黄河流域、珠江流域以及扬子江下游三河系绝不相混,如别辟一新天地",而

---

① 金沙:《过去之四川》,《四川》第 1 号,1907 年 12 月 5 日,第 3、4~5 页。

"负有一独立国的资格"。他呼吁道："列位想想，我们生在如此可有为之四川，不能如德国造成一个联邦国家，为各省的领袖，以与日本争亚细亚之霸权，那也就太辜负四川了"。然"据四川人现在的程度看来，岂但不敢望与日本比肩，并且为各省同胞所不耻，不骂我们是川老鼠，就骂四川人有奴隶性质，为中国民族中之最劣种。说到这里，做报的人，也就不能不为四川前途痛哭了"。① 按这里所述有关四川的一些言论，实已流传很久。如"川老鼠"一词，王闿运光绪六年回湘探亲返蜀途中所作诗中，即有"乘车入鼠穴"句，可知其时此类说法已经流行。又此前王氏仍在湘中时，二少年问"往俄往蜀孰利"，王云："蜀亦外国也。"② 和此文作者所言四川"负有一独立国的资格"异曲同工。惟王氏不无揶揄之意，此处则一转而成正面形象。

《说鹃声》作者一面强调四川在地理、历史上的优势与独特性，另一面又强调川民"程度"不够。这种喜忧交杂的情绪，也在立宪党人所办的《蜀报》中流露出来。创办者在发刊词中，首先依据"政治学家之界说"，提出立宪国民的标准："人民无反对立宪心，为消极立宪国民的程度；人民有希立宪心，为积极立宪国民的程度。"但是，持此一标准以衡量川人，不禁令人失望："吾蜀虽地居西偏，得天下风气之后，苟非丧心病狂，必无反对立宪之意思。第较诸大江南北沿海各行省，被发缨冠，上以强聒其君父，下以提倡其乡间者，固瞠乎若后矣"。这令作者产生一种焦虑感："中国国会制成立，早暮虽不可知，使幸而得请，以吾蜀委随其间，碌碌无所表见，固可耻；不幸而不得请，当局者或以边省人民程度不齐为辞，则以吾蜀之不

---

① 本段和前段，见山河子弟：《说鹃声》，原刊《鹃声》第 1 期，1905 年 9 月，收在张枬、王忍之编：《辛亥革命前十年间时论选集》第 2 卷上册，北京：生活·读书·新知三联书店，1977 年，第 563、564 页。

② 王闿运：《湘绮楼日记》第 2 卷，第 896、881 页。

自振拔,而使天下不速蒙国会之利,甚且陷中国于意外之危亡",不能不使人"大惧深忧"。为此,他们创办了《蜀报》,意在开化蜀人。①

作者承认川省人民程度落后于国内其他一些地区,但强调惟其如此,若蜀人"不自振拔",便有可能累及全国。这里的看法与《说鹃声》一文不尽相同。《说鹃声》主要强调四川在自然资源和文化方面的优越,进而提出四川在全国地位的重要性;此文则对此未置一词,反而是从非常消极的方面论证四川的重要。不过,两位作者显然都同意,四川一隅的局势,实际关系到整个中国。1903 年,蜀人钟云舫(1847—1911)赠诗岑春煊(1861—1933)谓:"天下常山首西蜀,蜀中治乱关全局",② 也是同样意思。③

从地理上看,四川自成单元,无论是对内还是对外的交通都不方便;在社会与文化方面也自成风气,以致一般印象皆认为其不够发达,缺乏全国性的影响力。不过,正如前述《说鹃声》一文所提示的,一旦国内形势发生变化,那些造成边缘的因素,便可能一变而成为优势。1911 年,梁启超在《为川汉铁路事敬告全蜀父老》文中说:

> 我蜀僻处西陲,距海岸最远,以交通之不便,故开化稍后于中原,而外力之侵入,受其影响者亦较缓。今日沿江沿海各要区,已亡之羊,不可追矣。惟全蜀一片干净土,其地力之丰、民数之繁、天险之固,皆非他省可逮。识者谓我族终有蜀,则

---

① 叶治钧:《发刊词》,原刊《蜀报》第 1 期,1910 年 8 月,收在张枬、王忍之编《辛亥革命前十年间时论选集》第 3 卷,第 716 页。

② 钟云舫:《送岑大帅移督两广》,转引自钟家源:《清末诗人钟云舫诗谶始末》,收在四川省政协文史资料研究委员会编:《四川文史资料选辑》第 37 辑,成都:四川人民出版社,1987 年,第 195 页。

③ 应该指出的是,其时各省人士均有本省关系全国一类言论,故此心态实非川人所独有。

中国虽亡犹可以图存，非过言也。①

这是特意讲给川人听的，不免有夸张成分，但亦可与前引蜀人言论相互发明，代表了其时的一股思潮（然其影响力主要也还是在四川人中）。

梁启超对四川的表扬，主要集中在地理、人口等"硬件"方面，至于学术则不甚许可：

> 四川夙产文士，学者希焉。晚明成都杨升庵慎以杂博闻，入清乃有新繁燕峰费密传其父经虞之学，而师孙夏峰，友万季野、李恕谷，著书大抨击宋儒，实思想界革命急先锋也。康熙中叶，则达县唐铸万甄著《潜书》，颇阐名理，洞时务。然两人皆流寓江淮，受他邦影响不小也。同光间王壬秋为蜀书院师，其弟子有井研廖季平平治今文经学，晚乃穿凿怪诞，不可究诘。②

梁氏强调，有成就的四川学人均"受他邦影响不小"，对蜀学显然不大看得上。其他各家虽未明言，但如前所说，其所提及者每只廖平一人，且多将廖平视为王闿运一线传人，当然还是"受他邦影响"的意思。

不过，蒙文通在《议蜀学》一文里提到的几个经今文家（张惠言、孔广森、庄存与）中，根本未及王闿运。二十世纪三十年代初，他又

---

① 梁启超：《为川汉铁路事敬告全蜀父老》，收在《饮冰室合集》文集之二十五（下），第37页。

② 梁启超：《近代学风之地理的分布》，收在《饮冰室合集》文集之四十一，第80页。这里需要稍做辨析的是，唐甄确是一生流寓在外，不能算入蜀学之列；费密则系有家学渊源者，与唐甄不同。

发表《井研廖季平师与近代今文学》，更是明确提出："前乎廖师者"，有陈寿祺（1771—1834）、陈乔枞（1809—1869）父子与陈立（1809—1869）等，"皆究洞于师法，而知礼制为要。然大本未立，故仍多参差出入。廖师推本清代经术，常称二陈著论，渐别古今。廖师之今文学固出自王湘绮之门，然实接近二陈一派之今文学，实综合群言而建其枢极也"。① 以廖平直接二陈，正蒙先生所谓"知师固莫如弟子"也。按廖平甚不欲依傍王闿运门墙，蜀人知之颇详。吴虞笔记中，曾记下廖平一段闲话："王湘潭于经学乃半路出家，所为《春秋例表》，至于自己亦不能寻检。世或谓湘潭为讲今学，真冤枉也。"此明是看不起王氏学问，不以自己的学问出于王氏所授，正欲求独立之意也。吴氏又记，廖自云其"居蜀时，未敢自信其说"；出蜀后，交接俞樾（1821—1907）等当世学界大老，"以所怀疑质之，皆莫能解，胆乃益大。于湘潭之学，不肯依傍"。王闿运对此亦心知肚明，曾谓其子王代功、弟子杨度乃"依我以立名"，廖平则"思外我以立名"，而终许其"能自立"。至王死后，廖平祭文"亦有避水画火之语"。② 此段回忆甚是生动。可知其先"未敢自信"者，正因久处"边地"所致，内心早有独立的意向，与外间学术界的交往终于强化了廖平信心。如果吴虞所转乃廖平原话，则还暗示着如果在外间不能获得印证，廖平或也不会明确独立于湘潭之外。

吴虞又记胡安澜（1856—1939）云：

———————

① 蒙文通：《井研廖季平师与近代今文学》，收在《经史抉原》（蒙文通文集第3卷），第105页。

② 吴虞：《爱智庐随笔》，收在《吴虞集》，第91、93～94页。蒙文通也谈到，廖讲经学与王不同，"湘绮不高兴。廖先生说：'先生画水，弟子画火，但是画是从老师那里学的，问题不在画水画火。'"见蒙文通：《治学杂语》，第51页。蒙先生这里所记廖平言的侧重点不同，但要在王氏之外求学术独立的意思是很清楚的。

　　　　季平游湖北，……历指《书目答问》之谬误。南皮爽然久之，
　　曰："予老矣，岂能再与汝递受业帖子耶？"是后，南皮颇言高邮
　　派之非（湘潭即高邮一派）。南方人士，知受季平之影响，谓廖
　　说若行，南方经学，罕能立足，遂授意吴郁生，而参劾季平丈
　　之事发生矣。（赵启霖为湘潭弟子，以廖学与湘潭参商，亦大不
　　洽。）故南皮之亡，同学公祭，季平丈独痛哭，盖感南皮之相
　　知也。①

　　王闿运为"高邮"一派，似是胡氏的独家报道，他人似无言此者，
不过，他注意到廖平最与张之洞亲近是很重要的。而张氏亦深知廖
者，惟之洞不以经学名，则廖所得仍出于自悟。胡安澜推测季平被
劾出于经学内部学派之争，尤与廖学不肯依傍王闿运有关，是否有
据，仍待考证，惟其云"廖说若行，南方经学，罕能立足"，则可知
蜀中学人不但把廖学视为独立一家，且视为有清经学正统的革命派。
从廖平"未敢自信"而"胆益大"，再到蜀人传言廖说可推倒"南方经
学"，蜀人对蜀学的信心不断增强，一望而知。
　　廖平学术自成一派，也得到章太炎的认可。章氏最初在《訄书》
中说廖平"传"王闿运学，后改为："闿运弟子，有井研廖平，自名其
学，时有新义，以庄周为儒术，左氏为六经总传，说虽不根，然犹
愈于魏源辈绝无伦类者。"则已承认廖学非王学延续，而是独成一家
了。廖平逝世后，太炎受廖平后人请托撰为墓文，再次强调：

　　　　初，君受学湘潭王翁，其后说渐异，王翁颇非之。清大学
　　士南皮张之洞尤重君。及君以大统说《周礼》，之洞遗书，以为

----

　　① 吴虞：《爱智庐随笔》，第 91 页。按廖平被参劾事，见李伏伽、廖幼
平：《经学大师廖平》，收在四川省政协文史资料研究委员会、四川省文史馆编：
《四川近现代文化人物》，第 6 页。

风疾马良，去道愈远。而有为之徒见君前后异论，谓君受之洞贿，著书自驳，此岂足以污君者哉？君学有根柢，于古近经说无不窥，非若康氏之剽窃者；应物端和，未尝有倨容，又非若康氏自拟玄圣居之不疑者也。顾其智虑过锐，流于诵奇，以是与朴学异趣。

并谓，因"世人猥以君与康氏并论"，故特撰文，"为辨其妄云"。①则廖学不但异于王，亦不同于康，确可谓"自名其学"也。

蜀人为学求自立，非独廖平为然。吴之英自述其祖父授其为文之法："古昔有鸿文，高韵何清丽！已近思剿袭，已远思缪戾。不远亦不近，孤立求真谛。理质意自卓，气羸辞有系。我学非古法，我法非今制。格律会精神，得诸天地际。"这里"孤立求真谛"、"非古法"、"非今制"几句，皆写出其自求一格的胸怀。吴之英论自己的学术来源，也说：

蜀都广乡学，石室仍新构。郡县悬高材，弟子聿来凑。大师据尊席，列坐承口授。我时与讲会，默默无往复。先生故设辞，诘屈引灵窦。颤而机初触，捷而意与遘。终乃撝撝而，精爽交驰骤。先生兀惊咨，为汝遏老苟。我为说我法，家世传以旧。②

这一段所述是在尊经书院从王闿运学的情形，而主题在强调其治经之法来自家传。故吴、廖学术不同，而均不甚认可其学出自王氏则一，均和一般认知不同。

---

① 分见章太炎：《清儒（二）》、《清故龙安府学教授廖君墓志铭》，均收在徐亮工编：《中国近三百年学术史论》，第17、101页。

② 吴之英：《叙感》，收在《吴之英诗文集》，第6、8~9页。

廖平曾云，德阳刘子雄"心思精锐，好辟新说"，读《今古学考》后，"以为治经不讲今、古，是为野战"，但"讲今、古，又不免拾人牙慧"，故"不肯治经"，而"崩攻诗辞"。① 此又是一自立门户的例子。又，廖、吴同门有富顺陈崇哲，亦修习经学，早亡。吴之英言其论学宗旨云："习见郑、何列同异，不嫌贾、马更短长。各具真识求独到，出我入我自门墙。"②这最后一句既可能是陈氏真意，也可能是吴之英"仁者见仁"的评论，不过无论如何，这些都反映出蜀中学者不但在学术风格上确有其独到之处，在主观意识上亦以追求独立为治学目标，不能说不是近代蜀学勃兴的一个重要心理动力。

1906 年，蜀人杨赞襄读到刘师培《南北考证学不同论》，对刘氏依南北分学派的做法提出异议。杨氏肯定，由于"地理上之关系"，中国学术的确长期存在着南北差异。但晚清以来，局势已变："今汽船云集沪上，铁道辐辏汉口。沪汉者，天下之枢也。故地气自西徂东，则钟于吴越；自东至西，则钟于楚蜀。旧邦既焕新猷，旧学亦开新派。"吴越有章太炎、刘师培，楚南则为王闿运。闿运主讲成都尊经书院，"其道乃大行于吾蜀"。蜀中学术又分为以宋育仁为主的富顺学派、以廖平为主的井研学派，此外还有吕雪堂（即吕翼文）、傅晋卿（－1916）等人。这些人的学问都已是旧的考证学藩篱所不能限制的。文章最后说："畴昔读《汉书·儒林传》，至田何'易东'之叹，窃疑两汉经学，有东西无南北。今之新考证家，亦复如是。无山脉河流之扞格，而有轮船汽车之交通，理论渐趋统一，而事实随之，汉代所以威震华夷也，愿意质之刘子。"③杨氏仍把晚清蜀学视为湘学流裔，不过，他明确提出以东西之分取代南北之分，且视之为"新

---

① 廖平：《知圣篇》，收在《廖平选集》上册，第 205 页。

② 吴之英：《闻陈崇哲病》，收在《吴之英诗文集》，第 31 页。

③ 杨赞襄：《书刘申叔南北考证学不同论后》，《四川国学杂志》第 3 号，1912 年 11 月 20 日，第 1～2 页。

考证学"和"旧考证学"之间的嬗替,表彰蜀地学术的意识跃然纸上。

汪国垣(1887—1967)对近代四川诗派颇为赞赏,而言蜀中诗派渊源曰:"张广雅督学蜀中,以雅正导其先路;王湘绮讲学尊经,以绮靡振其宗风。风声所树,沾溉靡涯。惟蜀中诗派,自有其渊源可寻,广雅、湘绮虽启迪之,蜀人未能尽弃其所学而学之也。"他还引述陈衍(1856—1937)论赵熙语,认为四川诗人所作"甚肖蜀中山水",而引申谓:"诗人每与地域山水相发"。①胡先骕(1894—1968)论赵熙词,亦云:"昔人尝称文章在得江山之助,征诸往事每每而信"。赵熙生于峨眉山下,"于此故倍能擅场"。②钱基博也说,吴虞"诗之取径,则与闿运颇殊;独文章为合辙"。③这些观察均注意到蜀人诗词独成一格,自有脉络可寻。

事实上,论及文学,蜀人之气确要充足许多。吴之英有自杨慎以后蜀中无有"作者"的感慨,而乡人赵正和挽吴联亦说:"蜀士号能文,自扬、马而还,旷世逸才人几个?"④二人看法似颇谦让,但"蜀士号能文"一句,也流露出几许得意。赵熙更认为,四川经学或不逮人,而文学直可谓天下第一:"巴蜀以文章盛,谈者谓司马相如后,文学彬彬比齐鲁,此或经术然耳;若其文章,则楚骚外无伦比也。二千年夏声,至于今而寂,今之世又自奴于海外之言。惟荣也为僻乡,今求学于斯,而为举世所不为者,诗其一也。"⑤二十世纪三十年代,罗念生仍表示:"我的家乡自来是重文轻武的,这是几千年来

---

① 汪国垣:《论近代诗派与地域:西蜀派》,收在《赵熙集》,第1356～1357页。

② 胡先骕:《评赵尧生香宋词》,收在《胡先骕文存》上卷,南昌:江西高校出版社,1995年,第99页。

③ 钱基博:《现代中国文学史》,第80、81页。

④ 赵正和挽联,收在《吴之英诗文集》,第122页。

⑤ 赵熙:《〈唐歌行〉叙》,收在《赵熙集》,第1222页。按此书为赵熙主讲荣县文学舍时教材。

的历史风尚。"①

汉学家在传统上对文士是不屑一顾的。在讲究"识字"的时代，以诗文名，并不入考据家的法眼。不过，到了骆成骧，已试图把诗文和汉学打为一气。他在咏乐山尔雅台（相传为郭璞注《尔雅》处）的一首诗中写道：

> 北顾凌云颠，相如赋成气欲仙；南瞻尔雅台，舍人注笔去不回。登高作赋古亦有，宋玉以下无此才。人重五言起苏、李，谁念歌行先从马、郭开。文章尔雅本经艺，读书万卷先识字。孔门诵诗三百篇，草木鸟兽勖多识。遍摖训诂笺六经，商也言诗比肩赐。汉家朴学重渊源，蜀士多才富根柢。相如绿绮咏求凰，《上林》沉博起《凡将》。舍人已注虫鱼尽，余韵高歌和柏梁。②

通过"文章尔雅本经艺"一句，司马相如代表的文学传统和郭璞（276—324）象征的"朴学"传统被连在一起，而这都可以在四川的文化史上找到源头。由此，骆成骧乃有信心说出"蜀士多才富根柢"一语：蜀士并不只有文才，文才的背后实植根于"经艺"的厚重。在此意义上，历史上的蜀学也为朴学提供了一个源头。

据此，我们在晚清以来的蜀中学人身上，可以同时看到两种心理取向，一是追求独立的治学态度，一是越来越强的文化自信，而这两个方面又是相互关联的。近代史家张森楷（1858—1928）的学生赖皋翔（1907—1993）曾云："尊经生的风气，是自己深造有得，以为

---

① 罗念生：《芙蓉城》，《罗念生全集》第9卷，上海：上海人民出版社，2004年，第205页。

② 骆成骧：《尔雅台》，傅度等编：《乌尤山诗》，乐山：乌尤寺雕版印行，1937年，第6页。此书由韦兵兄提供。

'闭门造车，出而合辙'，所以不大愿看外省人的著作。"①张森楷曾
在尊经书院和锦江书院都读过书，此处的描述或者是赖氏体会出来
的，或者就出自张氏本人的自述。但无论如何，这八个字用来形容
不少近代四川学人的神采，还是非常传神的，而它们也的确同时涵
盖了独立与自信两层意思。一旦这两种心态结合起来，作为一个"学
派"意义的"蜀学"概念就是呼之欲出之事了。

四、近代"蜀学"的自觉

"蜀学"二字在清末已较流行，其时有两个团体都以此命名，一
是杨锐等1898年在北京成立的蜀学会（并设有蜀学堂），二是同一年
宋育仁等在成都尊经书院设立的蜀学会（刊行《蜀学报》）。粟品孝教
授已指出，前一个蜀学会"与蜀地一脉相承的蜀学关系不大"，其取
名"蜀学"者，仅仅因为发起者和参加者均为蜀人也。后一个蜀学会
则明确提出"昌明蜀学"的口号，而其所谓蜀学"就是蜀地之学，具体
是指在蜀地学习以儒家经学为核心、包括西学在内的学术文化"。不
过，这里似乎仍需稍做辨正。杨锐等所办蜀学会与其时闽学会、浙
学会、湘学会等团体相类，其中，蜀、闽、浙、湘等地名更多地只
是一个词头，其关键部分是在"学会"二字，确与一般在学派意义上
使用的"蜀学"、"湘学"等落实在地域上的概念不同。至于宋育仁等
设立的蜀学会，情形似稍复杂。一方面，粟教授已引用过的《蜀学会
章程》第一条云："现在时事棘艰，叠奉上谕，各省振兴学校，以期
储才备用。学使慨济时艰，尤以振兴蜀学为念。"此处所谓"蜀学"者，
主要意指学校，仍非学派也。就此而言，它和北京蜀学会虽有偏重

---

① 赖皋翔：《我所知的张森楷先生》，收在《赖皋翔文史杂论》下册，张学
渊编辑校注，自印本，出版时间不详，第442页。

教育和议政的不同，本质上似无甚差别。惟另一方面，《蜀学报》主笔吴之英又说："蜀故有学也，何至今日始会始报也？曰：蜀学微矣。学者失其所学，今将返吾故焉，故以蜀学名也"。① 此"蜀学"实已涵盖整个文化学术（或仍包括学校在内），而"返吾故焉"四字更直接透露出强烈的地域自觉，含有明确的认同意味。

晚清时期对"蜀学"一词的使用，值得注意的还有两个例子。其一是光绪十四年（1888 年）冬初刊的《蜀学编》。此书原为尊经书院两位学生方守道、童煦章所辑课艺，原题《蜀贤事略》，经曾任四川学政的直隶宁河高赓恩（1841—1917）与尊经书院山长伍肇龄（1826—1915）增补而成。此书收集四川历史上"心术、学术不诡于正"的学人，辑录其事迹，参考的范本是《关学编》、《洛学编》、《北学编》等著作。这里的"蜀"标定的毋宁是"四川"这一地域范围，近乎宋育仁等人的用法。特别要提出的是，《蜀学编》的编纂虽由高赓恩发起，意在训士，而编者多为蜀人，更多一重地方认同之感。伍肇龄在序中就说："由是敦崇四教，以上溯邹鲁渊源，将张、魏所诣，尚可扩充，岂徒以扬、马文章夸冠天下哉！"② 显然，伍氏对川人为学"徒以扬、马文章夸冠天下"甚不以为然，在他看来，此编是要通过对"蜀学"渊源的发掘，以振拔蜀地士风。

相对说来，另一条材料更倾向于"有特色的学派"这一意义。1886 年，廖平在《今古学考》中说："予创为今、古二派，以复西京之旧，欲集同人之力，统著《十八经注疏》，以成蜀学。"③ 则廖平的计划是在自己学说的框架基础上，联合蜀中学人，以建成"蜀学"学派。

---

① 粟品孝：《"蜀学"再释》，第 54、55 页。本段引用蜀学会的文献，俱转自此文。

② 伍肇龄：《序》，见方守道等辑：《蜀学编》，光绪辛丑（1901 年）成都锦江书局重刊本，第 1 页。

③ 廖平：《今古学考》，收在《廖平选集》上册，第 89 页。自注已删。

换言之，虽然大纲已经粗具，但真正的"蜀学"仍是"未来时"。廖平在这里使用的"蜀学"显然已是兼具地域与学派两重意义的概念。据郑可经(？—1923)回忆，廖平后来襄校尊经书院，"同学相与讲明古学之伪，除课艺外，同学各任一门。"后来廖平离院，其学生亦"相约分任编辑"，以期"煌煌蜀学，自成一家"。① 看来此事确有推进。但有意思的是，廖平在尊经书院的同学岳森已在致廖信中说，此书即使告成，"只为兄一人之业，于全蜀无与"。② 则在岳森看来，廖平心中的蜀学仍只是廖学，不能算作"全蜀之学"。

进入二十世纪，在学派意义上使用而更明确地具有地域认同意义的"蜀学"一词使用更为广泛，本章拟以谢无量、刘咸炘(1896—1932)、蒙文通的三篇文章为例，对此略加分析。

谢无量《蜀学会叙》为其倡设的蜀学会(与前述两个蜀学会同名)所作，是一篇综论蜀学的文章。③ 该文首揭"揵"、"通"、"礼"三义，文章也相应地分为三部分。第一部分叙"揵"。揵者，"守其固有之学"之谓也，实是一部蜀学简史。第二部分叙"通"。通者，"明其未有之学"之谓也，主要指西学，即谢无量认为生当此世应掌握的新知，体现出"蜀学"的开放性。不过，这是当时整个中国学人均面临的任务，故此与"蜀"不"蜀"实无多大关系。第三部分叙"礼"，实为蜀学会的章程，其中解释此会得名，云："蜀人公创论学之会，故名蜀学会"。又云："蜀学会在佐蜀人兴起于学，修其所有者、以达其

---

① 郑可经：《郑本四变记》，《国学荟编》1915 年第 7 期，转引自张凯：《清季民初"蜀学"之流变》，《近代史研究》2012 年第 5 期。

② 岳森：《南学报廖季平第二书》，《癸甲襄校录》，光绪二十年(1894 年)成都尊经书局本。转引自李晓宇：《尊经·疑古·趋新：四川省城尊经书院及其学术嬗变研究》，四川大学博士论文，2009 年，第 147 页。

③ 此文写作年代不详，查彭华《谢无量年谱》：1907 年，谢与周紫庭等在上海谋复蜀学会(收在舒大刚主编：《儒藏论坛》第 3 辑，成都：四川大学出版社，2009 年，第 136 页)。此文殆即作于此时乎？

所未有者，无关于学则一切不论。"又云："蜀学会以豯（"豯"，《崇文集》本作"一"）进全蜀智识学问为旨。"又云："本会既厝意蜀字（"字"，《崇文集》本作"学"），有改造蜀士之责。及蜀中教育之事，有所弊害，皆当出其力而干涉之。"并有在成都设立大学，"使蜀人之向学者不必奔赴求学外省"的计划。① 可知谢无量使用"蜀学"这一概念，亦取义甚广。不过，其讨论"固有之学"的部分，又主要集中在四川学术史方面，与本书所关注的"蜀学"最为密切，故这里主要讨论这一部分。

谢无量提出："蜀有学先于中国。国人数千年崇戴为教宗者，惟儒惟道，其实皆蜀人所创"。此外，还有"其学不自蜀出，得蜀人始大；及蜀人治之独胜者"，均可称为"蜀学"。简要说来，包括儒、道、释、文章四部。

蜀人对于儒学的贡献有二，首先，原始儒学乃禹所创："河出图，洛出书，圣人则之，伏羲因河图画卦，禹受洛书，乃制洪范。《洪范》于人事详已，儒者所法，故禹纯然儒学之祖。《易》广大而不可测，深切著明，莫如《洪范》。箕子曰：天锡禹洪范九畴，……《洪范》于儒家众说，范围而不过，实自禹起。盛若仲尼，而曰：禹，吾无间然矣。王制至禹始备。儒者称先王，大抵自禹以下。"而禹生石纽，蜀人也（禹的出生地有多种说法，石纽在四川，谢无量主张此说）。其次，儒学"最古经典"亦"蜀人所传"："儒家尊六艺曰'经'，经莫大于《易》。"古有"三易"，其中《连山》一书乃"蜀人所作，已灭不见"，其余两部（《归藏》、《周易》）能"不坠于地"，亦"唯蜀人之功"。

---

① 本段和以下数段，均见谢无量：《蜀学会叙》，民国时期油印本（具体年月和出版地不详），中国国家图书馆藏。按谢氏另有《蜀学原始论》，系《蜀学会叙》的一部分，收中央文史馆编：《崇文集》，北京：中华书局，1999 年。本书所用系姜莉据国家图书馆藏本过录者，姜莉并对这两个本子做了校对，为本书的写作提供不少便利。

　　道家亦"蜀人所创，其变有三宗，三宗亦自蜀始"。所谓"三宗"，一是"原始之道"：《道藏》数千卷，首著《度人经》，以为峨嵋天真皇人授黄帝云。……故天真皇人，道家之祖"。同时属于此宗者有青城山宁封，继起有老子。据宋谢显道《混元本纪》，老子出自成都李氏，"今成都青羊宫是其遗迹"。二是"养生之道"，创自彭祖，而彭祖曾隐居峨眉山数百年。三是"符咒之道"，创自张道陵，"道陵非蜀人，然得道在蜀，终于蜀"，亦蜀学也。重要的是，"司马谈论六家指要，独尊道家。中国诸学，惟道家先出。"故云"蜀有学先于中国"。

　　佛教本"异邦之学"，自汉传入中国，"其时蜀与西域比壤，至西域必道蜀，亦自蜀以达于中国"，蜀地自然得其先机："刘蜀尝出《楞严》、《普曜》诸经"；隋时费长房、僧琨、智炫、慧影等"并翻译经典，论述玄谛，蔚乎如林"，俱蜀人也，惟无创造，"不名宗祖"。至什邡马祖道一（709—788）创临济宗；华严第五祖圭峰宗密（780—841）禅师，西充人，"讲道阐玄，贤首教宗，由是而大。于《华严》、《圆觉》诸经皆有疏说，圆澈通辨，他家不及。终唐之世，华严宗行于蜀，宋初蜀僧游江南，其传始东"。

　　文章本"惟蜀士独盛"，仅以创造论，其贡献有四大端：其一为"南音"，本是"《离骚》所出"，创自涂山氏。二是"赋"。"汉《志》录赋实首屈原，原所生即今巫山地。"三是"古文"，系由陈子昂（659—700）首倡"复兴"者。四是词曲，创自李白（701—762）。

　　中国学术思想本以儒、释、道为三大宗，文章则载道之器，人人所不可离者，而儒、道均由蜀人首创，文章、佛教亦有四川人的独到贡献，这样，蜀学真是"大哉"："蜀学所由称，何独尧尧然！"但使谢无量感到不快的是，蜀学在学术史上并未得到应有地位：

　　　　余览百家说、蜀史记，不知涕之无从也。夫蜀有循蜚、因提、钜灵、蜀山，在五帝前，治迹章矣，司马迁略而不载。黄帝之孙青阳玄嚣之裔，往往在蜀。神圣之都，学术先兴，如太阳生于东方，自然然也。蜀之于中国，其犹埃及之于欧洲乎？欧洲学术均出于埃及。中国无蜀则无学，蜀何尝籍学于中国？蜀学自秦灭国而衰，至宋世金元之祸，蜀民靡孑遗，古先传之学熸焉遂亡。世但知张献忠残蜀，而不知元人入中国，蜀被祸最惨，虞道园、袁清容、赵东山诸集言之綦详。于今又五百载，承学之士，欲何以明？虽然，仲尼犹云，文武之道，待人而兴。是在吾党勉之尔矣。

　　谢氏一方面为蜀学争地位，一方面也要振兴蜀人的学术自豪感和进取心，再一次表现出文化焦虑感和自信心交缠在一起的复杂心态，至其关怀，也浮于言表。

　　刘咸炘的《蜀学论》也须放在同样的文化背景下解读。文章开篇即点出主题："有是主人，蜷伏虫壒，口谈不对于魁士，足不出于一郡，兀然仰屋。有客来问，曰：吾尝历数师儒，旁求篇帙，衡较天下，蜀学尝黜录于《四库》，十不占一。"于"晚近二百年来"，更见式微："大河南北，守关洛之朴实；长江东西，驾汉唐之博敏；黔荒晚通，亦绍许尹。……而蜀士闻者才三四人"，且各有疵病：彭端淑"文杂八比之陋习"，张问陶（1764—1814）"诗附随园而效颦"，李调元"记丑而不博"，李惺"识隘而不纯"。虽自"光绪以来，渐致彬彬"，重又"遽遭丧乱，古道湮沦。岂山川阻蔽，化不通而气不伸乎？何其贫也！"①则有清蜀学不但比不上江南、河洛，甚且不如贵州。

　　对此，刘咸炘的回答是："子徒见今之荒秽，而不闻昔之荟蔚也；徒羡彼之多而沸，而不识此之少而贵也。夫民生异俗，士习成

————————

① 本段和以下数段，均见刘咸炘：《推十文集·蜀学论》，《推十书》第三册，成都：成都古籍书店，1996 年，2100～2102 页。刘氏自注已经删去。

风。扬州性轻则词丽,楚人音哀而骚工。徽歙多商,故文士多密查于考据;常州临水,故经师亦摇荡其情衷"。四川则"介南北之间,折文质之中,抗三方而屹屹,独完气于鸿蒙"。具体而言,其长有四:一为《周易》:"《易》之在蜀,如诗之有唐矣"。二为史学:"史氏家法,至唐而斀。隋前成书,仅存十数,蜀得其二";有唐之后,"史学莫隆于蜀"。三为文学,诗文名家辈出,不绝如缕。四为小学,自扬雄(前53—18)《方言》以下,著作良多。至经学、诸子,蜀人稍差:"若夫经生考典,子部成家,斯则让于他国,不敢饰其所无"。但在理学家中,蜀人如魏了翁(1178—1237)、张栻(1133—1180)、黄泽、赵贞吉(1508—1576)等皆有建树;杨慎说经亦"往往与惠、戴之传合符哉"。此外"杂流之术",如纵横家、兵家、博物家等,亦俱有可观,"又岂可以小道轻乎?"总之,"统观蜀学,大在文史",其治学开放而独立,"寡戈矛之攻击,无门户之眩眯,非封畛以阿私,诚惧素丝之染紫"。

刘咸炘着力表彰历史上的蜀学,就是要驳倒蜀中无学论,此和谢无量及傅增湘等的关怀是一致的,实际都带有一种焦虑感。不过,与谢文比较起来,刘的描述要客观得多。如同样论《易》学在蜀,谢无量直称商瞿成都人,故《周易》之传,端赖蜀人;而刘咸炘出语就更加慎重:"商瞿北学,尚曰存疑"。又如谢无量把屈原(前340—前278)也划入蜀人之列,故云赋体为川人所创,而刘咸炘则云:"诗有四系,独缺骚一耳"。他如谢无量以禹创兴儒家,更谓"中国无蜀则无学",大言炎炎,刘咸炘均不道。相反,刘氏坦率承认,蜀人于说经、子部实不如人。这些差异和两人的学术态度有关:刘咸炘是学者,言必有据;谢无量实是文士,发言多随意为之。不过,这也意味着刘氏对蜀学的自信心更为强大,故无须狐假虎威。事实上,文中那个"蜷伏虫壝"的"主人",正是作者自况(刘氏足迹终生不出四川一步),而文中所描述的这一"隐士"形象,也象征了蜀学之衰微是外人不知，非真的不行也。

不过，刘咸炘仍然承认蜀学于今已经"荒秽"，故和谢无量一样，主要着力于挖掘"昔之荟蔚"，而蒙文通的《议蜀学》一文重点放在近代，其意主要是表彰廖平学术。他首先将廖学放在整个清代经学典范转移的背景下界定其意义，肯定廖平指示了一个学术新方向："今古之学既明，则孙、黄、胡、曹之礼书为可废，……然不有乾嘉诸儒之披荆榛，寻旧诂，以导乎先路，则虽有廖氏，无所致其功。惟廖氏之学既明，则后之学者可以出幽谷，迁乔木。"不过，蒙先生的用意更是要借此倡导后起蜀中学人继承廖平的治学道路，以开创一个"新蜀学"的局面：

> 廖氏既成《今古学考》，遂欲集多士之力，述八经著述，以成蜀学。夫伊洛当道丧学绝之后，犹能明洙泗之道，绍孟学之流，以诏天下，蜀人尚持其文章杂漫之学以与朔、洛并驱。自顾以迄于今，其道已蔽。吴越巨儒，复已悔其大失，则蜀中之士独不思阐其乡老之术以济道术之穷乎！①

既云"欲"成蜀学，则实未成，不过由廖平开了一个头，尚待后学竟其事业。关键是，蜀士并未自觉地担当此责任，这正是蒙氏所焦虑的。

其时对蜀学抱有类似感受的人还不少。吴虞就说：

> 余常谓蜀学孤微，不仅受南方人士之排抑（正续两《经解》、正续《碑传集》，"文苑"、"儒林"，皆不收蜀人），即蜀中士夫，亦未尝有崇拜维持之事。且于一代不数见之人才，淡漠视之，

---

① 蒙文通：《议蜀学》，第178、179页。标点略有改动。

倾陷及之,务使其沈埋困顿而后快!其所标榜者,皆虚伪不学之辈也。而后生之继起者,于前辈为学之本末,用心之深苦,毫无所见,亦复雷同訾謷,予智自雄,意气甚盛,浮薄浅陋,罪过尤甚。余书至此,不能不为蜀学前途悲也。①

比较起来,吴氏对蜀学面临困境的估计比蒙文通还更严重。

因此,近代四川学人确已具有了"蜀学"自觉,这一自觉是近代四川地方认同的产物,不无自信成分,但同时又夹杂着焦虑感和危机意识,情绪相当复杂。此后,这两种情绪也一直在四川学者心中并存。二十世纪二三十年代,随着国内学术风气的转变,四川又一次被归入文化落后地区,连蜀人对此也颇感不满。一位成都大学学生就在1930年指出:"吾蜀僻处边陲,交通梗阻,文化落后,风气不先,教育衰颓,于今极斯。"②即使并不怎么趋新的萧印堂,也对长期局于四川一隅感到不满足,而思出夔门以启耳目。③

另一方面,被认为"保守"的学者对外间的学术风气也甚是不满。庞俊在二十世纪二十年代表示:

自顷世途辁张,民生日蹙,病每变而愈危,药历试而不验,或有谓巴菽甘遂可帝者,激而行之,异喙加厉,遂乃诡更风雅之体,崇饰鄙倍之辞,横舍小生,乐其汗漫,探喉而出,一日百篇。然而坑谷皆盈,势亦难久。淮南王有言:井植生梓而不容甕,沟植生条而不容舟,三月必死。何者?狂生而无其本

---

① 吴虞:《爱智庐随笔》,第92页。
② 惠伯:《吾人庆祝成大五周年纪念之重要》,《国立成都大学第五周年纪念会特刊》,成都:国立成都大学,1930年,第7页。
③ "余居益部,隘于闻见,久乃有薄游南北之思。"见萧印唐:《目录学丛考序》,第92页。

者也。①

三十年代初，赵熙致友人书，亦对当世学风表示不满："敝处文学舍仍是三家村模范，近来学童少能读《论》、《孟》者，则一切无从说起；稍举唐以来诗，又平仄茫然。世运所驱至此，早知其当然，有不料其果然也。"②在世风群起趋新的情况下，他们这种不与世俯仰的态度中仍可看出"求自立"的风格。

实际上，对于外间的成名之士，蜀中学人亦多有看不起者。三十年代，庞俊论王国维（1877—1927）诸弟子之学，就说，王学"多本之乾嘉诸儒，高邮王氏，尤所服膺。至于讲堂口述，无取繁词，不复一一，非剿说也。而弟子不知，震而矜之，暖暖姝姝，以为莫非先生之孤诣独造，而伛偻以承之，则多见其固陋而已矣"。③ 其文中被点名者有吴其昌（1904—1944）、刘盼遂（1896—1966）等。曾在四川工作过一段时间的程千帆（1913—2000）回忆说："四川这个地方，一方面外面的人根本不晓得四川的学者有多大的能耐，另一方面，四川的学者还很看不起外面这些人。他看不起自有他值得骄傲的地方。④"此是真有心得的总结。

造成这一现象的一个重要原因便是近代以来川中学人自信力的增强。特别是新文化运动以来，国内学术风气一新，四川反因其偏僻，相对保留了更多的传统，"国学"成为强项。1928 年，刘咸炘提出，今人"好利"，时风趋"张"，宜矫之以宋学，而浙东史学实宋学之一脉相传。考浙东学派之源，不仅有"中原文献"、"王刘学派"，

----

① 庞俊：《上香宋先生》，收在《养晴室遗集》，第 285 页。
② 赵熙：《答贺儒楷》，收在《赵熙集》，第 286～287 页。
③ 庞俊：《跋〈国学论丛〉王静安先生纪念号》，收在《养晴室遗集》，第 269 页。
④ 程千帆：《桑榆忆晚》，上海：上海古籍出版社，2000 年，第 25 页。

在此二者之间,"尝受吾蜀二李掌故之传"也。盖五代北方大乱,文士多聚吴、蜀二处,降至有宋,"掌故、文献,蜀人保存之力为多",甚至可说"宋一代之史学实在蜀"。至元兵入川,蜀学南迁于浙,遂成浙东史学,"蜀反如鄙人矣"。然"绍述浙东,正是中兴蜀学,非吾蜀学者之当务乎?"进一步,"吾华汉后文化实在长江,而源出于蜀,特蜀山险难通而水湍不蓄,故士多南迁不返,而土著者深而固僻"。"今西来之风侵削华化",环顾全国,"东南人轻浮,随风而靡;西北人则朴鲁,不能兴。且西北文风自汉唐大盛,宋后已衰;东南宋后乃盛,今则盛极将衰",均不可赖。惟"吾蜀地介南北之间,民性得文质之中,虽经元明两灾,而文风已渐有兴象。又自东西大通以后,中国南北之大势将变为东西",蜀地"后负须弥而前距海,山环原野,水如罗纹,亦殊燕、豫、晋、秦之荒漠,后此或将为华化退据之地乎?"①

刘氏比较各地文风升降的历史与地理状况后,自信四川乃是中国文化的复兴基地,多少反映了蜀地一些史家的共识。② 这一情形和廖平学术随着道咸时期学术典范转移而兴起的状况颇有类似之处,但表面上看来却似恰好相反:道咸时期是蜀学承"新"而起,二十世纪二三十年代的蜀学则在一定程度上以"旧"为荣。

不过,也正因四川学者不怎么与外界交往,再一次造成四川学术在国内的边缘化。庞俊论龚道耕曰:"大抵生平著述,多罔罗众家,刊改漏失,似善化皮鹿门而无其剽窃,似象山陈伯弢而无其庸琐"。然"以僻处西陲,书未刊行,往往为他家所先"。③ 此正程千帆

①　刘咸炘:《史学述林·重修宋史述意》,《推十书》第二册,第1536~1537页。"南北之势将变为东西"一语,可与前引杨赞襄文对看,可知在清季民初成长起来的蜀地年轻学人中,此一观点是非常流行的。

②　蒙文通亦提出"蜀学重史"和蜀学为浙东史学源头之一的看法,详见其《中国史学史》、《评〈学史散篇〉》,均收在《经史抉原》,第317~322、411页。

③　庞俊:《记龚向农先生》,收在《养晴室遗集》,第215页。

所谓"外面的人根本不晓得四川的学者有多大的能耐"也。向宗鲁（1895—1941）便是通常不被人知晓的一个，但其学问便颇得"新学术"的奠基者之一傅斯年（1896—1950）的好感。1941年，向宗鲁逝世，傅对向的学生王利器（1912—1998）表示，本来希望把他"请出来，在史语所或北大工作"。① 如果王利器的回忆不错的话，这里值得注意的是傅斯年所使用的"请出来"这样的字眼。可见在傅氏的心目中，直到此时，四川仍然处在文化上的僻远之区。②

另一方面，虽然大家都提蜀学，而各家心中所指并不大一致。蒙文通以廖平之学为近代蜀学，未必为全体蜀中学人所同意，而颇能获得一些外省学者的认同。1943年，金毓黻（1887—1962）论晚近学人，首推康有为、章太炎，次推王国维、廖平。他对廖氏的评语是："平以文学之雄而为今文学之经师。其学凡四、五变，年愈老而语愈怪。吾无以名之，可名之曰蜀学。其传授不若王氏之盛，而能绵延不绝，以自张一军。"金氏并于"蜀学"二字下加注云："廖氏弟子蒙文通曾撰《蜀学考》，以称述廖氏之学。"③虽有些勉强，但既列入前四名，已是相当推重。谢无量与刘咸炘均认为近代蜀学无可观者，刘氏且直言蜀人说经非特长，则对廖平亦不甚许可。又如前所述，

---

① 王利器：《李庄忆旧》，收在杜正胜、王汎森主编：《新学术之路——中央研究院历史语言研究所七十周年纪念文集》下册，台北："中央研究院历史语言研究所"，1998年，第799页；《往日心痕——王利器自述》，太原：山西人民出版社，1997年，第82页。

② 同时，不少蜀人心中已经成立的"蜀学"在有些外地学者看来，也未必有那么高明。张舜徽言，吴之英文"出语险怪而不平易，艰涩而不条达，正其才短，非其格高。怪诞至此，竟老死而莫之悟。身处僻左，闻见褊隘，侈然负一方之望，号称大师。此斯道所以难言，亦令通人齿冷矣"（见《清人文集别录》，武汉：华中师范大学出版社，2004年，第580~581页）。按张氏实未必真懂吴的学问，但此处值得注意的是"身处僻左，闻见褊隘"一语，正提示了蜀学在张氏心中的地位。

③ 金毓黻：《静晤室日记》第7册，1933年10月17日，沈阳：辽沈书社，1993年，第5275、5278页。

谢、刘二人论蜀学多讲中古以上，所观察有相似的地方，但亦有参差。刘特别表彰的史学，谢便根本不提；谢尤其看重的道教，刘也几未着一字。

二十世纪四十年代，王恩洋(1897—1964)谈及四川文化的特点，又有不同："四川文化因为别有乡土关系、地域关系，自有其特殊之点。四川的风俗人情，与一般平民特殊的宗教思想信仰，有些是很高级，有些是最低级。"王氏认为，四川文化中"最为发展"的有两方面：

> 一是文艺，一是宗教。文艺如司马相如、扬雄、三苏等之文、李白、陈子昂等之诗；宗教如在佛教方面、道教方面，四川也出了若干伟大的人物，对于文化都很有贡献，这些文献，我们自应特别留心保存整理。而四川各乡市间，也有若干的宗教思想、信仰……或者还够不上为一种宗教思想，也应有一番整理。四川有许多道门，其中影响于人民颇深，其思想比孔孟之书还来得流行，而许多人都得其安慰。①

可知何谓蜀学，正与论者自己的学术文化关怀息息相关。每个人关心的问题不同，甚至写文章时所特别注目的对象不同，笔下的蜀学便有可能不大一样(蒙文通在《议蜀学》中所用"蜀学"二字，虽特指廖平经学，或廖平心目中所欲达到的经学，但实际也认可刘咸炘所说史学为蜀人所擅长的论断)，此正所谓见仁见智，不但代表了不同学者对既往的蜀学认知的差异，也在一定程度上代表了他们对蜀学未来走向规划的差异。

---

① 王恩洋：《对整理四川文献之意见》，收在《王恩洋先生论著集》第 10 卷，成都：四川人民出版社，2001 年，第 219 页。文中省略号是原文所有。

更重要的是，不论大家所说的"蜀学"有多大差别，关键在于，"蜀学"概念广泛使用，表明四川学人正在自觉构建一个带有地域性特点的学术系谱。二十年代末三十年代初，金毓黻热衷于东北地方文献收集整理，曾提出"东北学"或"辽学"的概念。他明确宣称，欲"以此求异于人，即所以求自立于斯世"。① 近代蜀人揭出"蜀学"一名，亦可作如是观。② 这虽然看起来只是几个学者的工作，却在更广泛的社会层面上反映出四川作为一个移民社会已完成了意识上的"本土化"过程（至少在知识界如此），"四川人"这一新的身份认同被普遍接受，并且进一步希望在全国视野中为四川文化定位。同时，正如前边指出的，近代"蜀学"论的提出，也是晚清以来四川学术大发展的产物。离开这一实在的背景，"蜀学"也就真成虚构之物了。

五、余论

本章把近代四川学人的"蜀学论"放在一个稍长时段的地方社会文化史脉络中考察，以突显地方认同在学术文化层面上的表现。但是，需要进一步强调的是，学者对这一地域性学术的描述，又不仅仅是地方视野所能涵盖的。王恩洋曾说："四川是中华民国的一员，我们应将四川文化方面所贡献于全国者如何，其特殊之点在哪里，加以研究，同时加以表彰。"③实际上，各类有关"蜀学"的论述看似

---

① 金毓黻：《静晤室日记》第 4 册，1930 年 5 月 25 日，第 2447 页。
② 与此类似的，又如湘人杨树达 1936 年 12 月 7 日日记："孟劬（张尔田——引者注）极称余训诂之学，且云：'湘中学者自为风气。魏默深不免芜杂，王益吾未能尽除乡气，两君（杨树达、余嘉锡——引者注）造诣之美，不类湘学'云。"杨谓："孟劬浙人，意盖谓余二人为江浙人之学也。"然杨氏并不买账，云："余不足论也，季豫（余嘉锡字——引者注）目录学之精博，江浙士何尝有之乎？"杨树达：《积微翁回忆录·积微居诗文钞》，上海：上海古籍出版社，2006 年，第 108 页。
③ 王恩洋：《对整理四川文献之意见》，第 219 页。

都是在强调蜀学的"特殊之点",但其背后都有一个全国性背景,其重点无一不着落在"四川文化方面所贡献于全国者如何"这个问题上。换言之,只有在全国性的学术视野下,"蜀学"之特殊性才获得了其意义。不过,也正因如此,"蜀学"亦显得非常脆弱。由于四川地理条件的限制,其为学风气常与国内主流有异,而论学者又每执主流风气为准则,蜀中学问遂或有时无足称道。关键在于,即使是川内学人,也不能忽视这一大背景,故他们虽时能自坚信心,亦常怀焦虑。惟一旦国内学术风气转移,四川学者也可能乘势而起,后来居上,廖平在清季声誉鹊起,便是一例。但这种影响也是多元的,新文化运动后,四川反以保留传统取胜,则近乎"礼失求诸野"了。

另一个要解释的问题是,尽管学者对蜀学的认知并不一致,但文学与《易》(以及与之关系较密切的宗教)乃是四川学术的长项,却基本上是公认的。① 近代四川《易》学似稍衰(但也未必,恐只是"沉沦下寮"而已),而文学艺术仍发达。金毓黻抗战时期入川,见到王缵绪(1886—1960)致张群(1889—1990)书,谓其"韵味极似东京,不知出何人手笔",因而感慨:

> 今世非无美才,特伏处岩穴不肯出耳。吾华文章之士多出于蜀,亦以蜀士早见于史乘,如司马相如、扬子云其杰出者也。遗风不替,绵绵可接。今之文士,亦当以蜀为雄。岂以山川奇秀使然耶?蜀士如谢无量,以诗以书雄于时;如郭沫若,其学亦杰出;如张大千,以画雄于一世。求之南北各省罕有其匹,讵非明证?②

---

① 与道教、《易》有关而学者不常提到的是医,四川医学也自有其传统。廖平晚年以《黄帝内经》遍说群书,留下了大量著作,离开医学,实无从理解其后"三变"。吴之英亦有大量医学著述,都值得重视。

② 金毓黻:《静晤室日记》第9册,1948年2月1日,第6528页。

这里和汪国垣、胡先骕的看法一致，实际继承了自《礼记·王制》篇及《汉书·地理志》以来中国人讨论地域文化的一个基本思路。这一观点看似不无"地理决定论"的嫌疑，且听起来也有些"玄妙"，几乎很少得到现代社会科学的认可，但仍应值得认真对待。法国年鉴学派历史学大师费尔南·布罗代尔（Fernand Braudel，1902—1985）便特别注重地理、生态一类"不变的历史"对政治这一看起来最为波澜壮阔的历史的深层影响，但布氏的成名作《地中海和菲利普二世时期的地中海世界》实未曾将地理对历史的具体影响讲清楚。就此而言，中国传统从"天地寒暖燥湿、广谷大川异制"（《礼记·王制》篇语）的角度解析各地文化风习，恐怕仍是具有启示力的。

这也部分地解决了另一个问题。前边说过，四川在历史上经过了多次移民，故从某个方面看，今日的四川人与清代以前的四川人实际相差甚远，其文化亦确有不少改变。研究历史必须注意到这些变化。但另一方面，各个时代的四川文化面貌又分明呈现出一种不绝如缕的延续性，也是不容否认的。这种延续性从何而来？至少有两个因素可以解释。首先便是地理的因素。人及其文化都是特定自然环境的产物，同时，尽管四川历史上经过多次移民，但其主体大部分保留着中国农业社会的基本生活方式，在四川的自然环境和中国农业社会的生活方式没有发生大改变的情形下，产生类似的文化特色是可能的。①

其次，特定的区域历史感对地方文化形态的塑造力量也是不容忽视的。正如本章指出的，近代四川学者由于感到蜀学的衰落而对

① 吴天墀先生已经指出："蜀地对外交通不便，横的联系稀少，但山川之秀美，物产之富饶，人民资质聪颖，在学术文化创造方面也颇著成绩。近代以前，川蜀自然环境无大变化，长时间以来形成富有特点的学风。"见《龙昌期——被埋没了的"异端"学者》，收在《吴天墀文史存稿》，成都：四川大学出版社，1998年，第177页。

四川历史和文献加以发掘、研究。这种研究凸显的地方特色无疑既是地方意识的一个表现，也进一步强化了地域认同。换言之，人们对历史上四川文化特色的认知，无可避免地参与了对此下四川文化面貌的塑造，成为区域文化延续性的一个重要条件。据云，吴之英"好诵司马相如、扬子云之文，曰：'吾蜀人，当为蜀文尔。'"①即是地方认同造就学术取向的一个显例。②

进一步，这也涉及对区域文化研究的一个理论问题的认识。中国传统学术特别注重地理环境对文化的深层影响，直到近代不绝。二十世纪二十年代，梁启超还提出，中国现代学术的方向之一就是"分地发展"：中国幅员辽阔，兼有平原、海滨、山谷。"三者之民，各有其特性，自应发育三个体系以上之文明。我国将来政治上各省自治基础确立后，应各就其特性，于学术上择一二种为主干。例如某省人最宜于科学，某省人最宜于文学美术，皆特别注重，求为充量之发展，必如是然后能为本国文化、世界文化作充量之贡献。"③梁氏此处所云是有意的"规划"，一般所指某地之学则是在历史上"自然"形成的，但他强调地理环境造成民性不同乃至相异的学术文化体系的思路，显然上承《礼记》、《汉书》等而来。本章征引的不少学者的议论，也倾向于从地理环境的因素解释蜀中文化的特色。

不过，近年来，有一批学者指出，这种区域文化研究的思路忽

---

① 钱基博：《现代中国文学史》，第78页。按钱氏未明此条论据的出处，估计是"口述史料"，我查阅了《吴之英诗文集》，也没有找到线索。不过，吴氏著有《八总督箴》一文，不管命题还是形式都借鉴了蜀人扬雄的《十二州箴》，或可为此条做一旁证。

② 另一个例子是前文提到的廖平"以庄周为儒术"。按提出此说较早者为苏轼。其《庄子祠堂记》云："余以为庄子盖助孔子者，要不可以为法耳！"转引自周启成：《前言》，林希逸著、周启成校注：《庄子鬳斋口义校注》，北京：中华书局，2009年，卷前第5页。虽然并无直接证据证明廖平此说袭自苏氏，但遥相呼应的可能性是存在的。

③ 梁启超：《清代学术概论》，第80页。

视了历史因素，带有"本质论"倾向。实际上，所谓某地之学或某地文化的概念本身即是在特定历史进程中被建构起来的，而不是一个"透明"的术语，自不能拿来就用。① 诚然，过去那种把区域文化总结为几个印象式的"特征"、再将其归因于当地特定地理环境的做法确实遮蔽了不少历史面向，显得过于简单和懒惰。"建构论"的批评在这方面是非常有力的。不过，我们也不应过于小视了地理因素的影响力。通过浸染和熏习的方式，它仍是塑造特定区域文化的一种重要力量。同时，更重要的是，人们对地理因素的认知本身也是历史进程的一部分，而这种认知和人们对当地历史的认识（所谓"乡邦文献"之学）一起，塑造着地方认同和区域文化自觉。因此，对于区域文化研究来说，把"建构论"和"地理论"结合起来，恐怕是更为可行的方案。

---

① 这里边值得参考的一篇论文是程美宝：《地域文化与国家认同——晚清以来"广东文化"观的形成》，收在杨念群主编：《空间·记忆·社会转型——"新社会史"研究论文精选集》，上海：上海人民出版社，2001 年，第 387～417 页。

第三章 "不异的异乡"：二十世纪二三十年代旅外川人认知中的全国与四川

　　二十世纪二三十年代中国所面临的一个基本问题就是如何迅速实现国家统一。对此，学界已经有过一些探讨，但仍留有不少值得继续考察的面相。① 其中之一是，国家统一应从"全国"和"地方"两个层面加以了解，方为全面；然而，目前的成果多是从全国的大范围着眼，至于人们是如何从地方角度对这一过程做出回应的，我们的了解严重不足。这部分是由于近代区域史和地方史的研究还较为薄弱，难以提供足够的支撑。以四川省为例，既存研究多集中在政

---

① 　相关研究见王柯：《民族与国家：中国多民族统一国家思考的系谱》第8章《构筑"中华民族国家"》，北京：中国社会科学出版社，2001年，第186～217页；罗志田：《乱世潜流：民族主义与民国政治》中的一系列文章，上海：上海古籍出版社，2001年；"中央研究院"近代史研究所编：《认同与国家：近代中西历史的比较论文集》，台北："中央研究院"近代史研究所，1994年；李守孔：《国民政府之国家统一运动》，收在"中央研究院"近代史研究所编：《抗战前十年国家建设史研讨会论文集(1928—1937)》上册，台北："中央研究院"近代史研究所，1984年，第389～431页；李达嘉：《民国初年的联省自治运动》，台北：弘文馆，1986年；吴振汉：《国民政府时期的地方派意识》，台北：文史哲出版社，1992年；［美］易劳逸(Lloyd Eastman)：《1927—1937年国民党统治下的中国：流产的革命》，陈谦平等译，北京：中国青年出版社，1992年；［日］石岛纪之：《国民党政府的"统一化"政策和抗日战争》，收在张宪文、陈兴唐、郑会欣编：《民国档案与民国史学术讨论会论文集》，北京：档案出版社，1988年，第288～297页。

治史和军事史范围内,① 社会心态史基本上没有进入学者的视野。因此,我们无法确切感知时人究竟如何理解地方(四川)与全国的关系这一问题。由于缺乏对地方社会心态的充分认知,所谓"国家统一"就常被看作是一个政治权力(辅之以军事权谋)的运作过程。显然,这一印象如果不是歪曲的,也至少是不全面的。

基于此,本章主要考察二十世纪二三十年代(主要集中在二十年代中期到1935年中央军入川这一时期)旅居外省的四川人对全国与四川关系的认知,希望在重构此一方面社会心态的基础上,略微弥补上述缺陷。② 需要申明的是,本章所探讨的主要是旅外川人(及部分有过旅外经历的在乡人士)的看法,并不一定代表当时全体四川人的意见。这些旅外川人多系青年学生,也包括部分上层知识分子(如大学教授等)、商人,及部分政界人士。至于他们的旅居地,则以北

---

① 对二三十年代四川的研究,多集中在"军阀史"领域。1987年以前国内的研究和资料出版概况,见孙代兴:《西南军阀史研究述评》,收在张宪文等编:《民国档案与民国史学术讨论会论文集》,第37~47页。二十世纪九十年代以后,主要有匡珊吉、杨光彦主编:《四川军阀史》,成都:四川人民出版社,1991年;四川省人民政府参事室、四川省文史研究馆:《川康实力派与蒋介石》,成都:四川大学出版社,1993年;Robert A. Kapp, *Szechwan and the Chinese Republic*:*Provincial Militarism and Central Power*,*1911 – 1938*,New Haven and London:Yale University Press,1973.(此书有中译本:[美]罗伯特A. 柯白:《四川军阀与国民政府》,殷钟崃、李惟健译,成都:四川人民出版社,1985年)。抗战期间的有关情况,参考本书编委会编:《国民政府重庆陪都史》,重庆:西南师范大学出版社,1993年;政协西南地区文史资料协作会议编:《西南民众对抗战的贡献》,贵阳:贵州人民出版社,1992年。另,刘君的《简论西康建省》一文(收在张宪文等编:《民国档案与民国史学术讨论会论文集》,第321~331页)亦涉及相关问题。

② 台北"中央研究院"近代史研究所出版的一系列"中国现代化区域研究"著作中,多涉及各省旅外人士对本省"现代化"运动的推动作用,但是大都没有把旅外人士作为一个特殊的群体加以考察,因此有可能掩盖了旅外人士言行的特殊性以及他们与在省人士的区别。王劲、杨红伟对近代甘肃"留学生"(主要是国内留学生)对地方经济发展所起到的推动作用做了研究,见《近代甘肃的"留学生"及其对地方经济的影响》,《兰州大学学报》(社会科学版)2000年第6期。

京、南京、上海这样一些核心城市为主。他们的政治立场不一,有明显的国民党或共产党的支持者,但更多的人面貌模糊,很难从他们发表的言论中做出清晰判断。以某一特定的人群为主要讨论对象,当然有不小的局限性,但问题是,这些人恐怕也就是当时关注此一问题的主要人群了。

本章主要分为三个部分:首先,将讨论二三十年代的四川在全国舆论中的形象,重点探究这一认知形成的原因,第二部分讨论旅外川人对四川局势的评论与提出的对策,第三部分讨论他们为消除外省人对四川的负面印象所做的努力。

一、国中的"异乡"

1930 年,王宜昌在《国立成都大学旅沪同学会会刊》上发表的一篇文章中宣称:"有一个'异乡'在现在底中国秘密地存在着。这个'异乡',就是僻处西南底四川。"王宜昌在三十年代中期因参与中国社会史论战而得名,彼时却还只是一个旅沪的青年学生。他自己是四川人,却为何会把四川称作"异乡"? 他这样说的目的是什么? 从王氏的描述中可以知道,他是站在"外省"立场上做出这个结论的:"外省人士,不有认为四川是文化落后,野蛮混乱的么? 外省人士,不有认为四川是崎岖阻险,神秘难知的么?"王宜昌宣布,他写这篇文章的目的就是为了消除人们的"误解"与四川的"难知","使人们都明白四川是怎样的不异的'异乡',使人们明白四川底现状与历史发展,使人们明白四川和外省要如何共同发展她们底将来。"①

---

① 王宜昌:《关于国立成都大学》,《国立成都大学旅沪同学会会刊》第 1 期,1930 年,第 1 页。

事实上，本书前边已经引用过二十世纪初署名"山河子弟"的四川留日学生所写《说鹃声》，其中号称四川隐然"负有一独立国的资格"（参看第二章）。他的意思当然不是真要提倡四川独立建国，恰恰相反，他这样说主要还是为了激发川人的救国热情，换言之，也可以说是想"使人们明白四川和外省要如何共同发展她们底将来"。不过，在这里引起兴趣的是，与国内其他地方比起来，四川到底是"异"还是"不异"，这两人的看法显然不同。在山河子弟的表述中，四川不但与众不同，而且"异"得厉害；王宜昌的言说重点则更多地落在四川与国内其他地区相同的一面——事实上，他的目标正是希望借此消除外省人对四川的"异乡"认知。

在近代中国人的心目中，四川究竟是不是一个"异乡"，不是本章所要讨论的重点。如我们所见，山河子弟和王宜昌在不同时期，出于不同目的和论证策略，对此一问题做出了相反的回答。中国地广民众，若把不同地区的社会文化拿来做比较，答案自然是它们有同有异。但是，"有异"并不一定意味着即是一处"异乡"。而王宜昌的观察，却的确可以从其时外省人对四川的印象中获得不少支持。简要而言，所谓"国中的异乡"，意味着两个方面：首先，四川与外部多有隔绝，因此，基本上处在外省舆论关注的范围之外；其次，全国主流舆论界对四川的有限认知也以负面消息为主。对于那些足不出夔门的人们来说，这种忽视乃至批评当然不成为一个问题，但它在外省人中造成的诸多不良印象，却常令那些旅外川人陷入尴尬甚至难堪境地。为此，他们不得不更多地关注四川在国人心中的形象问题。本章想要讨论的就是，四川是怎样成为一处国中"异乡"的，旅外川人面对这一认知，又如何反应？

外省人士对四川的异样感受，是由几个方面的原因造成的。首先，从地理上看，四川四面环山，自成单位，与全国的几个政治、经济、文化中心距离较远，加之其时铁路未修，交通不易。古来巴蜀和西南以外地区的联系,水路主要经三峡,陆路主要经剑门关,这两处的地势又极为险峻,出入皆不方便。从李白以后,"蜀道难"一语就广为传颂,在二三十年代的报刊上,仍是人们提及四川时必用的表述。因此,地理因素是四川与外隔绝,成为(或被认为)"异乡"的一个物质上的原因。不过,更重要的是,在很多人那里,这种地理上的隔绝又进一步造成了心理上的陌生。时人对四川的描述中,还有一个常用词——"僻处西南"。如果说"西南"还具有更多的地理上的意味的话,"僻"字就明显属于评判意味的概念,更直观地暗示出表述者所持(也许更多是下意识的)立场:他们自居为中心。

地理的闭塞和交通的不便,导致外间的人们难以迅速而准确地了解到四川的状况,也造成蜀人难以获得外部信息。当然,如同"蜀道难"三个字所提示的,四川在国内的边缘位置,并不始于二十世纪,倒毋宁是自古而然。不过,晚清以来,当整个中国都被卷入趋新浪潮中去的时候,四川虽然也不是一成不变,反而也有很多人在努力求新,但相对而言,其"闭塞"一面反而看起来更为突出了。1918 年,在外游历的吴芳吉(1896—1932)致函川中旧友,抱怨"蜀中古籍易求,新书难得,而杂志报章尤少"。[①] 到了二十年代中期,这一状况仍未有大的变化。1925 年年底,舒新城(1893—1960)应邀入蜀,任教成都高师,一路上"最感不快的","就是在新闻纸上得不着新闻"。由于"邮递与排印的种种迟缓",《新蜀报》的消息竟比上海的报纸晚了十几天,而这还是川东地区"消息最灵通的"报纸。他因此感慨:"我记得某君作《四川游记》说四川人民对于中国的大事,只有历史知识,决不会受新闻的影响;当时我很觉得这话有点过于唐突,

---

① 吴芳吉:《与李宗武》,1918 年 6 月 7 日,收在《吴芳吉全集》中册,上海:华东师范大学出版社,2014 年,第 575~576 页。

现在身历其境,又觉它不是全无道理。"①

省会成都的情况也好不到哪儿去:"堂堂国立(成都)高师"的图书馆,"无论在普通的报纸杂志方面或专门的教育书籍方面,似乎比我家所备的还有限。……图书馆内亦有若干定期刊物,但除了省外各校赠阅者外,都是本省的东西,而关于全国及世界的各种新闻则又无不从京沪报纸中转载而来。故在此地欲求从新闻纸中瞭解天下大事,其难至少也与上青天的蜀道相等"。新书店也很少,除了商务印书馆、中华书局有自己的服务部外,新出版物最知名的经销商就要算是"华阳书报流通处"了,但这家店铺面不大,"每年的营业有时还够不到糊口",可知并不受欢迎。②

由于报纸杂志少,新闻又不"新",二十年代四川人关于中国的知识偏于"古"而疏于"今"。换言之,这一时期大多数四川人心目中的中国与京、沪、宁等东部大城市的人们所体会到的中国之间,存在着或长或短的"时间差"。当然,这不是说四川人甘于"落后"。事实上,近代(尤其在二十年代中期以后)四川(主要是成都、重庆这两座大城市)普通的社会心态大抵仍偏向于"新"的一边。③ 不过,像四川这样的内地,在国人集体趋新的大情势下,所扮演的通常是"跟

---

① 本段和下段,均见舒新城《蜀游心影》,上海:中华书局,1939年,第53、127、147页。

② 舒新城的这个观察,可以得到不少趋新人士的佐证。一位留沪的川籍学生也说:四川"有组织的负文化使命的"新书店只有一家"华阳书报流通处",颇难满足一般欲求新知的青年之需(默情:《四川文化的一般》,《国立成都大学旅沪同学会会刊》第1期,第23页)。关于"华阳书报流通处",参考魏峡:《陈岳安与华阳书报流通处》,《文史杂志》1990年第6期;王晓渝:《"灯塔"、"大总管"与华阳书报流通处》,《文史杂志》2006年第6期。

③ 李璜便在回忆录中指出多条证据,表明成都士风在清末已经发生很大的变化,趋新成为风气,详见其《学钝室回忆录》上卷(增订本),香港:明报月刊社,1982年,第18~20页。

风"角色。① 四川人认为新的事物,在"中心"地带看,有时已落伍了。例如,1927年,吴芳吉接受张澜(1872—1955)邀请,来到国立成都大学任教,在给朋友刘永济(字弘度,1887—1966)、刘柏荣的信中说:该校"教师分新旧两派,若吉则最新之人也"。② 这份自我鉴定是否准确,或有不同看法。但按照二十年代晚期中国思想界的标准来看,写信和收信(刘永济夫妇、刘柏荣夫妇)的两方虽然都不一定算是守旧派,却绝非"最新之人",是完全可以肯定的。事实上,吴芳吉本人曾明确反对以新旧立门户,而对待成都大学同仁仍不免新旧之见,③ 甚至颇有几分得意地自诩为"最新之人",正在不自觉之间流露出旅外川人的视角。与吴氏的观察相应,一位成都大学的毕业生后来也回忆道,1927年,"中国新兴文艺"终于"迟迟地""输入了四川这荒凉的园地"。④ 此说未必准确,但大体也可以成立,不过最值得我们注意的是"迟迟地"三个字——它再次把时间差的问题明朗化了。

新闻不"新"的情形在三十年代中期已经有了一些明显的改进。《新生周刊》上发表的一篇关于成都的报道透露:"和文化宣传最有关系的报纸,在成都也有十多种",那些"比较灵通的报馆"更是"都置

---

① 此自晚清以来已然,详论见第二章。还应注意的是,四川社会追逐外界新潮流的过程,也不是亦步亦趋,而是有缓有疾。李璜在回忆录中云:"四川在民十五六时,只学界新人物的头部留法如今式样,川人名为'拿破仑头';而一般人则将头发铲平,名为'日本式'。"(《学钝室回忆录》上卷,第227页。)从这方面来看,到了北伐之后,四川普通人的风气还停留在清代末期;然清末四川固已颇入时也。

② 吴芳吉:《与刘弘度刘柏荣》,1927年10月1日,《吴芳吉全集》中册,第854页。

③ 据成都大学毕业生赖皋翔回忆,吴芳吉在成大时,与年轻教授甚融洽,对老教授便"不那么好"(《忆吴芳吉先生》,收在《赖皋翔文史杂论》下册,张学渊编辑校注,自印本,出版时间不详,第421页)。

④ 李嘉:《四川新文艺运动》,《国立成都大学旅沪同学会会刊》第1期,第31页。

有收音机一部，把每天南京中央广播无线电台的新闻报告来照登"。不过，作者对成都的思想文化状态的整体评价仍不满意：这里找不到"几处稍微完备的实验室和图书馆"，造成"一般人在思想上只有落伍"。但他强调："这并不怨一般人不努力，实在是因为环境上缺乏求知识的便利"。① 也就是说，客观上的信息分布的"不对称"，是造成国中"异乡"现象的另一个重要原因。

从政治方面看，民国以来，直到三十年代中期，主政的四川军人可以分为两批：第一批以熊克武（1885—1970）、但懋辛（1886—1965）等为代表，基本是国民党人，早在辛亥革命时候就居于领导地位；第二批军人包括刘湘（1888—1938）、刘文辉（1895—1976）、杨森（1884—1977）、邓锡侯（1889—1964）、田颂尧（1888—1975）、潘文华（1886—1950）等。从年龄上看，这些人与第一批军人属于同一代人，但经历却有重要不同：他们中的大部分人在辛亥时期还只是一些下级军官，其地位主要是随着民初的历次内战而迅速提升的。因此，从掌握政权的时间来看，我们不妨把他们看作一代新人（本章称之为"新兴军人"）。这两批人的价值观和行为方式都不大相同，基本上，国民党人显得更"有理想"，更加积极地参与到全国性事务中；新兴军人对自己的利益更为关注。

自1924年熊克武以北伐名义率部出川，其后的10年间，国民党基本上在四川丧失了政治影响力，地方政权全部落入新兴军人的手中。比起全国色彩更强的国民党人来说，四川新兴军人行事的一个重要特点是善于内斗，而不大参与全国政争。据傅渊希（1896—1997）统计，1913—1933年间四川共发生30次战争，其中"有民主革命战争四次，即'癸丑'、'护国'、'护法'、'援陕'之役，其余二十

① 征言：《成都生活的形色》，《新生周刊》第1卷第14期，1934年5月12日，影印本第1卷，上海：上海书店，1984年，第274～275页。

六次都是军阀混战"。① 从时间上看，这四次口号正大的"民主革命战争"集中在 1913—1918 年，基本上是由国民党人领导的。自新兴军人占据权力中心后，川战乃真正成为四川之"内战"，也日益在舆论中丧失道义的正当性。1925 年，杨森发动"统一全川"之战，就有人在《蜀评月刊》上撰文，批评四川军人"并无何等远大思想，只求其食前方丈，侍妾数百人，金钱狼藉，于意已足"。作者也注意到前述两批军人之间的差别：当年"护国护法，还算借题发挥，能掩众人耳目"；至于新兴军人的战争"究竟为作何事？实是无理取闹"。②《蜀评月刊》同一期还刊登了以"江安全县人民"的名义发表的一份宣言，谓："我蜀自首起民兵，以覆清室，在人民之本意，本欲自立民国，以大洗永为奴隶之羞，乃大权误落军人。军人又不学，日以内讧为无名义之丑战"，遂致全川祸乱不已。③ "无名义之丑战"，正和"无理取闹"相互发明。这份刊物在上海出版，作者恐怕多数都还是旅外川人，这些评论显然代表了他们的共识。

另一方面，曾和冯玉祥(1882—1948)、刘湘等都有过来往的高兴亚(1902—1981)说，四川新兴军人"没有统治全国的奢望"。④ "奢望"二字颇能曲尽四川军人的心态：川军多头并立，军事竞争异常激烈，能够站稳脚跟、立定地盘已属不易，遑论"统治全国"？这当然是太不切实的念头。刘文辉声称，二十年代末三十年代初，他自以为已经能够收拾四川的其他军人了，就"不愿局促于四川一隅，一心

---

① 傅渊希：《四川内战年表(1913—1933)》，四川省政协文史资料研究委员会编：《四川文史资料选辑》第 37 辑，成都：四川人民出版社，1987 年，第 4 页。

② 凤兮：《对于此次川战之感想和希望》，《蜀评月刊》第 7 期，1925 年 6 月，"言论自由"栏第 12 页。

③ 《江安全县人民对于时局之宣言》，《蜀评月刊》第 7 期，"来电"栏第 6 页。

④ 高兴亚：《冯玉祥和刘湘的秘密往来》，成都市人民政府参事室编：《蓉参史料》第 2 集，1990 年，第 42 页。

想要从夔门以外去扩大政治局面"，但很快就败退下来。① 这算是四川军人中的特例，比起刘文辉，川中大部分军人要实际得多，政策以力求自保为主。②

与此同时，四川军人的自信心也在下降。不但无向外发展的"野心"，连统一四川甚至自保也要引外援为助。据高兴亚说，当时，"在国内几乎没有一个较大的军阀处，甚至没有一个通都大邑没有四川军阀的代表"。③ 但是，四川军人向外寻求援助的努力也并不成功。1928 年，戴季陶(1890—1949)在告川军将领的公开信中直揭其事："各军所谓代表先生，汉、宁、沪、粤、豫、晋、平各地，无处不有十人八人，各为其主，逢人说项，互相诋毁，川军劣迹由是尽情暴露，一切代表者与被代表者之信用，完全扫地。"④四川一省，多头并立，不能统一，颇为那些雄踞一方的外省军人看不起。因此，他们也很少与川军结盟。这样，结交外援不过是虚张声势，结果还只能用内斗的方式解决问题，同时亦使四川军人失去了积极参与国内政治事务的机缘，偏居一隅，良有以也。

川人傅葆琛(1893—1984)也发现：四川人"素来不去管外边的闲事。外边的人也非到了万不得已的时候，不去管四川的事"。⑤ 二十

---

① 刘文辉：《走到人民阵营的历史道路》，中国人民政治协商会议全国委员会文史资料研究委员会编：《文史资料选辑》第 33 辑(本章所用为合订本第 11 册，下同)，北京：中国文史出版社，1986 年，第 3～4 页。

② 川人不大有争天下的野心，自清末已然。庚子前后，周善培接受汪康年委托，回川动员会党中人起事。周很沮丧地发现：四川会党人数虽多，"然其规模狭隘，不掠人以为利，则老守其至微之本钱，不肯争天下之利"(周善培致汪康年，上海图书馆编：《汪康年师友书札》第 2 册，转引自桑兵：《庚子勤王与晚清政局》，北京：北京大学出版社，2004 年，第 122 页)。

③ 高兴亚：《冯玉祥和刘湘的秘密往来》，第 42 页。

④ 戴季陶：《忠告川军将领》，《新四川》(国民党四川旅京同志会主办)创刊号，1928 年 9 月 1 日，第 3 页。

⑤ 傅葆琛：《四川的病根究竟在哪里》，《蜀铎》(北平师大四川同学会主办)第 2 卷第 2 期，1936 年 7 月 31 日，第 1 页。

年代到三十年代中期，四川在全国政治地图上处在一个非常"偏僻"的位置，与大局无关，"外边的人"忙于逐鹿中原，自顾不暇，更谈不上"管四川的事"了，而这也给了四川军人一个闭门内战的机会。从实际看，二十年代一直处于对峙状态的南北政府对待四川的实力派多采取承认现状的政策，分别委以官衔，借以羁縻；而这些"官衔"又往往成为后者内战的凭资，颇可看出其"窝里横"的特质。①

不但是国民党和各地方实力派，共产党也对川军的力量甚为轻视。1934 年 12 月，中共黎平政治局会议决定以黔北为中心建立一个根据地，次年的遵义会议推翻了这一决定，准备改在成都西南或西北建立根据地。根据中央档案馆所藏陈云(1905—1995)于 1935 年向中央纵队传达遵义会议情况的提纲，其时政治局做此决定的一个重要理由就是，此地"背靠西康一个空无敌人的区域"。整理稿中有一段加了括号的话，似是事后对此决议的反思："个别同志对于四川敌人的兵力是过低的估计的，后来由威信会兵黔北而没有达到渡江入川的目的，亦正在此。"②这个印象大概正和川军在全国性的军事活动中表现得过于消极是有关的。

美国学者罗伯特·卡普(Robert A. Kapp)注意到，二十年代到三十年代初期，相对于其他地区的军人，国内关于四川新兴军人的记录和叙述都是极少的，上海、北京、天津等大城市出版的全国发

---

① 1928 年起，曾扩情多次受蒋介石委托，前往四川各军活动，几乎处处受到欢迎。详见曾扩情：《蒋介石两次派我入川及刘湘任"四川剿匪总司令"的内幕》，中国人民政治协商会议全国委员会文史资料研究委员会编：《文史资料选辑》第 33 辑，第 106～116 页。

② 陈云：《(乙)遵义政治局扩大会议》，中共中央党史资料征集委员会、中共中央党史研究室编：《中共党史资料》第 6 辑，北京：中共党史资料出版社，无出版日期，第 1～2 页。文后的按语是何人何时所写，整理者未加说明，但对文中"一个空无敌人的区域"做了解释，使我们知道其时中共领导人对四川的认知。此外，需要说明的是，这份材料是否是遵义会议的传达提纲，学界有不同意见，不过这与本书的主题无关，此外不展开讨论。

行的报刊上有关四川的报道十分简略，国民政府出版的各种报告、年鉴、统计材料等，关于四川的信息也多有缺失。① 在现代国家中，中央政府对各地统计数据的征集、整理、保存、使用，既是保障其行政权力得以顺利实施的重要基础，也是宣示国家统一的象征手段。② 在这个意义上，四川在全国统计资料中数据的缺失，既是其内部分裂的表现，更表现出它与全国行政系统的疏离。

本尼迪克特·安德森（Benedict Anderson）曾经谈到，现代出版事业对信息的沟通，打破了天然的地理隔阂，诱导人们"想象"出并认同于一个民族共同体的存在。③ 当然，对共同体的想象完全可以靠历史追溯来完成，但现代传媒通过不断地强化这一想象的共时性维度，直接推动了人们的民族认同。事实上，从时间的角度看，民族国家首先存在于"当代"的维度上，"往昔"更多的不过是滋育此一"当代"共同体的养分而已。在此意义上，若舒新城对川人的品评——只知"历史知识"而不受"新闻影响"——是成立的（然而实际并不如此），则四川就真是一个"异乡"了。反过来，四川出现在全国性媒体上的概率不高，同样加剧了这一局面。其直接后果就是外省人对四川状况的陌生，甚至是淡漠。蜀地很少出现于主流媒体中，主要原因显然不是战争频繁造成采访不易，因国内其他一些地区同是战火纷飞，却能频频"出镜"也。事实上，现代传媒的新闻报道，常受读者阅读期待的影响。因此，导致四川出现频率不高的一个重要原因，乃是外界对蜀地缺乏深入了解的兴致，这当然又进一步强化

---

① Robert A. Kapp, *Szechwan and the Chinese Republic*：*Provincial Militarism and Central Power*，1911—1938，pp. 25，28，71.

② 参考［英］安东尼·吉登斯《民族—国家与暴力》，胡宗泽、赵力涛译，北京：生活·读书·新知三联书店，1998 年，第 220～221 页。

③ Benedict Anderson, *Imagined Communities*：*Reflections on the Origin and Spread of Nationalism*，Thetford，Thetford Press Limited，1986. pp. 39，47.

了双方的隔膜。

　　本来已经不多的报道又往往集中于对四川乱局的描写,使事情变得更糟。胡光麃(1897—1993)后来回忆说:"因为多年川局扰攘不宁,外间的人们简直不明究竟,甚至连川籍的吴鼎昌和胡政之几位先生在天津所办的《大公报》,还把四川冠上了'魔窟'的绰号,使得'下江'的工商界人士闻而裹足,都不愿到四川去。"①既"不明究竟",又不敢身历其境,"印象"实际上即是"想象"。1931年,浙江大学工学院院长李振吾应邀访问四川,回到浙江以后发表演说,便和一般的论说有些不同:"外省人士,对于四川状况,多以新闻消息为根据,其隔膜情形,与外国人士视吾国相同。其实川省现状,并不如吾人意想中之混乱。"②川省之于外地,正如中国之于外国,可知"国中的异乡"不是王宜昌一人的感受。而李振吾说得很清楚,此一"意想"主要来自"新闻"——媒体报道的倾向性对四川负面形象的形成负有主要责任。

　　当时省外报刊上关于四川的各种记载颇多来自传闻,因此不免相互抵牾。1930年,《生活周刊》上有篇文章说:四川军人盘剥极重,"军人们把这些钱除了孝敬姨太太买枪支而外,大都存入海上外国银行。听说除了不要利息不算,还须出百分之四的保管费"。③ 军人不是傻子,把钱存入银行,不要利息,还要倒贴,无论如何都太不合情理,这里显然是故意丑化("听说"二字用得颇传神)。半年以后,该刊又发表一位署名"士初"的文章,对此另有一番解说:"四川省外之各军阀,剥削金钱,每存储于外国银行;四川则无外国银行,军

---

　　① 胡光麃:《波逐六十年》,台北:联经出版事业股份有限公司,1992年,第274页。

　　② 李振吾述、陈慧一记:《川游见闻》,《生活周刊》第6卷第11期,1931年3月7日,影印本第6册,北京:人民出版社,1980年,第228页。

　　③ 絮非:《罩在雾里的四川》,《生活周刊》第5卷第49期,1930年11月16日,影印本第5册,第810页。

阀所抢夺之金钱，每苦无地储存，则只有收买田地房屋。"①这当然更近常情些。不过，无论是读者还是作者，"四川军阀"们怎样处理他们"抢夺"来的金钱其实并不重要，重要的是这些描述"印证"了他们在公众心目早已存在的败坏形象。

我们不知道士初的具体身份，从文章来看，似乎是一位青年学生。最有意思的是，他的矛头所指主要是为四川讲了几句好话的李振吾。作者号称，李文"诸多失实"，"使我等川人见之而生忿"。具体而言，"失实"有二，一是称赞杨森在"万县惨案"中"抵御英舰炮击"，二是谓四川"民力雄厚"。后者尤使作者气愤难平。士初怀疑，李氏是因受到军阀"优待"，才会忽视川民之疾苦。其实李说得很清楚，四川不是"不乱"，而是没有外人所想的那么乱。然而这点回护之词却使身为川人的士初异常不满。原因恐怕是，作为一个四川人，他对军人的"剥削"有着更加深刻的体会，故分外难以容忍"取媚军阀"的行为。在士初这里，四川的民众和四川军人是不同的，但他不太了解的是，在外省人的认知中，这一区分其实并不太鲜明，都是"四川人"。因此，他也很难准确地把握李振吾的真实意谓。

不过，在有一点上，双方的认知倒是殊途同归，即外省人不了解四川，四川在中国如同"外国"："军阀林立，……兵匪如毛，蜀道艰难，外省人闻而生畏，不得履其地知其详，有加以秘密国之称者。省外人视四川，几如外国人之视中国，且或更有甚焉。盖外国人虽不知中国，然常派人来华调查"，而"省外人不知四川情形，鲜有闻入四川作切实调查者，省外人之知四川，全凭报纸所载之一二简短通信而已"。这一说法也得到了《生活周刊》编者邹韬奋(1895—1944)的认可。邹氏不了解四川实情，与一般"省外人"并无两样，但面对

① 此处与下段均见士初：《四川真相》，《生活周刊》第6卷第15期，1931年4月4日，影印本第6册，第319~321页。邹韬奋的评论，见该文后"编者按"。

两种看起来截然不同的意见（其实未必有本质的差异），他在"编者按"中却明确地表同情于士初。而他作此选择的依据，除了士初是川人外，更重要的，恐怕还是后者的说法更符合他心中对"四川军阀"早已存在的印象，所谓"先入为主"也。

对于四川形势的估计，好像王宜昌和山河子弟一样，士初和李振吾的意见也是有同有异。相同之处是，肯定四川在国人心中处于边缘位置，相异之处在于，如何估计四川混乱的程度。就此而言，在本省人士初眼里，四川之"异"的程度还要超过外省人李振吾。这一事例提示我们，四川的"异乡"形象不仅是外省人单方面想象的结果，像士初这样对家乡状况不满的川人，也在其中起到了推波助澜的作用。当然，这里既然涉及的是程度的判断，就和每个人所持的不同标准有关了。整体来看，四川在时人心中以负面形象为主，是可以肯定的。

这些负面形象也是和四川在地理上的"封闭"分不开的。1927年，刘伯承（1892—1986）等人发动顺泸起义后，在给武汉国民政府的电报中云："四川僻处西陲，思想落后，反动分子，较为嚣张。内讧连年，糜烂甲于全国；敲骨吸髓，剥削不遗耕氓。"[1]这些字眼很能代表当时国内舆论中的四川形象和这一形象背后的认知逻辑：由于四川地理（主要是政治地理和文化地理）位置偏僻，故川人不开化，"思想落后"；而这两方面的原因又使四川远离革命中心，故政治腐败，"反动分子"也"较为嚣张"。

中国幅员辽阔，各地本已存在的地区差异，在近代趋新大潮的推动下，由于自然地理和区位交通条件的不同，不但没有减弱，反而在一段时期内进一步得到了强化。二三十年代的四川成为国中"异

---

[1]　电文载于《新蜀报》1927年1月19日，转引自匡珊吉、杨光彦主编：《四川军阀史》，第226页。

乡",就是这几个方面因素共同作用的结果。不过,这一"异乡"在实际上"异"到多大程度,一般省外人士却难以做出明确断言。要回答这个问题,需要对夔门内外的实际情况都有较为深入的了解,才能加以比较和评判。正如李振吾和王宜昌都感受到的,蜀地之"异",未必像人们"意想"的那么大,因此,即使可以说是"异乡",也还是一处"不异的'异乡'"。当然,对四川的"异"与"不异"都体会最深并且最在乎的,还是那些身在外省的四川人。

二、旅外川人言论中的四川

川人既不爱"管外边的闲事",报刊事业又不够发达,即使有意见也很难找到公开发表的园地,因此,要了解二三十年代蜀人对四川和国内局势的意见,旅居外省的人士成为一个重要渠道。他们大都不满意于四川状况,又深受省外思潮的鼓荡,对夔门内外的情形都有了解,革新志愿强烈,但又身不在其位,故一般只能通过文字抒发己见。

在旅外川人中,青年学生占了很大比例。1930年,一位在上海的成都大学毕业生谈到:"四川的青年,尤以高等自觉了的青年,都觉得四川受了地理的限制,交通的阻厄,不能满意的接受中外的新的文化和思潮,……还有许多人都认定四川的文化太落伍,在那里得不着什么,想要从根本改造,遂相率出川在中国文化中心之上海北平去得到地货[道?]的中西文化。"[1]显然,作者本人就是这群"高等自觉了的青年"之一,这段描述也代表了他们的共同心声。事实上,让孩子去外省求学也是不少家长的心愿。据熊丸(1916—2000)回忆,当时"只要家里有点钱,或还算过得去的人家",都会把孩子

---

[1]　默情:《四川文化的一般》,第23页。

送到南京、上海或北京去读书。① 1930 年，黄稚荃(1908—1993)自成都高等师范毕业，她父亲黄沐衡(？—1944)因为看到四川"军阀割据，无异土寇，在四川无前途"，遂劝她去日本留学。②

旅外川人中还有一部分是已经学成或有所专长的知识分子。胡先骕在 1933 年观察到，四川很缺乏专业技术人才，但是，"以政局紊乱之故，少数确有专门学问之人才，类皆不愿牛骥同皂，宁在外省服务"。③ 比如，任鸿隽(1886—1961)留美回国后，就与夫人陈衡哲(1890—1976)一起回到四川，欲图发展实业，但终于发现，"四川这个扰乱的样子"，"非四、五年之后是没有什么事可办的"，遂不得不离开，前往北京。④

第三部分人是一批四川籍的国民党元老，如熊克武、杨沧白(1881—1942)、朱之洪(1871—1951)等。不过他们大都已经退居政治舞台边缘，平时对时事少有评论。在国民党内比较主流一点的，如戴季陶和张群，也不太发表主张(事实上，戴氏本人其实并大不认同于四川，而是喜欢强调自己祖籍在浙江)。这一时期川籍国民党人喜欢发表有关四川言论的，多是还未占据重要地位的年轻人，他们既对四川状况多有批评，也不大赞同国民党对四川的放任和羁縻政策(尤其是二十年代末到三十年代初期)，而主张中央对四川"军阀"进行强力干预。

最后是商人，以上海为主要旅居地。即使从做生意的角度考虑，

---

① 陈三井访问，李郁青纪录：《熊丸先生访问纪录》，台北："中央研究院"近代史研究所，1998 年，第 12 页。
② 黄稚荃：《罔极之恩》，收在《杜邻存稿》，成都：四川人民出版社，1990 年，第 291 页
③ 胡先骕：《蜀游杂感》，收在《胡先骕文存》上卷，南昌：江西高校出版社，1995 年，第 348 页。
④ 任鸿隽致胡适，1922 年 8 月 13 日，收在中国社会科学院近代史研究所中华民国史研究室编：《胡适来往书信选》上册，香港：中华书局香港分局，1983 年，第 160 页。

他们也要对四川的局势，尤其是川政统一问题多加关注。

二三十年代，旅外川人组织了不少以改革四川政治与社会为宗旨的同乡团体。① 如吴虞在 1922 年任教北大期间，就曾和王兆荣（1887—1968）等人组建"川政改进协会"。② 1924 年，一部分旅沪人士组成了"蜀评社"，以"挽救蜀民艰苦，振兴全蜀百业，促进社会文化，增加蜀人幸福"为宗旨。③ 1925 年，旅沪川人中又有以促进废督裁兵为目的的"蜀新社"的设立。④ 同年，为支持五卅运动，在沪川人又组成"上海四川旅沪学界同志会"。据其时正好在上海读书的李一氓（1903—1990）回忆，参加这个组织的人里边，国民党人有谢持（1876—1939）、熊峰（？—1934），学界人士中有何鲁（1894—1973）、王兆荣，此外，还有国家主义派的曾琦（1892—1951）、《神州日报》的主笔郭步陶（1879—1962），以及漆树芬（？—1927）、郭沫若等名人。⑤ 这些团体成立后，对川事积极建言。以 1925 年的"倒杨之战"为例，仅上海一地就有四川旅沪同乡会、旅沪蜀商协进会、南洋四川侨商旅沪商业协进会、上海蜀评社等团体发出通电，要求双方（一方是杨森，一方是以刘湘为首的联军）息战。⑥ 这些团体之间也常常

---

① 这一时期，各省旅外同乡组织都有类似的活动，比如，谢国兴注意到安徽省旅京、津、沪的同乡团体经常利用大众传媒，以发通电的方式，"在全国性的报纸上发表声明，互通声气，对省内的政局变化或行政措施发表意见与形成压力"（《中国现代化的区域研究：安徽省（1860—1937）》，台北："中央研究院"近代史研究所，1991 年，第 202~204、590 页），与本章所谈到的情形有相似处，可以参看。

② 吴虞：《吴虞日记》下册，1922 年 10 月 1 日，成都：四川人民出版社，1986 年，第 56 页。

③ 《上海蜀评社章程》，《蜀评月刊》第 1 期，1924 年 12 月，第 62 页。

④ 《蜀新社宣言》，《蜀评月刊》第 3 期，1925 年 2 月，"来件"栏第 59~60 页。

⑤ 李一氓：《李一氓回忆录》，北京：人民出版社，2001 年，第 34 页。

⑥ 《本社及旅沪川团体电请息战》，《蜀评月刊》第 6 期，1925 年 5 月，"函电"栏第 2 页。

互相声援。如 1925 年，隆昌县京津留学会以防区当局明令种植鸦片，人民饱受苛政之害，通电全国，蜀评社马上予以支持，致电四川当局，请禁鸦片。①

他们还办了不少刊物，发表对川事主张。据笔者所见，除了蜀评社的《蜀评月刊》外，还有 1928 年发刊的《新四川》（南京）、1928 年创刊的《蜀道周刊》（上海）、1932 年创刊的《川事评论》（南京）、1933 年创刊的《蜀青》（上海）等。此外，民国大学（北京）、北京大学、武汉大学、中国大学（北京）、北平师范大学、光华大学（上海）、浙江大学农学院、大夏大学（上海）等高校的四川同乡会与同学会都出版过自己的刊物。这些刊物的背景不一，政治立场也不完全一样，关注四川发展，是其共同之处。

如前所述，旅外川人兼具川内、外两种知识（虽然这些知识并不全面，也是具有一定的偏向性的），因此，他们对川局的主张，也多会从全国与蜀中两方面进行思考，和国内一般舆论界比较起来，既有相同的一面，又各有特殊性。比如，二十年代中国政治思潮的一个主流就是向往统一。② 这当然也是旅外川人所追求的，不过，对于他们来说，"统一"二字别有一层更紧迫、更直接的含义，那就是，欲求统一全国，先求统一全川。

二十年代，随着国民党势力的退出，北洋内部也因分裂而争斗不已，南北政府皆无力再顾及蜀中；四川的新兴军人则历经多次混战，羽翼已成，亦不愿再受制于人。由于缺乏一个强有力的权威作

① 隆昌京津留学会通电和蜀评社通电均见《蜀评月刊》第 2 期，1925 年 1 月，第 53 页。

② 这一时期国内政治与社会思潮，参考罗志田：《五代式的民国：一个忧国知识分子对北伐前数年政治格局的即时观察》、《地方意识与全国统一：南北新旧与北伐成功的再诠释》、《个人与国家：北伐前后胡适政治态度之转变》、《中外矛盾与国内政争：北伐前后章太炎的"反赤"活动与言论》等文，均收入《乱世潜流：民族主义与民国政治》。

为仲裁和协调的中心，各军之间的内战遂亦愈演愈烈。吴晋航等指出：1918 年以前，川军增加数量不大；自 1918 年到 1920 年，由于防区制的推行，数量"成倍增长"。但是，"1920 年扩编的川军，还是经过各军共同点编而成的，其编制和番号还是统一的。在这以后，直到 1932 年二刘（刘湘、刘文辉——引者注）之战结束，川省几乎无岁不有内战，而每经一次战役，即有一次扩军，其扩军的方法亦与前不同，即：番号与编制均由各个军阀自行决定，漫无限制"。① 这正是群龙无首的征象。

川军内战，无不以统一川政为号召，然而，多年打来打去，却并没有打出一个统一局面，相反，胡先骕倒注意到，四川的许多军人其实并不太想统一："中下级军官最喜内战，盖内战一开，则升官发财之机会至，而战争之威胁并不大，不足顾虑也。在曾为军阀巨头者，并不欲轻有内战，能统一全川固佳，否则但求保持其固有之防地，亦足以窃号自娱。至于师旅长，则为达其领袖欲，有待时而动之意。在团营长，则子女玉帛之意尚未满足，尤喜趁内战以肆其混水捞鱼之伎俩矣。此种心理不能铲除，则四川军阀之祸，永不能灭"，统一的局面也"殊不可乐观"。② 任鸿隽也有类似的观察："在四川的军阀，无有一个不欢迎内战的，尤其是所谓二层将领们。因为一经战事，他们便可以身价十倍，待价而沽"。因此，"四川的内战比任何地方来得特别多"，每战一次，"军队便有相当的增加"。③ 盖几大军阀的实力相差不大。不打，不能得中下级军官之心；打得太激烈了，就不能自保。故而出现虽战争频繁，而"威胁不大"这样

---

① 吴晋航、邓汉祥、何北衡：《四川军阀的防区制、派系和长期混战纪略》，中国人民政治协商会议全国委员会文史资料研究委员会编：《文史资料选辑》第 10 辑（合订本第 3 册），北京：中国文史出版社，1986 年，第 30～31 页。

② 胡先骕：《蜀游杂感》，第 339 页。

③ 叔永（任鸿隽）：《四川军阀的末路》，《独立评论》第 75 号，1933 年 11 月 5 日，第 3 页。

的"怪"现象。

实际上，由于防区制的推行，四川军、政、财、教各权都不能统一，一省之内俨然数国。因此，其时很多人认识到，打破防区制，乃是四川统一的关键所在。1924 年底《蜀评月刊》发表的一篇文章就一针见血指出："今者举国上下，正谋彻底改革。……吾川当务之急，刻不容缓者，即在废除此防区制度。"①

那么，如何才能废除防区制，求得统一呢？有人主张由中央政府出面解决问题。1924 年段祺瑞上台后，一度予人"渐入太平之境"的希望，立刻有人呼吁："惟我川民，受痛最深，徯苏尤切！想中央断不致漠然视之，必有以解其倒悬，慰其痛苦"。② 但人们很快发现，这不过是一厢情愿罢了："方今枢府"根本就"目不及川。"③第二年，蜀中旱灾发生，《蜀评月刊》社致电北洋政府，请划拨交通附捐洋 2 万元，拨还川路应还股款 50 万，以赈蜀灾。不久，该刊发表了一篇署名"川汉铁路第四届股东大会潼南县代表"奚湘焘的来稿，内中不无怨望之辞："中央哪还记得起我们四川的小百姓啊。查上年办赈之初，邓锡侯曾先电中央拨还路款办赈，中央竟硬起心肠，置之不理。这回贵处俭电主张，还有希望么？"他哀叹道："未必执政者堂高帘远，莫得眼睛看我们四川的人吗？"④同年 5 月，"倒杨之战"爆发。该刊发表评论说：双方所持理由都很堂皇，"可是自我们观之，两方面都属无意识的举动，绝没有充分的理由。北京临时执政府所

---

① 澄心：《地方治安与军队驻防》，《蜀评月刊》第 1 期，第 7 页。
② 《卷头语》，《蜀评月刊》第 2 期，第 2 页。
③ 胡吉庐：《希望吾川人士大家来为康藏现世的研究》，收在《西康疆域溯古录》(附录)，上海：商务印书馆，1928 年，第 321 页。
④ 奚湘焘：《收回路款办赈之痛言》，《蜀评月刊》第 9 期，"言论自由"栏第 8～9 页。

下的乱命，更不必说了。只有老百姓遭殃"。①

依靠中央政府之路不通，解决问题还得靠川人自己。如同国内其他地方一样，川民也屡次有召开"国民会议"、"善后会议"的要求。根据有人统计，这些提议包括"和平弭兵会所主张的'善后会议'，十三县联团副处长胡南先等主张的'川民代表会议'，国是讨论会所主张的'川民会议'，张表方（即张澜——引者注，下同）所主张的由川康督办召集'军民会议'，蒲伯英（即蒲殿俊）所主张的'团绅会议'"等。不过，这些主张虽多以"民"为号召，实际上人们也很清楚，这里的关键还是军人的态度："多数省民所抱的观念，可分两派。有一派的人们是希望各军阀能听从省民的劝告，停息战争，大家捐弃前嫌，通力合作，分主川政。又有一派的人们是鉴于迭次呼吁和平的失败，希望由某方实力派，索性作一度之彻底战争，把其他之势力削平，统一全川"。根据作者的观察，"这两种希望，在川人心中，极为普遍，尤以第一派的势力较为雄厚"。②

这两种方案反映了人们对川军各派实力的不同估计。第一种"分主川政"方案的支持率较高，表明大多数人对通过战争打出一个统一局面的计划缺乏信心，这显然是鉴于以往年年混战却不能统一的经验所做出的判断。因此，他们更希望能够维持现有防区制下的势力均衡状态，以实现和平。这是谋求"合作"而并非真正意义上的"统一"，却被认为是当时最有可能的方案。旅外川人中也有人寄希望于四川军人吸取第二次直奉战争的教训，放弃武力："此次全国大乱，以曹、吴数年蓄养之精锐，合十四省之全力，不三月而土崩瓦解，卒至团城幽囚，鸡公隐遁。武力迷梦，已与各军阀示一先例。想拥

①　杰乎：《吾人对于此次川战应有之觉悟》，《蜀评月刊》第7期，"言论自由"栏第1页。
②　陆杰夫：《解决川局当召集"川民会议"》，《蜀评月刊》第8期，1925年7月，"自由言论"栏第3页。

兵自雄者,不难有几分之觉悟。"①但事实上,这篇文章发表的同时,"倒杨"之役已经开始酝酿了。

在国内日益高涨的弭兵呼声中,不断有人建议四川军人向基本不大参加国内军阀混战的杨增新(1864—1928)和阎锡山(1883—1960)学习。或云:"今日之英雄,非段非孙,非袁非吴,非张非冯,而为不有战功之杨增新与阎锡山"。这是因为,杨、阎能安境自保,"行所无事",使人民安居乐业。"此亦不世之才,而当今之杰也。吾川执政者,其又有意乎?"②或云:"若说为保持饭碗之计,阎某之在山西,未尝不可奉以为法。"③但是他们却忽略了一些基本事实:阎锡山在山西能安境自保,部分原因是他一头独大,无人与他抗衡,四川军人却是派系林立,又彼此牵制,没有人能取得压倒性的优势;杨增新更是孤处新疆,远离中原。这都不是四川军人所能具备的条件,因此他们即使想学阎锡山、杨增新,亦不可能,而这也正是其时多数人不把统一四川的希望寄托在某一人身上的主要原因。不过,从这些建言中,我们不难看出提议者那种内缩的眼光和心态。

另有一部分人则觉得把希望寄托在几个军人身上,无异与虎谋皮,因此希望从更根本处解决问题。他们强调四川政局不宁,最重要的原因在于"一般平民,自己不明白对于地方应负何种责任",一切委于军人,亦受制于军人。④ 对此,他们提出川民自治的主张,其中又包括了自觉、自卫等方面:"欲解决川局频年之纠纷,与夫川

① 袁蘅生:《川省裁兵办法刍议》,《蜀评月刊》第 2 期,"言论"栏第 1 页。

② 仲年:《四川之英雄》,《蜀评月刊》第 4 期,1925 年 3 月,"自由言论"栏第 11 页。

③ 邓朝荣:《川人快起来作民权运动》,《蜀评月刊》第 6 期,"自由言论"栏第 16 页。

④ 杰乎:《吾人对于此次川战应有之觉悟》,第 3 页。

民之倒悬者，究有何法？曰：首在川民之自觉。"① 自觉是觉悟自己的身份与权利，有了自觉，才有自治的可能，但这也是川人最为缺乏的一种素质："吾川因风气闭塞，交通不便，人民间有养成独立之习惯，而缺乏团结的精神。县区乡镇畛域之分甚严，各自为谋，各不相顾，任人分别蹂躏，尚不自觉"。不过，仅有意识上的努力，仍是不够的，自治还需要另一个条件，就是自卫："'求人不如求己'这句话，很可作我们的箴言，我们应当拳拳服膺，紧紧遵守，认定自卫是自立自治的基础，认定自卫是解决人生一切困难的工具。"②

根据当时不少旅外人士的共同看法，川人的一个根本问题就是无法团结，难以合作。1925 年初，《蜀评月刊》上发表的一篇文章，指责川人壁垒森立：行业之间有界，无论工、商、学，"皆冰炭不相融，每致冲突"；地域之间有界，"各县区分，各自为谋"。③ 三十年代中期，北平师大四川同学会会刊的主编王谟也说：川人"乡谊"虽厚，"但是团结力则甚薄"。他认为，这与自然环境和历史因素都有关系：首先，蜀地多山，难以像平原地区那样，形成聚居环境，多数是"单家散居"；其次，川人多移民后裔，原本就风俗不同，语言各异，自然容易造成感情不睦，互相猜忌。在他看来，这不只是一个社会习俗问题，不但关系到"川人的向外发展"，也影响了"本省的政治"。④

不过，在这方面，在乡川人的感受显然就不如旅外川人那么深切了。这里的一个重要原因是，在外旅居的川人时常遭到各种歧视

---

① 泽昭：《促进民众之团结》，《蜀评月刊》第 9 期，"自由言论"栏第 43 页。

② 刘矩：《吾川急宜联团自卫》，《蜀评月刊》第 4 期，"自由言论"栏第 9～10 页。

③ 胡笔生：《新年底贡献》，《蜀评月刊》第 3 期，"自由言论"栏第 31 页。

④ 王谟：《四川人的特性与教育上应注意的几点》，《蜀铎》第 2 卷第 2 期，第 4～5 页。

（见后文），或更多地感觉到歧视的存在，故更能体会团结的必要。1924年，重庆华隆、大盛两商家因受战事影响周转不灵而倒闭，供货商上海华洋杂货帮亦因期付交易受到波及。华洋杂货帮组织的职员同益会认为，华隆、大盛的破产是因其资本不够充裕所致，因而"推及全川川商，均为一例"，要求付现交易；1925年春，又登出广告，"指告川渝各帮"。在此情形下，川商也联合组成"旅沪川商协进会"，处理相关事宜，维护内部团结。当时就有人在《蜀评月刊》上发文，要求大家"合力经营"，并"深望此会能永久存在"。其理由是："一人苟安，人人苟安，沪上将无川商立足地，而宰割之来，必有甚于华洋杂货会者！"①表现出非常鲜明的川人内外意识。

事实上，早在1918年，张澜就指出，自辛亥以来的川祸，"无一次非滇黔军人野心侵略而成"。② 此时，类似观点更成为《蜀评月刊》上的一个重要主题。有人强调，外来力量的"宰割"乃川乱主因："吾川自民国成立以来，皆授制于人，而又不能治，反为祸乱极甚之区"。他由此看到川人自治的必要："人既不可治，当求诸己矣。"③这里的外人，主要指的是外省人，倒还不是其时一般中国人心目中的外国人。该刊另一篇署名"仲年"的文章，对此更多发挥："环吾川者，为西藏，为青海，为滇、黔、湘、鄂、陕、甘，皆吾中华民国

---

① 伍玉璋：《阅华洋杂货职员同益会传单的感言》、《团结——并质旅沪川商协进会的发起者》，《蜀评月刊》第5期，1925年4月，"自由言论"栏第12～15页。

② 张澜：《告川人书》，1918年12月22日，收在《张澜文集》，成都：四川教育出版社，1991年，第29页。按更早一些时期，旅外川人胡政之就指出，滇人确有侵川之意，然而，"在川人方面，最应注意者，须知数年来，川人治川，如尹昌衡，如胡景伊，如陈廷杰辈，谁非荼毒桑梓之辈？"故应以能否治川作为对"中央命吏"表示迎拒与否的标准，"不可囿于部落思想，而倡为反对之论"。见《川事善后问题》，原载《大公报》1917年4月28日，收在《胡政之文集》上册，天津：天津人民出版社，2007年，第532页。

③ 朱朝谦：《治川之我见》，《蜀评月刊》第5期，"自由言论"栏第31页。

之领土，而吾四川兄弟之省区也。"然而，回忆民国以来，"北军入川，陕军入川，鄂军入川，滇军入川，黔军入川，以及某某入川"，在在令人想到，"吾川之外侮，并非帝国主义之英、法，而为吾兄弟之省，而为吾左右之邻，而为吾四万万中之同胞，天下痛心之事，孰有过于斯者！"连用排比，一咏三叹，其情绪之激动，跃然纸上。

其时万县惨案还未发生，川人对来自异国的"外侮"还体会不深，更多感到的反是"兄弟之省"的压力，而这正是四川自治运动（尤其是二十年代初的自治运动）发生的契机之一。① 仲年由此经验推导出的结论，当然带有浓郁的地域情绪。不过，既是"兄弟"，便仍是一家；自治自决，也并非就要分裂。作者声言，川人自治论乃是呼应、配合外省人士的论调，其最终目的仍是国家的统一与强盛："方今滇、黔、湘、粤，联治声高，环境如斯，尤宜一致，否则外侮之来，又岂幸免？"②兄弟之省，自相残杀，本来即是中国分裂的表征。川人毋宁先要立定脚跟，先不要"亡省"，才谈得上救国。③

川人的"外侮"，若从全国角度看，就是内乱。罗志田先生指出，近代的联省自治思潮，遥启于清末政府在救亡图存方面的无能为力。④ 而二十年代四川的自治运动，也和中央权力的衰弱有密切关系。不过，在这一时期，对于四川这样的内地省份来说，中央的不可依靠，不但表现在它不能有效地抵御外国侵略，更在于它不能很

① 李达嘉：《民国初年的联省自治运动》，第66～71页。

② 仲年：《团结自治以御外侮》，《蜀评月刊》第3期，"自由言论"栏第6～8页。

③ 在1918年那篇文章中，张澜也提示滇黔"客军"应认识到"中国极弱，有载胥及溺之祸"，国人应"和衷共济，挽此沉灾"，否则"不独糜烂川境于不可收拾之地，必且牵动大局于永难统一之日"，则川军与客军"皆将负大咎于中国"。故此，客军应先"退让出境，以释干戈日寻之仇，再联辅车相依之谊"（《告川人书》，第30页）。

④ 罗志田：《五代式的民国》，第155页。下引孙中山语出自《就任大总统职宣言》，亦转引自罗文该页。

好地平息内争。① 这与孙中山等人在同一时期主张联治的理由("集权专制"不能解决"中央与地方永久之纠纷")大不相同:此处的纠纷不是中央与地方的纠纷,而是各省之间的纠纷,其因恰在中央力量不足,难以集权之故也。

实际上,二十年代中期,外省人的势力已基本上被驱除出川,剩下的一部分黔军也在1926年被刘湘驱逐。四川的危机主要还是来自内部。当时即有人指出:"外省军人,既无桑梓之情,复无同乡之念,视所驻防地如征服区,肆意搜剥,勒捐抽税,无所不用其极",本不奇怪。"若本省人则不然。田园家产之所在,亲族戚友父子兄弟之所居,息息相关。而乃违背民意,扰乱乡邦,岂特国家之蟊贼,且为桑梓之公敌!世间至愚至笨者,孰有甚于此乎?然而今之拥兵黩武者,多以扰乱乡里为事,真不知其是何居心矣!"② 这位作者显然与当时的大多数人一样,把川乱的原因归为内在的,与前引的"外侮"说恰好相反,但他所流露出的桑梓意识,比主张"外侮"论的仲年,可谓有过之而无不及。盖在仲年看来,外省人既为同胞,实不该侵略四川,故以为此是"天下最痛心之事";而这位作者则以为,外省人既不与川人有同乡之情,剥削四川也并不奇怪,本省人剽掠乡梓,才真正可恶——显然,这种逻辑实在已在地域意识上走得很远了。

打破防区制和破除畛域之见,就蜀人内部来说,当然具有"统一"意味;但从全国立场看,"川人团结"毋宁是四川地域观念的体现。不过,即使是地方观念,也无法脱离全国意识而存在,相反,双方倒往往互为表里,难以截然二分。对于旅外川人来说,这一点尤其贴切:他们对川政多所建言,不仅受到爱乡之情的驱使,也和

① 李达嘉:《民国初年的联省自治运动》,第217页。
② 杰乎:《兵匪压逼下之邻水县民》,《蜀评月刊》第4期,"自由言论"栏第7页。

他们在外省的遭遇有关；而川人在全国舆论中形象不佳，固是因为外省人的隔膜和偏见所致，但四川的混乱本来也是一个事实。欲从根本上提升川人地位，当然必须要从改良川政做起，只抱怨别人的误会，于事无补。

另一方面，二十年代的中国，除了面临内部分裂的危险，还面对着外来的威胁，这反过来又要影响到国内的局势和主张。1925年"五卅惨案"发生不久，四川旅沪学界同志会成立，"以励行互助，主张公道，增进桑梓幸福，及唤起同胞一致对外为宗旨"。这里既谈到桑梓之情，又着眼于全国观念。该会发表的《对四川同胞宣言》更指出，中国的首要危险还是外患，但"民国成立以来，内乱到今未息，反把这样民族间不安的状态冷静下去"。内耗使得国家进一步衰落下去，人民跟着遭殃。五卅惨案的发生，就是因为英国人钻了中国人"内乱"的空子，"将我们全国人民当亡国奴看待"所致。宣言呼吁国人停止内战，"趁此时机，将民意团结一气来指挥军人去对外"。易言之，即是要攘外以安内。为此，他们特别提醒四川同胞，要有民族观念："莫有中国民族，中国能存在吗？莫有中国，四川能存在吗？"①此处的"外患"，当然就是"外国"之患，而不是仲年等人说的"外省"之患。不过，这一呼吁在当时的川人中并未产生太大影响，以发表这一宣言的《蜀评月刊》而论，作为四川旅沪学界、商界的同人刊物，在五卅运动期间，其言论方向仍以强调四川自治为主，对五卅事件的关注显然不足。

这一状况到1927年以后开始有了很大的变化。三十年代，随着外患威逼日甚，旅外川人的言论更是越来越多地偏向于民族观念和全国意识。

---

① 《四川旅沪学界同志会对四川同胞宣言》，《蜀评月刊》第8期，"来件"栏第1～3页。

三、四川岂是化外？

北伐开始，川军纷纷易帜，改称国民革命军，表现出空前的一致。但川内的基本政治形势并没有什么实质性的改变。国民政府成立初期，蒋介石（1887—1975）因忙于应付各地军事实力派此起彼伏的反对浪潮，也根本无暇西顾。因此，二十年代末三十年代初，全国虽然已经取得了名义上的统一，四川的半独立状态较之北洋时期却是有增无减。① 但"全国统一"给各种问题的根本解决带来了希望，反而使人觉得事实上的割据状态更加难以忍受。因此，相对于南京政府的"无为"，一些四川人，特别是旅外人士，对打破四川半独立状态的呼吁要激烈得多。北伐开始，尽管川军纷纷改编为国民革命军，但仍有一批川籍国民党人及与国民党联系密切的青年知识分子，呼吁把四川军阀列入征讨目标。1928 年 9 月，刘湘、刘文辉、邓锡侯、田颂尧等召开资州会议，讨论组成新的四川省政府。当时即有人在上海出版的《蜀道周刊》上指出，四川军人所谓"革命"，实际是为了逃避真正革命的到来："客军入川的声浪，不断的传到省内，于是他们计从心上，马上召集资州会议，商量组织省政府等问题，拿这省政府的大帽子对外可以抵御客军，对内又可使剥削民众的诸种手段，有所保障。"②

但南京政府并未进兵四川，反而在公布的四川省政府组织名单中，基本承认了资州会议的权力分配方案。这一名单出台以后，立

---

① Robert A. Kapp 认为，1927—1937 这 10 年中，四川省的独立状态和军事力量达到了最高峰。见前揭氏著，pp. 34，62. 不过，1935 年后，四川的"独立"在实际上已经被打破了。参考第四章。

② 一夫：《组织四川省政府问题的商榷》，《蜀道周刊》（上海蜀道周刊社主办）第 2 期，1928 年 5 月，第 4 页。

即引起了舆论批评。《蜀道周刊》是其中一个重要平台，连续发布文章指出，这是对北洋政府治川政策的延续："从前北京政府治川策略，'以川乱川'。现在南京政府的治川策略，是否挑拨川乱？不能断定。但这种不察事实的派［做］法，其结果又能去北京政府多远呢？"①如果"革命政府"的行为与"反革命"并无两样，则又何贵乎革命？这不能不令向往革命的人士失望，甚至转而积为怨气："这种办法，在深居高拱于南京的党国要人，也许认为煞费苦心，再冠冕没有了，但是从咱们四川人（百姓）看来，就好的方面解释，可说是'药不对症'；若从坏的方面解释，不啻'为虎作伥'"。②

作为推动国家统一的努力，这一时期的川籍国民党人力图使四川"国家化"与"革命化"。1928年9月，国民党四川旅京同志会创办的《新四川》杂志出版，并在《发刊词》中宣布此刊物的"第一个责任"就是"把四川改造成为一个真正革命的区域，建设成为三民主义的中华民国所属的一个行省"。③此处"真正"二字，值得注意。盖四川军人易帜之后，也一而变成为国民党，真正的国民党人倒被排除在新政权之外。在"党国"体制下，这意味着"统一"仍是一个未实现的目标。而四川军人的这一套手段，关键就在于他们对"革命"二字的利用。因此，"把四川改造成一个真正革命的区域"，就是使其"成为三民主义的中华民国所属的一个行省"。在这个问题上，"革命化"与"国家化"是一致的。

新省府方案公布后，国民党四川旅沪同志会当即致电中央，表示从此一方案中可以看出，"中枢犹未明瞭吾川情况"。若此举只是为了"出于满足军人之希望，以求敷衍政令，而轻忽民众及四川同志

---

① 南浦：《四川裁兵的矛盾现象》，《蜀道周刊》第2期，第11页。

② 刘明：《中央整理川事的阴阳和结果》，《蜀道周刊》第3期，1928年11月17日，第5～7页。

③ 《发刊词》，《新四川》创刊号，第1页。

之要求，此乃军阀政府之惯例，我国民政府，岂宜有此?"他们担心，如果中央政府"必欲迁就武人而轻民众"，则"川民虽爱戴中央，而傒苏望绝，则死不择荫，亦当自求生路"。① 已带点"威胁"意味了，其激动可想而知。同时，旅沪党员陈天民等19人又以个人名义致电中央党部和国民政府提出，从安定全国的角度看，四川"军阀"自组省府，实是"破坏法纪"，"风气自为"，理应查处，否则，"若将来他省效尤，则党国前途，何堪设想?"② 不久，旅京同志会也发表宣言，请求中央以武力解决四川问题，"长痛不如短痛，作一个一劳永逸能得长治久安的善法"，以"完成国民革命"。③

值得注意的是，旅沪同志会的电文指出，四川情形特殊，不能"照中枢处置他省惯例"，组织一个省政府。因这正中军阀下怀，给了他们"挟天子以令诸侯"的机会，把持省政，于国于民，皆无益处。"兼值川省党务中断，尚未着手组织，民众散漫，决无能力监督省府，党的组织既未健全，一切建设，均无基础"，因而"真正人民的省政府实无产生之可能也"。在此情势下，只能"暂缓"设立四川省政府、西康绥靖委员会。④ 组织省府既是各省"惯例"，正可为国家统一的表征。若只关注地方"特殊性"，便必然不够"国家化"。但是，当时川省的政治形势，又使得过于注意形式统一，反会埋下分裂种子。这正是这些川籍国民党人反对中央决策的考虑。然而，国民政府所处的地位及其在当时所面临的具体情势，又使其不能不更多地

---

① 《党治下的四川省政府组织问题——中国国民党四川旅沪同志会致中央艳电》，《新四川》创刊号，第30页。
② 《资州会之反响——旅外川籍党员陈天民等对资州会议之快邮代电》，《新四川》第2期，1928年10月1日，第34页。
③ 《中国国民党四川旅京同志会为救川请愿宣言》，《新四川》第2期，第21页。
④ 《党治下的四川省政府组织问题——中国国民党四川旅沪同志会致中央艳电》，第30页。

看重形式上的国家统一。

如前所述，二十年代以来，四川之所以能保持半独立状态，一个重要原因就是，"远处西陲"的四川军人虽常常援引外力，但都是内斗，通常并不直接参与逐鹿中原。因此，对"中央"的威胁，就要比其他军事实力集团小得多。忙于自保的"中央政府"也就乐得做个顺水人情：四川问题由蜀人自己解决，事后再予以追认。南京国民政府成立初期，面临各地军事实力派的压力并不比北伐前的北洋政府更少，萧规曹随，不得不然。川人的不满虽然迫切，但无碍"大局"，只可暂时不顾。

1928 年，有人在《蜀道周刊》上指出："'四川僻居一隅，目前的治乱，对于大局没有什么了不得的干系。大局一日未定，谁有余力顾及无大干系的局部问题？'这也是同志们口头常说的话。"可知此说在国民党人中是颇有市场的。作者宣称："四川是中国一大行省，四川问题，应随整个的中国问题一同解决"。① 显然，把川乱当作一个局部问题，使作者颇感侮辱。而有此感受的川人其实还不少。《新四川》上的一篇文章便提到："四川是二十二行省中之物产最丰地域极大的，她既是整个中国的一个行省，而不是化外之民"，中央决不应该"忽略了四川的一局部"。② 这里所说的"局部"，和前文所说的"局部"，意思显然又不同。这两篇文章的作者大约都是年轻的国民党人，他们不约而同提到四川是"中国的一个行省"，当然不是废话，而同时具有两方面含义：一方面要借此鼓动国民政府继续革命，扫除蜀中的"割据"势力；一方面也借此维护受伤的自尊——这可以从"化外之民"四个字中看得清清楚楚。事实上，革命青年之所以要参加革命，当然是为了救国，而这"国"中是包括了"乡"的。现在革命

---

① 崇实：《一个错误的观念》，《蜀道周刊》第 3 期，第 28～29 页。

② 醉春：《怎样才能促成党治的四川》，《新四川》创刊号，第 16 页。

"成功",家乡却被排除在革命之外,怎能令他们心服?不过,这种意见既然在国民党内不占主流,他们当然也不可能成功说服中央。

共产党人也曾发出类似抱怨。1924年9月28日,共青团重庆地委代表何薪斧便要求团中央"对四川与各省看待平等,因四川素号天府国。古人云:'天下未乱蜀先乱,天下已治蜀未治',足证明四川人历史上都含有革命性,若果得人指挥,必能成功,不落他省之后"。10月23日,罗世文(1904—1946)在给共青团中央的信中也提到:"区会从前只有拟议,并未成为事实,现已早行停止。惟据中兄意见,以为川省交通不便,无组区会必要,但渝校同人均谓,川省正因交通不便,且□特殊情形,应早行成区。"①此处"中兄"就是团中央,"渝校"是团市委。国共两党的川籍人士对各自的中央忽视四川的现象都感到不满,再次证实了四川作为国中"异乡"的地位。

根据时人认知,解决四川问题的途径有两条,一是"中央由上而下"解决之道,一是由下而起的"川民自决"之道。② 当然,由军人出面,也是一种可能,不过军人早已丧失民心,此路本就不通。从国民政府的处境和态度看,自上而下的道路在短期内也不可能实现,因此,二十年代中期"川民自治"思路也就延续下来。

前述川籍国民党人在这方面所做努力不容忽视。他们同样关注到川民的"自觉"问题,不过,他们所说的"自觉",又有自己的特色。在他们看来,四川民众"事事都只晓得一个自己,不晓得有社会有国家"。因此,要向他们宣传三民主义,"引起他们的国家观念,提高他们国民的资格,和做人的意识",就成为当务之急。③ 与二十年代

---

① 《何薪斧在沪向团中央的报告》、《罗世文致团中央的信》,均收周勇主编:《杨闇公纪念集》,重庆:重庆出版社,1993年,第363、368页。按何信原件藏中央档案馆,时间据周勇考定。

② 弱水:《四川裁兵的研究》,《蜀道周刊》第2期,第26页。

③ 微微:《四川青年目前的几个重大使命》,《新四川》第2期,第7~8页。

中期的观念相比，这一看法显然更强调全国眼光，而通过国民党这一"组织"而不是少数知识分子"个人"的力量进行民智开启的工作，也更合乎那一时期的集体主义共识。实际上，国民革命的迅速成功，使得三民主义信仰迅速突破了国民党这个具体的组织范围，在社会上（主要是边缘知识分子群体中）一时具有了更广泛的号召力。这样，所谓"川民自治"实际上已成为"党治"。不过，"训政"本来即在党义之中，党人有此思维，可谓顺理成章。

但问题是，作为执政党的国民党在四川的力量十分薄弱，根本无力承担这一职责。1928年，有人回顾道："本党在四川的基础，最初是建筑在少数先进同志的身上，莫有具体的组织，即或有，不过是挂着国民党的招牌（有时还要取掉）。总理北上以后，宣传的力量，渐及西陲"，但不久，随着国、共分裂，"四川党部，亦并为二，斯时斗争，异常激烈，……斗争的结果，还是被投机的军阀一齐捣毁两省党部，本党在四川的基础，几乎动摇"。① 党的基础仅靠少数人维系，与更重视"具体的组织"，正是国民党改组前后的一个重要区别。但对组织的重视，并不一定意味着更加团结，相反，由于国民党内部斗争的加剧，反而导致四川境内的国民党"小组林立，勾心斗角"，很容易为"军阀"利用，"更足以使民众消失其对本党的信仰"。② 由于四川并不在"革命"的直接目标中，这一状况自然不会随着北伐的"胜利"而改变，国民党人要用三民主义"唤醒"川民，本身就是一件难事。

因此，北伐之后旅外川人（包括旅外国民党人）要改变四川行政权力的运作结构，使其"国家化"的努力并不成功，这一努力也没有

---

① 庸夫：《从整个党的现状说到四川党务》，《新四川》创刊号，第11～12页。

② 庸夫：《四川党务的危机与其救济的方法》，《新四川》第2期，第11～13页。

引起国内多数人的重视。

这一情形到了中央军入川之后都还没有发生大的变化。中国大学学生邓克笃在 1935 年初说:"省外报纸常常用'谜'字去解释四川,用'耗子'(即鼠的俗名)去称呼四川人。"① "谜"者,"不明究竟"也,与"罩在雾里"同义。这是民国以后四川政局给人的印象。"川耗子"则是长期以来外省人对四川人的歧视性称呼(参看第二章),四川的长期内战则更坐实了这一流传已久的负面品评("窝里斗")。1936 年,王谟也忿忿不平地说:"近年来外面的人,对于川人大有排斥的心理与行为,川人的前途,感觉危险。即如此次中央的势力入川,有些不三不四的人们,从他们的言词中,仿佛把四川当作化外。中央管理四川,是为国家增加了一部实力,而此等不肖之辈,仿佛是为他们加了一块征服地、殖民地的样子。"②

王谟说"外面的人"排斥川人乃是"近年来"的事,并不准确,不过,"近年"这一时间段,也不是一时兴到之言。如果我们把武汉大学川籍学生曹光洁在 1933 年的观察做一参照,其意义便凸现出来:

> 四川的混乱情形,早已为人们所深悉的,过去虽因交通的不便,及其内部的混乱,尚不足以影响整个国家的生存的关系,而未为外面的人所深刻的注意;但是它近年来战争的频繁,以及武人的极事搜括,人民的呼吁;尤其是共产党借四川战乱的时机,而建立其根据地后,使它的情势陡然严重与紧张起来,要之外面的人对它亦不得不变更过去的态度了。③

---

① 邓克笃:《论今日之四川及四川人》,《中国大学四川同学会会刊》创刊号,1935 年 1 月 30 日,第 37 页。

② 王谟:《四川人的特性与教育上应注意的几点》,《蜀铎》第 2 卷第 2 期,第 6 页。

③ 曹光洁:《川局及其今后》,《国立武汉大学四川同学会会刊》创刊号,1933 年,第 27～28 页。

换言之，王谟所观察到的"排斥"，或有可能是外面的人开始"深刻的注意"到四川的表现。

正如曹光洁所说，外省人对四川态度的改变，一定程度上与四川局势已经影响到"整个国家的生存"（意即傅葆琛说的"到了万不得已的时候"）有关。大致来看，情况是从1932年夏爆发"二刘之战"开始有了明显转变的。这次战争发生在"九·一八"和"一·二八"两次事变后，国难未已，内斗不休，自然受到国人关注，报纸上充满了批评之声。其间，四川旅京同乡会分别致电刘湘和刘文辉，要求他们以大局为重，停止内战。电文不断以"我公"与"京沪一般拟议评论"相对照，又以民族大义相招。如致刘湘电："（我公）又谓'于外交毫无影响'，然而在'京沪一般拟议评论'，则以为我公若能立时停止军事行动，更能免强邻之讥评，回国际之观听。"致刘文辉电："我公力主和平，'步步退让'，足征我公此时尚能顾虑国家体面，关怀人民痛苦"云云。① 可知，此事攸关"国家体面"，乃是当时舆论关注的一个重点。

大战期间，《川事评论》发表了一篇有趣的文章，题作《鼠典拾遗》，罗列了与"鼠"有关的一些词汇，暗寓"川耗子"的含义，语多讥讽，类似《魔鬼词典》一类著作。其中有"五鼠闹东京"一条，便讽刺四川军人缺乏民族意识，不去抗日，反而在窝里斗中消耗国家力量："善哉善哉，若是他们真的是有去闹东京的志愿，现在不妨储蓄一点闹东京的力量，又何至于同室操戈，互相残杀呢？"②

其实，早在二十年代中期，已经有人从民族主义角度批评过四川内战。如《蜀评月刊》1925年7月发表的一篇文章就说："军人唯一

_____

① 《川战中之重要文电》，《川事评论》创刊号，1932年11月27日，第24页。

② 半觉：《鼠典拾遗》，《川事评论》创刊号，第22页。

目的,曰捍卫外侮,保卫治安。……顾吾川则不然,无军亦乱,军多亦乱,殊与国家养兵之目的,背道而驰。……(军阀)虽身在舞台,究不知外侮为何物,治安何所指。"①此文与《四川旅沪学界同志会对四川同胞宣言》一样,都发表在五卅事件后,显然受到了民族危机的强烈刺激。不过,这些在当时并未没有引起更多重视的言论,到了三十年代却频频出现,成为有关言论中最重要的主题。

另一个例子是任鸿隽。作为一位在国内知识界占有较高地位的川籍知识分子,任鸿隽竭力提倡消除地方观念、树立全国意识。1935年8月,他被国民政府任命为国立四川大学校长,立刻提出"现代化"和"国立化"两大宗旨,并特别声言:川人"应知四川大学,是国立的学校,不是一乡一邑的学校,应该造成国士,不仅造成乡人"。在校不到两年时间,他实行了一系列"国立化"的措施,包括聘请省外(包括旅外川籍)教授,把招生范围扩大到宁、沪、平、津、粤等地,不鼓励同乡组织,举办国语演讲比赛等做法,在在着意于打破四川的半独立性,推动国家的实质性统一(参看第四章)。

随着统一的呼声在国内日益高涨,旅外川人也在做出更多的努力,一方面唤起川人的"国家观念",一方面也要消除四川在外省人心中的恶劣形象,打通夔门内外的隔阂。在这一过程中,此前为少数"先知"提出的某些看法,得到了更多的赞同。

早在1925年,就已有人指出,从全国视野看,四川地势险要,并非如人们一般认为的那般无关大局,相反,它在整个中国的政治地理格局中具有举足轻重的地位:"川省据长江之上游,称天府之宏区,地大物博,应潮流而举足;一治一乱,扼时局之先机。"②与前述民族主义的言论相似,此说在当时也没有引起太多关注,但到了

① 幸之:《治蜀刍议》,《蜀评月刊》第8期,"言论自由"栏第36页。
② 陈新民:《吾民之自决问题》,《蜀评月刊》第3期,"言论"栏第20页。

二十年代晚期，尤其是三十年代之后，类似评论则日益流行。1928年，《蜀道周刊》上一篇署名"弱水"的文章说："四川在中国地理上的重要，的确可以算是西南重镇"。凡欲"在中国政治舞台上逐鹿的人们，绝不能放弃四川。谁对于四川没有把握，谁便不免于西顾之忧，而且牵动其整个的计画"。作者且哀叹："可怜的四川，便因此重要，而演出十七年来无限的悲剧。"①此论其实不无夸张：二十年代以来的川战主要还是内乱，真正在全国有影响力的省外政客大都未把四川放在眼中，更没有多少人担心什么"西顾之忧"。不过，作者的重点显然不在渲染四川之"可怜"，而是要借此凸显四川之重要。

改变国人对四川看法的最根本力量，确实是"外力"，但这个"外"不是相对于蜀中，而是相对于整个中国来说的，那就是日本侵华步伐的加速。在川籍国民党人周开庆（1904—1987）看来，"九一八国难发生"乃是四川地位在国人心中得到提升的一个重要节点。②到了1935年，王谟为《蜀铎》所写《发刊词》，调子就起得更高："吾川从地理上、经济上、政治上，以及吾全民族存立上观之，均为我国最重要之省份。"这里"全民族存立"几个字，明显就是针对日本侵略而说的。此种"国际化"视野，是前人论证四川重要性时所未提到的。换言之，正是民族危机凸显了四川的重要，而这也意味着必须把四川放入全中国这一命运共同体中衡量："故善治者，首先治蜀，蜀若治则全局可定，蜀若不治，全局亦难安定。"③

1932年"二刘大战"之后，有人曾指出："川省虽僻远边陲，实居长江上游。"④同一个四川，关键是怎么看它。大家从前看到的，都

---

① 弱水：《四川裁兵的研究》，第22页。
② 周开庆：《四川人应有的自觉与自信》，《蜀铎》第2卷第2期，第7页。
③ 王谟：《发刊词》，《蜀铎》第1卷第1期，1935年12月15日，第1页。
④ 觉剑：《川战感言》，《川事评论》第2期，1932年12月31日，第19页。

是它"僻远边陲"的一面,因此也就认为其无关大局。现在则要证明它与大局有关,且关系密切,故其"居长江上游"、"扼时局之先机"的潜能就立刻凸显出来。据此,我们再看弱水文中"可怜的四川,便因此重要"一句,或可有更多认识:这正是眼光开始改变的表现。此言延续了二十年代中期《蜀评月刊》宣传的"外侮"说的思路,都认为四川的悲剧是外来因素造成的,但意图和结论都不相同。那时的逻辑是:四川人不能自主,故要谋求"自治";此处则是在向国民政府建议:不要放弃四川,否则必有后顾之忧。换言之,它和王谟1935年那段话的意图是一样的。不过,两篇文章发表年份不同,实际蕴含的意义仍有差异。

在很长一段时间里,四川的重要性基本都是川人自道,不无"王婆卖瓜"之嫌,但三十年代中期,事情有了突破性进展:随着外患压力迫在眉睫,南京政府调整了备战策略,四川最终被确立为"中华民族复兴策源地"。[①] 与此同时,以"追剿"长征中的红军为契机,国民政府军事委员会委员长南昌行营参谋团也在 1935 年初进驻重庆,拉开了四川"地方中央化"的序幕。这样,四川在全国的地位开始真的重要起来。前引王谟的文章就是在此背景下发表的,比起 1928 年弱水那段话,显得更加自信。显然,中央军入川和四川成为民族复兴策源地这两件事,大大提升了一些蜀人的地方自豪感,而这又与他们鲜明的国家意识连在一起——事实上,王谟"治国先治蜀"的呼吁,根本就是对"地方中央化"的呼应。

1936 年,周开庆骄傲地表示:"四川天赋之厚",本来已是中国的"生命线",现在"在地势上又成了我国家民族最后的防线"。他号召川人对此多加体会,以树立对国家的责任感:

---

① 杨天石:《卢沟桥事变前蒋介石的对日谋略——以蒋氏日记为中心所做的考察》,《近代史研究》2001 年第 2 期。

四川人对于开发四川建设四川负着特殊的任务,即是对于
中国的前途,对于我们整个民族的复兴,负着特殊的任务。
……我们这种见解,只是说明在今日的四川,对于国家民族的
前途,必定要有这一种认识。必定要有"天下兴亡匹夫有责"的
态度,还必须抱着"有了四川,有了四川人,中国终究要强盛起
来"的决心。①

地方观念与国家意识紧密交融,不可离析,且互相强化,而这
又与来自国际的压力分不开。实际上,这条线索早在二十世纪初山
河子弟的那篇文章中就已出现,时隔30余年,虽时起时伏,而未曾
中断。这个现象向我们提示出二十世纪中国国家统一运动面临的一
个基本处境:在历史上,"天下混一"只需涉及"中央"与"地方"即可;
但近代的民族国家却无法把"国际"排除在外。这是因为,任何一个
"民族国家"都非孤立之物,而是"国际"体系的组成部分。至少,其
合法性必须获得其他国家的认可。在民族国家理论中,清晰划定内
外界限(通过国境、"主权"等概念表现)的确是一个国家独立与否的
核心指标,但是,它存在于"国际"之中这一事实,就意味着一个完
全纯粹的"内部"只是理论的假定:国内、国外是联动关系,"外部力
量"且尤为强大,可以透过各种方式波及"内部"变易。

另一方面,一些"恒常性"因素的影响也不容忽视。如前所述,
人们对四川的诸多批评,无不从其所处地理位置做文章,并不自觉
地将地理的边缘置换为政治、思想和文化的边缘。然而四川被确定
为"民族复兴策源地",也恰好就建立在这一基础上。不过,和布罗
代尔所说的不同,地理、生态等恒常性因素并不必然是历史的决定
力量。的确,它们制约着历史的可能走向,但它们的力量也必须经

① 周开庆:《四川人应有的自觉与自信》,第7页。

由和一些非恒常性因素的互动才发挥出来:四川的地理位置无法改变,但这种位置的"意义"是可以改变的;四川地位的变化,又进一步导致川人心态的变化:他们更加自信,也更具全国眼光。

这方面的一个直接后果,就是四川从"国中的异乡"变成了"中国的缩影"。1935年初,邓克笃在一篇文章中说:民国以来,川战频繁,持续既久,派系又多,导致全体川人都受到歧视。然而,包括军阀混战在内的各个方面,四川其实和其他省份都无实质性的差别:"四川是中国的一省,中国是世界的一国,牵一发而动全身,四川的情况和中国其他各省并无十分的大区别,最多亦不过五十步与百步之差而已。"①而一份写于1934年1月的文章就已"特别"表示:"四川是中国的缩影。"②那么,四川面临的问题,也就是整个中国都面临的问题。这不仅不能成为四川被人看不起的理由(按照"缩影"说的逻辑,看不起四川,也就是看不起中国),反而更加突出了解决四川问题的重要性、迫切性。同一期张孟休的文章里也提到:"用一句最时髦的话来说:'四川是中国社会最尖端的描写'。"③显然,这样的看法至少在旅平的川籍学生中是非常流行的。

其实,这一讲法也并不新鲜。二十年代以来,旅外川人对四川的批评中,就常常运用"中国之最"式的修辞手法。这里随便举出两例:"自鼎革于现今十有四载矣。……被其(军阀政客——引者注)毒者,无省不然,而尤以吾川为最甚。"④"我们川省的兵祸匪祸,在全国中,可以算是第一了。"⑤不过,这两类言论的意图又不一样:后一类预设的读者乃是"我们"蜀人,因爱之深而恨之切,情绪不加掩

① 邓克笃:《论今日之四川及四川人》,第37页。
② 述尧:《发刊词》,《北京大学四川同乡会会刊》创刊号,1934年2月,第2页。
③ 张孟休:《红军扰川前的二刘之战》,第39页。
④ 朱朝谦:《治川之我见》,《蜀评月刊》第5期,第31页。
⑤ 邓朝荣:《川人快起来作民权运动》,第14页。

饰，用语时显苛刻，其意在于强调四川与外省命运虽同，而程度各异；"缩影"说的预设读者中虽然也包括了本省人，但主要还是对外省人而发，故而更加强调四川与外省貌异而实同。

《大公报》把四川称作"魔窟"，主要是针对军人来的。但外省人往往把川人视作一个整体，使有人感到有在这两者之中做出区分的必要。1932年底"二刘大战"爆发，国内舆论纷纷批评川人缺乏民族观念，四川旅平学生便在联名通电中，专门对此加以辩白："川中军民屡请出师东下，以援十九路军收复失地。政府不发明令，并为刘湘所阻，国人不察，反谓此等非常之举，不能望诸川人，其实川人不全任其咎也。"①南京《川事评论》中的一篇文章也指出："我们把四川人分成两类：一是军阀，一是平民。"②不过，能够意识到这一点的，大都还是蜀人自己。事实上，直到1936年，成都《蜀风月刊》的编委还在抱怨：四川有"魔窟"的恶名，究其实乃是由"少数特殊阶级的行为"所造成，结果却累及全体，"使国人对我们发生了许多不良的观感和成见"。③ 不过，有一点显然已经不同了：这些原来更多只能在外省报刊上看到的话，现在则堂而皇之地出现在本省出版的杂志上，这本身就是"中央"进入"地方"的一个后果。在这个意义上，旅外川人和国民政府之间的呼应关系(尽管并不意味着不存在分歧)，也是值得注意的。他们有一共同敌人，即是"国中的异乡"——这看起来指的是四川，但又不能和四川画等号，而是四川的某些人和事，"军阀"则是这些人事的集中代表；至于他们的目的，则是要使这个"异乡"彻底融会到"国中"去，成为一个"不异"之地。

---

① 详见张孟休：《红军扰川前的二刘之战》，第50页。
② 大公：《川民自决与消弭川战》，《川事评论》创刊号，第12页。
③ 《发刊词》，《蜀风月刊》第1卷第1期，1936年10月8日，第1页。这份杂志刊头由时任四川省教育厅厅长蒋志澄题写，通讯处为"成都蜀华中学校转本社"，应即是该校或其师生所办。

关心的可能更多的是所谓"法统",故可在实际上做出让步。但对于李、张这些"地方实力派"来说,"精神统一"既可免去"割据"之名,又可以保留较大的自由度;"形式统一"却真使自己沦为"地方":即此可见双方关怀的差距所在。至于四川则因基本上不与"中央"为难,故自北洋政府开始就能维持大体上的"自治"(参看第三章)。

然而,"实"若不能保,"名"也可能随之流失。一般情形下,在近代以来的中国,国家之名是由中央"垄断"的。然国家既由地方合成,在中央无实力"专断"的情况下,由于物质资源控制在地方手中,反而使得地方比中央更有实力运用"国家"这一象征资源。更重要的是,这种"僭越"行为却能在一定程度上得到民间的赞同和中央政府的"容忍",在在表明那一时期"国家"在人们的认知和实践中的多歧性。就我们的论题而言,最能表现这一点的,是国立成都大学的兴办。

成都大学这个名称,原系 1924 年起接任高师校长的傅振烈(1893—1972)提出,其意图是借此将高师升格为大学。高师升大本来是高师学生和四川地方社会所欢迎的,但问题是,傅振烈的建议是要把高师变成一所普通大学,而不是很多人所期望的师范大学,这样一来,等于斩断了高师系统,使得原本在四川教育界占有极大势力的"高师帮"无所依存,因此,它遭到了不少学生和毕业生的反对。

此议提出不久,傅氏即因其背后的支持者杨森败出成都而被迫离职。继杨森之后控制成都的四川善后督办刘湘却对成大的牌子产生了浓厚的兴趣。1926 年初,在他召集的四川善后会议上,通过了成立国立成都大学,年拨国税盐余 60 万元作为经费的决议。① 在刘

---

① 张惠昌:《四川军阀混战中的"善后会议"》,收在四川省文史研究馆编:《四川军阀史料》第 4 辑,成都:四川人民出版社,1987 年,第 21 页。

湘的提议下，四川省长公署并聘请与刘交好的张澜为校长。显然，就法理而言，成大等于地方上新办的一所大学，不应冠名"国立"，但由于其与高师具有模糊的历史渊源，自始便心安理得地使用了国立的招牌。比起名分来，更具实质意义的是，成大因属于刘湘支持的学校，获得了高师（师大）孜孜以求而无法获得的国税支持，一跃成为成都各高校中办学条件和师资力量最强者，不能不使高师（师大）这所真正的国立学校不满。

1930 年 4 月出版的《国立成都师范大学概览》中抱怨道："本大学自民国十六年六月经前大学院明令定为国立，并颁发关防。启用以来，迄今届满三年，尚未蒙政府确定国税为本大学经费，以致办理困难，待遇教授不免浇薄失礼"云云。其中，"明令定为国立"和"确定国税为本大学经费"两句，原文以大号黑体字排印，显系"关键词"，影射成大的国立乃"僭称"，自己才名正言顺。此书还收入了时任代理师大校长周光鲁呈教育部文两篇、呈财政部文一篇、致四川省政府公函一件，内容都是要求拨款。[①] 这一方面证明了师大确实"办理困难"，但另一方面，也使得师大"正名"的高调声明显得软弱无力，极具讽刺意味：没有实力支持的"名"，或可使"言顺"，而终不能使"事成"。

更重要的是，在有些人的认知中，"实力"还可决定"名分"的真伪。时在成大任教的吴芳吉在 1927 年底和 1928 年初的几封信中提到："成都所有省立学校，今年十一个月之中，仅发过薪水两月。故凡省立学校教师，无不啼饥号寒，难于度日"；惟"成大系国立，情形稍好"云云。"成大虽穷，究能月得几成，较诸省立学校不名一钱

_____

① 《国立成都师范大学概览》，成都：国立成都师范大学，1930 年，第69、101~107 页。

者，固在天上"。① 其实，较诸成大，师大更是"国立"，但因使用省款，反有被吴芳吉"开除"出国立大学的危险。也就是说，至少在吴芳吉的眼里，"实"（经费）已有意无意间成为判断国立与否的标准了。

实际上，其时的地方"军阀"并不认为所谓的中央政府真具有道义上的正当性。刘湘就曾暗示，如果自己因为是"带兵的官"而被认作"军阀"的话，那么蒋介石也可以说是"军阀"。② 既然如此，"国"这块牌子便不是只有国民政府才能垄断，正可"有力者居之"。在这种意义上，中央与"国家"之间并不具有不言自明的合法性关联，至少，这种关联并不具有排他性，有时还得"实力"说了算。

当然，那看起来比较"虚"的一面也同样重要：毕竟国家在形式上是统一的，而中央政府至少在口头上是被大家共同拥戴的；同时，既存的各派势力中，并没有任何一个已经完全取得了压倒性的优势，因而，维持一定的平衡仍是非常重要的。在这种情势下，"国家"那象征性的一面便开始发挥极为重要的功能，它为各方力量的微妙周旋提供了一个富有弹性的模糊空间：作为一个既能包容"中央"，又能包容"地方"的概念，在此空间中，大家能够有较多的回旋余地，而不必短兵相接，伤及彼此情面。因此，成大虽"僭称"国立，却并未遭受中央政府的明言申斥。相反，在地方的屡次催促下，北洋政府教育部不得不发下训令，"准予"成大"成立"。③ 但北洋政府也留了一手：训令含混其词，只是表示同意成大成立，却并未冠之以"国立"的名号（然而也没有明确否认之）。

---

① 吴芳吉：《禀母书》、《与吴雨僧》，收在《吴芳吉全集》中册，上海：华东师范大学出版社，2014年，第887~888、900页。

② Robert A. Kapp, *Szechwan and the Chinese Republic：Provincial Militarism and Central Power，1911－1938*，New Haven and London：Yale University Press，1973，p.65.

③ 四川省长公署公函（民国十五年省字第474号），"国立成都师范大学档案"，第2519卷。

　　既然"实"比"名"更有力量，真正的国立大学也不得不向地方靠拢。这从高师(师大)学生对于校长人选的态度变化可以看出。1924年，杨森任命其秘书傅振烈为高师校长，立刻遭到高师学生群起反对。其中一个重要理由就是，高师属于国立，校长应由中央简任，不应由省政府任命："西南教育被蹂躏久矣，堂堂校长，屡出兵间，敝校国立于斯，亦数苦其荼毒。"①不过，地方军人并未因此改变初衷。1925年9月，时任四川省长赖心辉(1886—1942)聘请张澜出任高师校长，②仍是一仍旧贯。及至学校升格师大，由于经费不充，办学困难，校长更换频繁。除了首任代理校长龚道耕以外，其余三任均为四川省政府"照会"，实系任命，而都未遇到反抗。1930年9月，校长周光鲁辞职，师大学生甚至组织请愿团，呈请驻防师大所在皇城地区的李家钰(字其相，1892—1944)边防军总部"照会贤能，接充校长"。③与当年傅振烈受到的待遇对比起来，真令人有前倨后恭之感。

　　短短数年，师大学生已呈主动"地方化"之势。1924年高师学生反对傅振烈宣言中"屡出兵间"一语，明显表达了对军人干政的不满。但那毕竟还是具有省政府名义的军人，今日则师大学生所寻求"庇护"的李家钰，不过适当驻防现场，名更不正，却能成为主动争取的对象；可知"校长出兵间"已大致为教育界一些人所实际认可了。事实上，在大学格局的背后本来就存在地方军人的竞争：成大的设立即自始受到刘湘支持，因此，欲与刘湘相抗衡的刘文辉对于师大则颇为偏向；在公立川大成立过程中，另一位著名军人赖心辉也起到了最关键的推手作用。时人回忆说，"三大鼎立"，实际是"各有派系

---

　　①　《高师反对傅振烈校长》，《商务日报》1924年2月23日，第6版。
　　②　张澜：《致赖心辉》(1925年9月)，收在《张澜文集》，成都：四川教育出版社，1991年，第63页。
　　③　《成都快报》1930年9月23日，第4版。

款,但川大当局显然意识到刘湘的意图,当即未雨绸缪,致函省教育厅声明:"本大学按月应拨省款,实系本大学经费之一部,……自无视同补助之理。且此项经费,本年以来,贵厅拖欠至十余万,所有省立各校,均较本大学领到□数为多。"①从这些迹象上看,在地方当局的考虑中,川大被排在省立学校之后,成大压倒师大式的情形依然未变。这并不意味着刘湘不喜欢川大的国立牌子,而是表明他是从军人内争的角度为川大定位的。"国家"虽好,但以实际衡量,有时也可不要。

1933年下半年,一场更严重的危机发生了。9月中旬,刘湘为筹措"围剿"川东红军的经费,决定变卖川大本部所在的皇城校产。对川大来说,这无异于釜底抽薪。为此,校长王兆荣不得不采取紧急措施,向行政院、教育部及社会各界名流呼吁求援,川大师生也发表多项宣言表示反对。这一事件拖了三个多月,虽最终因刘湘"剿赤"失败不了了之,却使川大和地方政府的关系愈发紧张。

处在这种艰难困苦情状下的川大师生,对地方政府的态度可想而知。因此,他们极力推动学校的国立化进程,要求中央政府强力干预地方政府对川大的"处置"。但问题是,其时中央政府自有一套行为逻辑,教育被视为政治的一部分,川大在全国教育中的地位实与四川在全国的政治地位相表里。如同第三章所描述的,自北洋政府到初期的国民政府,对不太参与全国性竞争的四川军人和四川政治都不太"管",对教育这种不急之务,当然更是如此。比如,前边说过,北京和南京两政府的教育部都是既未明令承认,也未明令否认成大为国立大学。这当然是因为中央洞悉成大背后有地方力量的支持,"得罪"既不愿,"顺应"又不甘,只有悬挂起来,以维持"法

---

① 《函教厅摊发本大学经费》,《国立四川大学周刊》第2卷第18期,1934年1月8日,第7页。

统"。

同时，"统一"既是"形式"上的，则中央政府与地方的关系便有"嫡系"与否的区别。在这一套系统中，不但是名分不正的成大，即便高师、师大和国立川大，看似经过了中央明令批准，在实际上也往往并不被视为真正的国立学校。比如，在北洋政府国务院1922年编印的中央教育机构设置及编制表"隶属机关"一栏中，只列入了北京、武昌和沈阳3个高师，并无同样号称国立的成都、南京和广州三高师。① 大概此三校均由省费办理，故不被认为"隶属"中央。由此也可以知道，吴芳吉用以判断国立与否的标准并非异想天开，应该反映了不少时人心中实际的认知。

国立川大初期，这一情形依然未发生大的变化。虽然教育部《民国二十年度全国高等教育概况统计表》中"国立各大学"部分列入了川大，② 但1932年教育部编印的《教育部职员录》"直辖国立院校校长名单"一部分，仍无四川省内任何一所大学校长的名字。③ 这也许提示了川大已为"国立"却仍非中央直辖的尴尬地位，故国立川大经费自始就未列入国家财政预算，而是沿用前例，自行向各方交涉提取。经过王兆荣的努力，财政部在"民国二十二年度国家总预算"中终于列入川大补助费30万元。然而，这仍未达到川大方面的目的：按照规则，国立大学经费本应列入教育文化费，非国立学校才属于"补助"的对象。这样，无论在中央还是在地方，川大经费都被视为"补助"范围，实际是两无着落。更令川大人不快的是，这一决定攸关学

---

① 《光绪三十一年至民国十一年中央教育机构设置及编制的演变》，收在中国第二历史档案馆编：《中华民国史档案资料汇编》(以下简称"汇编")第3辑"教育"，南京：江苏古籍出版社，1991年，第4~5页。

② 《民国二十年度全国高等教育概况统计表》，"汇编"第5辑第1编"教育(一)"，南京：江苏古籍出版社，1994年，第248页。

③ 《教育部职员录》(1932年)，台北："中央研究院"近代史研究所藏"朱家骅档案"，档案号：154-1。

校名分。王兆荣就抱怨道：这一方案使各界人士对川大地位"将有所怀疑"。直到 1934 年 3 月，经中央政治会议议决，川大才在经费上"得与各国立大学一律平列"。①

这一时期川大的身份颇为特殊，实际可以称为一所"地方性的国立大学"。这一自相矛盾的现象，与国民政府追求国家"形式统一"的政策有关：地方只要表示拥戴中央，即可获得相应利益。但中央方面亦自有其考量：同为"国立院校"，又被分为"直辖"与否。这一方面表现出中央与地方之间微妙的"共谋"关系：既要保存各自实力，又须给对方以"面子"；另一方面也提示出"国家"与"中央"的模糊性关联：这两者既相关又相异，因而创造出一种颇具弹性的效应——地方得以大张旗鼓地使用"国家"之名，而中央也在实际上为其留下了余地，只是在其中又创造出一种非正式的区分。显然，国民政府此举意在安抚诸侯，同时也带有一定的主权宣示意味，但它的实际效果是复杂的。在相当程度上，这反而强化了地方的力量，使其"僭越"之举在一定程度上合法化。比如，张澜在 1931 年 5 月向行政院上书，要求教育部明令发表成大为"国立大学"，这样"既足昭示国家恢宏教育，无间于偏远；亦不使人妄疑该部有漠视西南教育之心，而敢于自外"。② 虽是索求，却能理直气壮，便与这一格局有关。他的话当然有其特殊意图，但确实抓到了问题的关键所在：因"中央"立意有偏，才使人"敢于自外"。故要真正实现统一，中央必须"无间于偏远"才行。不过，当时的中央虽有意将四川收入毂中，而并不以为急，张澜的说服力也就因此有限。

---

① 《奉发假预算确难遵办》，《国立四川大学周刊》第 2 卷第 3 期，1933 年 9 月 25 日，第 9～10 页；《国立四川大学一览》，成都：四川大学，1935 年，第 3 页。按"补助费"确与"国立"地位不符。但当时有不少国立大学和川大一样，并未完全享受中央拨款。王兆荣对"平等"要求之切，可见其"国立"意识之强。

② 张澜：《呈国民政府行政院稿》(1931 年 5 月 26 日)，"国立四川大学档案"第 1 卷；又收入《张澜文集》(题为《呈行政院文》)，第 108 页。

二、"国立化"与"中央化"的纠葛

"国家"与"中央"的疏离，恰是川大在 1933 年以后陷入严重危机的重要原因之一："国立"招牌本是在刘文辉庇护下获得的，随着后者失势，学校对中央支持的需要遂更加急迫。可是，国民政府远在南京，又并不真把川大看成嫡系，故学校虽有不少抗争，仍不得不仰赖地方政府之鼻息，"国立化"只成为川大师生的一厢情愿。直到三十年代中期，随着四川被确定为"民族复兴策源地"及四川"地方中央化"进程的展开(第三章)，川大的"国立化"才被真正摆上桌面。

作为国民政府推动"国家统一"的实质性步骤，"地方中央化"标志着中央权力在地方上的扩张，而川大的国立化也首先通过教育部对学校管理的强化体现出来。1935 年 5 月，教育部首次向川大派出视察专员。7 月，教育部根据视察报告，同时向四川省教育厅和川大下达训令，在四川全省范围内进行院系调整：一、重庆大学(以下简称"重大")定为省立，先设理、工两院，其原有的农学院和文学院并入川大；二、原四川省立农学院并入川大；三、原四川省立工学院并入重大；四、重大原有学生需一律甄别呈部备案；五、省立农、工两院经费分别划拨川大、重大。① 和成都大学一样，设立重庆大学，也是 1926 年四川善后会议通过的议案之一。不过，它的正式创办要到 1929 年了。重庆处于刘湘的势力范围之内，刘氏也因此成为重大的实际支持者，甚至还一度亲自兼任校长。重大成立后，一直未向教育部备案，为此常常遭人诟病。比如，1934 年初，刘湘刚刚宣布"川政统一"不久，就有人指出，"重大乃因防区制下特殊之产

---

① 教育部"江"电(1935 年 7 月)，"国立四川大学档案"第 6 卷。

物",要求将重大并入川大,"以树统一之先声"。① 作者所说的"统一",主要指的是四川省的统一;而此次院系调整和重大性质的审定,则更进一步,成为"全国统一"的表征。

由于有此一重背景,因此,随着中央势力在四川的伸张,川大在国内高校中的地位也开始上升。1935年春夏之间,川大突然"群贤毕至":天津《大公报》总编张季鸾(1888—1941)、行政院秘书长翁文灏(1889—1971)与《大公报》社长吴鼎昌(1884—1950)先后到校演讲。张氏从"国际现势"的角度,论证了四川在国防建设中的重要性。② 翁、吴二人的立意差不多,前者讨论了"外来之力量与文化"对于四川发展的作用,后者则呼吁"四川人士与省外人士共同努力,造成新四川"。③ 从身份来看,这三人或官或民,其中吴鼎昌乃是典型的"旅外川人";在思想上,他们皆属于自由主义者,不过彼时受到亡国危机的刺激,也都倾向于维护国民政府的地位。由此,他们在演讲中都着意强调,四川人应打破省界,担负起复兴中华民族的使命,指示出其时亲中央的自由知识分子之关怀所在。7月1日和8日,正在成都视察的蒋介石连续两次指定在川大举行"总理纪念周"并讲话。④ 蒋的谈话内容虽无若何新鲜之处,却象征着川大作为中央驻川机关的角色得到了最高当局认可,真正成为中央的"自己人"。这在川大国立化运动的进程中,属于一个里程碑式的事件,但它同时也使川大进一步沦为中央和地方的角力场所。

---

① 述尧:《四川今日之大学教育》,《北京大学四川同乡会会刊》创刊号,1934年2月,第31页。

② 《张季鸾先生莅校讲演》,《国立四川大学周刊》第3卷第28期,1935年4月15日,第6页。

③ 《翁咏霓、吴达铨两先生讲演》,《国立四川大学周刊》第3卷第36期,1935年6月10日,第9页。

④ 《蒋委员长训词》、《蒋委员长莅校举行纪念周》,《国立四川大学周刊》第3卷第40期,1935年7月8日,第1~5页。

　　双方的第一个回合体现为川大校长的任命问题。如前所述，校长人选一向是四川军人控制高校的主要手段。刘湘既然把王兆荣视为刘文辉一派，在中央军入川后，遂向蒋介石提出更换川大校长的建议。其时国民政府急于与刘氏交好，且王兆荣本由刘文辉礼聘而来，和中央并无实质性的交谊，故此议立刻得到了蒋介石的赞同。不过，二人实是同床异梦，目的不同。因此，选择谁为继任者，双方意见并不一致。刘湘提出的候选人是前成大校长张澜。[①]　张、刘关系相当密切，早在 1932 年 2 月"二刘大战"结束后，成都知识圈中就流传出刘湘欲以张澜代王兆荣的传言，[②]　此时则变为正式的动议。但张澜与国民党一向不睦，其时又在起劲宣传"川人治川"——此议被时人认为就是针对"地方中央化"而来的。[③]　因此，蒋介石当然不会接受。事实上，国民政府最终选中的是正在担任中华教育文化基金董事会(The China Foundation for the Promotion of Education and Culture，通常简称"中基会")干事长的任鸿隽。

　　任鸿隽祖籍浙江，但从父辈起就定居四川。他本人生于垫江(今属重庆)，也以川人自命。1909 年，还在留日期间，任氏就加入同盟会，很快做到四川分会的书记、会长。辛亥革命成功后，他和杨杏佛(1893—1933)等人作为"稽勋生"赴美留学，回国后历任北大化学系教授(1920 年)、北洋政府教育部专门教育司司长(1921 年)、国立东南大学副校长(1923 年)、大学院科学教育委员会委员(1927 年)等。南京国民政府成立后，任鸿隽先后被任命为四川省政府委员兼教育厅厅长(1928 年)、国立中央大学校长(1932 年)，但均未就职。

<hr>

　　①　吕振修：《追求光明的大学校长王兆荣》，四川省政协文史资料研究委员会、四川省文史馆编：《四川近现代文化人物续编》，成都：四川人民出版社，1989 年，第 333～334 页。
　　②　《张表方拟出川》，《社会日报》1933 年 2 月 28 日，第 4 版。
　　③　参看崔宗复：《张澜先生年谱》，重庆：重庆出版社，1985 年，第 75～76 页。

他是胡适（1891—1962）密友，属于自由主义思想圈子中的一员，参与发起了《独立评论》，也是这份刊物的积极撰稿人。① 不过，和这个圈子中的很多人一样，三十年代的任鸿隽虽然对国民党的政策颇多批评，但出于维持国家统一的考虑，又不得不认同于国民政府，其立场近乎胡适所谓"诤臣"。② 他对"地方割据"一向持强烈的否定态度，对三十年代崛起的四川新兴军人的批评尤为直接。在三十年代初发表的几篇文章中，任鸿隽指责川军闭门混战，致使四川沦为"四川人之四川"，力主中央"用实力严行制止"之。③ 显然，无论从人脉还是在学术界的影响力来看，他与国民政府的关系是王兆荣、张澜等人所不能比拟的。

任鸿隽之前虽屡次推辞国民政府的任命，此刻则有感于"九一八事变"之后，"全国命运忽然入于惊涛骇浪之中而莫之所措"，深感加快建设"内地鄙塞之乡"的必要性和紧迫性，遂"毅然辞去中基会职务而就川大校长"。④ 有此一重考虑，无怪他一经到任，就提出"国立化"和"现代化"两大目标，作为治校方略，其中"国立化"又居首位。任鸿隽提出，川大此前的"国立"二字名不副实，应尽快"把'国立'二字真实化"。⑤ 说的是川大，其实针对的还是"四川人之四川"。最能

---

① 任鸿隽似并未加入国民党。四川大学档案馆中藏有一份"新运会人事调查表"（"国立四川大学档案"第 1539 卷），其中关于任氏信息，"是否加入国民党"一栏空白。

② 参看罗志田：《个人与国家：北伐前后胡适政治态度之转变》，收在《乱世潜流：民族主义与民国政治》，上海：上海古籍出版社，2001 年，第 255～267 页。

③ 叔永（任鸿隽）：《如何解决四川问题》、《中国的出路》，分载《独立评论》第 26 号，1932 年 11 月 13 日，第 2 页；第 56 号，1933 年 6 月 25 日，第 7 页。

④ 任鸿隽：《五十自述》，收在《科学救国之梦：任鸿隽文存》，上海：上海科技教育出版社、上海科学技术出版社，2002 年，第 687 页。

⑤ 《本校举行本学期开学典礼》，《国立四川大学周刊》第 5 卷第 1 期，1936 年 9 月 21 日，第 1 页。

代表他对"国立化"的理解的，是下面这段话："四川不能说是四川大学的四川，四川大学不能说是四川的大学"；川大是"中国的大学"，"要以全国为我们的目标，无论人才的造就，学术上的探讨，但应与全国要有关系"。① 换言之，国立化不仅是"全国化"，而且也特别地体现为"去地方化"。

　　除了对政治上"分裂"的警惕有关外，任鸿隽还有更深一层关切。在他看来，中国的"分裂"，一部分责任要归因于传统的乡土观念。他曾自述道："吾父在时，无日不思返浙江原籍。吾辈则乡土观念甚轻，以为吾中国人自命为中国人足矣，于此中复自画为某省某县人，有何意义？"②其实，他不是一点也没有"某省某县人"的观念。1919年，他留美回来，首途归川，给胡适的信中，说自己"欢天喜地，……以为十几年未见的故乡，可以计日而到了"。③ 不过，他是自觉地想以"中国"的大认同取代"某省某县"的小认同。事实上，任鸿隽这段解说中，确可看出在晚清数十年中成长起来的两辈人之间的代沟：任鸿隽这一代读书人，是民族国家思想在中国的第一代推手。对于他们中的很多人来说，包括乡土意识在内的各种"次级"认同，和一个高度统一的国家观念之间，基本上是对立的：前者仿佛一些杂质，必须精心剔除，否则即会污染或至少冲淡人们对国家的挚爱。

　　不过，晚清以来，人们对乡土意识与国家认同关系的认识，实际上非常复杂，且经过了一些重要变化。二十世纪初和二十年代初，均曾有人倡导经由"爱乡"而"爱国"的思路。④ 不过，到了三十年代

---

　　① 《川大前日开行学礼》，《新新新闻》1936 年 9 月 18 日，第 10 版。
　　② 任鸿隽：《五十自述》，第 677 页。
　　③ 任鸿隽致胡适(1919 年 4 月 16 日)，收在中国社会科学院近代史研究所中华民国史研究室编：《胡适来往书信选》上册：香港：中华书局，1983 年，第 37 页。
　　④ 罗志田：《近代中国民族主义的史学反思》，收在《二十世纪的中国思想与学术掠影》，广州：广东教育出版社，2001 年，第 122～123 页。

中期,外患已在眉睫,安内以攘外的紧迫性大为增加,乡土意识越来越被视为国家观念的对立面,即使是深具自由主义理念的知识人也难以逃脱这一观念。任鸿隽如此,张季鸾、翁文灏、吴鼎昌等人在川大的演讲,亦莫不如此。黄炎培(1878—1965)1936 年 3 月 4 日来到川大演说,也寄语川大学生:"就是做梦也要做国家的梦,不要做思乡的梦。"①

出于同一考虑,任鸿隽表示,学校不鼓励学生成立"同乡会等狭义的组织"。他希望川大学生,"要准备将来作一个国际上的大人物,不然也要作一国的国士,不要准备只作一县或一乡的乡人"。② 事实上,他在川大推进的诸多措施,就集中在如何"消除"学校的地方性因素方面,包括刷新人事、扩大生源、整理课程、完善设备等。其中,以教师人事和招生来源的变化最为突出,本章就以这个两方面为例,对此略做说明。

从教职员的籍贯分布来看,1935 年上半年,四川省籍人士在学校重要职员(包括秘书长、各课主任、各院院长、各系主任等)中占了 80%,在教员中占了约 73%;1936 年下半年,这两个数字分别下降为约 39% 和约 59%;与此同时,外省籍人士所占比例则相应地分别上升为约 61% 和约 41%。③ 在重要职员中,外省人已经远远超出了本省人,占了近三分之二的数目,而这还不算像任鸿隽这样省籍认同并不明显的川人。虽然相对于大量的教师而言,重要职员只占少数,但他们的职责和所处的地位却对学校的大政方针具有举足轻

---

① 黄炎培:《大四川之青年》,《国立四川大学周刊》第 4 卷第 25 期,1936 年 3 月 23 日,第 3 页。

② 《校长报告》,《国立四川大学周刊》第 5 卷第 22 期,1937 年 3 月 29 日,第 3 页。

③ 分别根据《国立四川大学一览》(1935 年版)的《本大学职员一览表》、《本大学教员一览表》和《国立四川大学一览》(1936 年版)的《职员名录》、《教员名录》统计得出。

重的影响，不可忽视。更何况，教员的省籍变化也还是非常明显的。

川大生源一向以四川为主，兼有部分云南、贵州等西南地区的学生。以1934—1935年为例，在校生共793人，川籍学生约占学生总数的96%强，外省学生中云、贵学生又占到近80%。① 1936年夏，任鸿隽决定在平、津、宁、沪、粤、陕等地设立考场，"使省外各地青年都有来学的机会"。他坦言，这样做的目的，是"要使本校属于整个国家的，不因为地理上的限制，而成为西南的一个组织"。② 这次学校招到新生和转学生共164人，其中外省学生占了15%，是一个很大的突破；从省区分布上看，新增6个距四川较远的省份。③ 这些措施虽然没有在短期内改变学生籍贯的基本构成，却使川大在向"属于整个国家的大学"努力的方向上迈出了重要一步。

任鸿隽的另一治校目标是"现代化"。他提出："四川大学要与[于?]世界上求生存竞争，使他成为现代化的大学。我们要把眼光放大，看看世界上的学术进步到什么地方，我们就应急起直追才对。"④对于任鸿隽来说，国立化和现代化是内在相通的：前者是后者的主要保障和实施手段，后者也是前者的重要内容和实现途径。任鸿隽在一次面向全校师生的讲话中曾表示："中国的文化，都偏于沿海口岸。"⑤显然，他所说的这个"文化"主要还是指西来的"现代文化"。按，任氏本人的"国学素养"甚高，对中国文化传统也抱有深切

---

① 《国立四川大学在校学生籍贯分布表》(1935年度)，收在注册课编印：《国立四川大学教务统计一览》，"国立四川大学档案"第189卷。

② 《本校举行本学期开学典礼》，《国立四川大学周刊》第5卷第1期，第2页。

③ 《二十五年度新生及转学生籍贯统计表》，收在注册课编印：《国立四川大学教务统计一览》，"国立四川大学档案"第189卷。

④ 《川大五届毕业典礼昨午举行》，《华西日报》1936年6月25日，第10版。

⑤ 任鸿隽：《四川大学的使命》，《国立四川大学周刊》第4卷第2期，1935年9月23日，第2页。

的了解与同情，完全不是一个"全盘西化"论者；不过，在他看来，"现代化"仍是中国发展的当务之急。就此而言，四川确实处在"文化落后"的地位。① 就此标准来看，则"沿海口岸"才代表了"理想中国"。因此，川大要真成为一个"中国的大学"，也就必须要求其成为一所"现代化的大学"。

任鸿隽治理川大的两大主张，可以看作二十世纪中国史上两个基本主题的缩影：一个是民族国家建设，一个是现代国家建设。它们的侧重点不同，但自始即是"一家眷属"，相伴而生。它们也都指向一个共同诉求，即任鸿隽所云："于世界上求生存竞争"。这意味着，在国立化与现代化背后，有一个更根本的决定力量——"世界"。由此一背景出发，我们可以再次回到"中国人"和"某省某县人"的认同纠结上：二十世纪初成长起来的那一代知识分子，自觉地把整个"世界"当作自己思考时的参照架构，也因此使得"国家"成为他们心中几乎是唯一重要的认同对象；前人则无此需求，最重要的身份倒真是通过"某省某县"界定的。

另一值得注意的问题是，任鸿隽提倡的川大"国立化"和"地方中央化"的关系。这二者的确有同调之处，至少，在"去地方化"这一点上，双方是一致的。但它们的侧重点亦有不同。对任氏来说，他所服务的对象是"中国"而非"中央"——尽管他也必须依赖国民政府与蒋介石的支持。不过，在地方中央化初期，国家和中央的区别还没有被明确意识到，而中央政府对任鸿隽的支持也可谓不遗余力。据现存记录，从1935年9月到1936年7月，蒋介石在成都、南京两地多次接见任鸿隽，并表示愿意亲自主持任氏改建川大校舍的计划，明令四川省政府、军事委员会委员长重庆行营和国民政府分别承担

---

① 任鸿隽：《赴川考察团在成都大学演说录·任叔永先生之讲演》，《科学》第15卷第7期，1931年7月，第1168页。

其费用之一部。① 另外，1935 年 4 月，国民政府派员整顿四川财政，川大经费改由嘉定(今乐山市)中国银行按月拨付，无须再向盐务稽核所交涉，前此一直使学校困扰不堪的问题得到了彻底解决。② 这些成就的获得，显然都离不开地方中央化的大背景，尤与蒋介石的直接干预有关。

中央的支持是川大国立化程度提高的最重要保障。不过，正如在谁接替王兆荣这一问题上所显示的，地方势力并不想放弃川大这块地盘，而这就必然或明或暗地与中央发生冲突。作为中央与地方的竞争空间，川大的国立化进程紧密地与双方权势格局的变化绞缠在一起。③ 川大和四川地方政府围绕皇城校址产权的争论就很能说明这一点。

成都皇城原为明代的蜀王宫，入清为贡院，后辗转拨付成都高师作为校址。早在 1926 年，时任川康边务督办的刘湘就曾与时任四川省长赖心辉一起决定将皇城城基丈量变卖，当时即经高师予以否认。国立川大成立后，又多次与地方政府交涉，均未有结果。其中最严重的一次发生在 1933 年。刘湘在 9 月决定，出售皇城地皮，以筹措"剿赤"军费，余额则拨付川大，另建校舍。此议一出，川大师生群情激昂，力加反对，除了在各媒体上发表宣言外，还致电行政院、教育部、国民党中央党部、各国立大学和中央研究院以及旅外

① 《任校长改建本校校舍计画书》、《蒋委员长梗代电》，均见《国立四川大学周刊》第 4 卷第 3 期，1935 年 9 月 13 日，第 1～2 页；《蒋委员长召见任校长》，《国立四川大学周刊》第 4 卷第 4 期，1935 年 10 月 7 日，第 5 页；《本校建筑费蒋委员长电拨的款》，《国立四川大学周刊》第 4 卷第 10 期，1935 年 11 月 18 日，第 1 页。中央方面的态度，又可参见翁文灏：《翁文灏日记》上册，1936 年 4 月 4 日、5 月 26 日，北京：中华书局，2014 年，第 34、46 页。

② 《财部指定川大经费》，《新新新闻》1935 年 5 月 12 日，第 5 版。

③ 关于四川地方与国民政府的冲突，参看 [日]石岛纪之：《国民党政府的"统一化"政策和抗日战争》；王玉娟：《刘湘政府(1935—1938)对川省基层行政人员的任用倾向》，《四川大学学报》(哲学社会科学版)2002 年第 4 期。

川籍闻人、地方士绅、刘湘之外的四川各军军长，争取同情。经过半年的抗争，此议终于因"剿赤"失败而不了了之。不过，此事不但暴露出，处于地方军人的激烈竞争格局中的川大不能不仰人鼻息，而随时有破产的危险；同时也提示出一些意义更为深远的面相，而这就需要我们更多地注意到此事件中的"表象"层次，且须将其放入近代中国整体转型的大背景下加以评估。

毫无疑问，这几次校产危机的实质当然是实力说话：尽管行政院、教育部都表示强烈反对刘湘的决议，但皇城校址能够侥幸保住，最后仍主要取决于刘湘本人的态度；不过，这不等于说双方的言论交锋就没有意义了，相反，它反映出双方如何将自己的利益诉求予以"合法化"的路径，而这势必带我们突破川大校园，进入更广阔的社会空间——在此空间中，可供人们选择的证明自己言行正当性的方式是有限的，因此，它向我们标示出此一社会中人们共识的边界所在，而最终，这种边界又来自整个社会结构变迁的影响。

从1926到1933年，这场争论的焦点一直集中在皇城到底属于国产还是省产这一问题上。川大一直坚持，皇城既系旧贡院产业，"而旧贡院全址，在前清时即属国有财产，中华民国成立，迭经中央核准，陆续完全拨充前高师、前师大及本大学管理用益"。省政府则坚持皇城产权归地方所有。① 但这里双方都犯了时代误置的错误：官产而有"国产"、"省产"的划分，是晚清新政以后才出现的观念，此前并无明确区分。② 也就是说，这里双方所使用的概念，根本就是二十世纪以来中国现代国家建设进程的产物。因此，双方都可从

<hr/>

① 四川官公产清理处与川大就此事交涉的来往公函，均收在"国立四川大学档案"第2560卷。引文出自四川大学1934年1月22日致四川官公产清理处公函。

② 一个有关的讨论，可参考杜恂诚：《民国时期的中央与地方财政划分》，《中国社会科学》1998年第3期。

历史上找到证据，但也都不能说服对方。在没有一个高出二者之上的权威力量予以裁决的情况下，这场争论只能旷日持久而不分高下。

这一状况随着地方中央化的推展而发生了关键性的变化。1936年5月起，为了推动学校的"现代化"，任鸿隽决定改建校舍，先从清理校产做起，这样，双方围绕皇城归属权的问题再起波澜。但此时川大已非从前可比，能够更有效地寻求中央的支持。而四川省府的态度也有了转圜：他们一面坚持前议，称皇城地基"系属官产，应归省有"，一面又表示："自今日起，承认皇城旧址全部为贵校管业。"措辞甚是讲究："承认"的主体在我，"管业"也并非"所有"，虽然做了实际性的让步，也保全了颜面，不算认错服软。与此同时，省府还在学校要求下，命令公安局协助川大清理校产，表示出积极合作的态度。不过，问题的解决并不像看起来这么顺利：省府表示，此前被地方政府出卖的城基，只能由川大自行赎回。① 为此，川大一面力争产权国有，一面表示经费有限，并请求中央向地方施压。一时间，三方函电交驰，而终无进展。1936年10月，省政府又突然提出新构想，建议川大迁出城外，另找一处地方。任鸿隽和教育部最初对此并不赞同，但耐不住省府一拖再拖，终于答应。

显然，在地方中央化初期，国民党和国民政府的力量虽然进入了四川，也逐渐占据了一定优势地位，但既然其政策要通过地方政府方能落实，就必须给后者留下足够的面子，表现在川大校产这样一些并非"军国大事"的问题上，最后仍要中央方面做出一定让步。当然，必须注意到，地方政府的态度也确实软化了不少。

这样，"地方中央化"一词再一次把我们带回了"国家"与"中央"的关系上。在理论上，国家与中央互为表里，但如前所述，在不少

---

① 四川省政府公函，二十五年财字第343号，"国立四川大学档案"第628卷。

地方实力派看来,"中央"本身的资格就很可疑,更谈不上是"国家"的代表。因此,在国民政府的宣传中,地方中央化乃是国家统一进程的实践,但地方人士则更倾向于"望文生义"地将此理解为中央政府的权力扩张,而这不免使他们对任鸿隽这样一类支持国民政府的自由知识分子的立场发生误解。作为对地方中央化的回应,川中产生了一个略具敌意的新名词——"中央人",任鸿隽就被归入此列。①尽管他自认所做的一切皆源于一个"中国人"的立场,但他在川大积极推动"去地方化",使他与国民政府颇多不谋而合,而蒋介石也对他大力支持,在在使他受到地方人士的猜疑。

这里的地方人士,并不只是四川军政界,也包括了很多"社会贤达"。他们并不参与权力斗争,对地方军人的内斗亦极为厌恶,但地方中央化政策仍令他们反感——这个名词带有一定的歧视性色彩,至少在川人听来如此。它把"地方"视为一个整体,也促使原本充满分歧的地方社会在一定程度上团结起来。②

最能表现出一般社会人士对"中央人"的排斥态度的,是《川行琐记》事件。1936年春夏之际,任鸿隽的太太、新文学作家、历史学家陈衡哲在《独立评论》上连续发表了三篇题为《川行琐记》的文章,对四川社会做了严厉批评,被川人认为意存歧视,掀起了轩然大波。加之任鸿隽在川大的改革得罪了不少教师,复经地方军政势力的有意识运作,在省、旅外川人相互呼应,终于迫使任氏在1937年夏辞去川大校长一职(参看第三章)。值得注意的是,参与"围剿"任、陈二位的人中,并不全是与地方军政势力有关者,也包括了不少青年

---

① 任以都口述,张朋园、杨翠华、沈松侨采访,潘光哲记录:《任以都先生访问记录》,台北:"中央研究院"近代史研究所,1993年,第89页。

② 当然不是没有例外,比如在川人中享有盛誉的徐炯就力持《春秋》大一统原则,旗帜鲜明地站在中央一方。参看子休(徐炯):《异哉所谓川人治川也》,《川报》1935年6月2日,第6版。

学生、地方文人乃至李思纯(1893—1960)这样的地方知识名流。①

　　任鸿隽辞职后，刘湘通过张群向教育部长王世杰(1891—1981)
推荐晏阳初(1890—1990)继任，再次试图将川大并入地方政府的势
力范围。② 按理晏阳初并非刘湘一派，其资力也并非不可为川大校
长，但大概正因其系刘湘推荐之故，王世杰并未应允。经过再三考
虑，他向行政院提名任鸿隽推荐的哲学家张颐代理川大校长，获得
认可。校长人选问题在中央和地方竞争中处在重要地位，通过控制
校长的任免权，川大被牢牢掌握在中央手中。

三、从"国立化"到"党化"

　　张颐接任川大校长后，继续推进任鸿隽的基本政策。在 1937 年
7 月 1 日举行的就职典礼上，他提出治校三原则：第一，继续提高学
生程度，使与其他国立大学同等而不含地方色彩；第二，充实设备，
提高研究兴趣，使文化水准和欧美各大学同等；第三，更进一步使
中国学术能与欧美各国齐头并进。③ 简言之，仍是国立化与现代化。
其中，国立化又带有明确的"去地方化"意味。

　　不久，随着抗战爆发，东部大批高校师生内迁，为川大国立化程
度的迅速提高创造了条件。9 月，张颐在迎新大会上，欢迎从各地来
的借读生时表示："本校既属国立，合全国为一家，应无主客之分。"④

---

　　① 参看王东杰：《地方观念和国家观念的冲突与互助：1936 年〈川行琐
记〉风波》，《四川大学学报》(哲学社会科学版)2004 年第 1 期。
　　② 王世杰：《王世杰日记》(手稿本)第 1 册，台北："中央研究院"近代史
研究所，1990 年，第 55 页。
　　③《新任川大校长张真如今日就职》，《新新新闻》1937 年 7 月 1 日，第 10
版。
　　④《本年度新生周续志》，《国立四川大学周刊》第 6 卷第 3 期，1937 年 10
月 4 日，第 11 页。

事实上，包括新生和借读生在内（其中借读生的人数超过了新生），大批东部学生的涌入，的确迅速改变了川大生源的地域结构。截至1938年，川大在校生共1318人，其中川籍学生912人，再加上西康学生17人，占全校学生比还不到71%。在外省学生中，以江苏、安徽二省为最（分别为82人和74人），籍贯分布的范围也扩大至27个省份。① 到了1939年4月，时任校长程天放（1899—1967）就对外宣布："战前川大地方色彩较为浓厚，因学生大多数为川籍。战事发生后，外省学生人数达三分之一以上，现时可为一名副其实之国立大学。"②教师的省籍构成也发生了一些类似变化，不过这还不能算是主要衡量指标，比这来得重要的是，享有全国性声望的学者在教师队伍中大幅提升。事实上，整个抗战期间，大量知名学者受聘川大。有些学生甚至一度有"四川的北京大学"之感。③

不过，如前所述，"国立化"既有"全国化"与"现代化"的意思，也常常被理解为"中央化"。后者又包括了两方面含义：一是中央对学校的支持，一是中央对学校的控制。最初，后一方面的主要表现是，中央与地方政府对川大控制权的争夺。一般来说，川大师生因饱受地方军人的压迫之苦，在此竞争中，都会选择站在中央一方。但是，随着国民党和国民政府权力的日益稳固和扩张，尤其是国民

---

① 《二十七年度国立四川大学学生之籍贯》，"国立四川大学档案"第2024卷。试比较一下战前的中山大学。直到1937年，广东籍学生仍占中大学生总数的82%还多，加上广西学生，则高达91%。黄福庆认为，这表明中大仍"局限在地区性大学的范畴，带有浓厚的地方色彩"（《近代中国高等教育研究——国立中山大学》，台北："中央研究院"近代史研究所，1988年，第194页）。这说明，在国立大学中，需要"把国立二字真实化"的，不仅仅是川大一所。事实上，从三十年代国内政治格局上看，这两所学校确实有许多类似之处。

② 《程校长招待渝蓉新闻记者》，《国立四川大学周刊》第7卷第29期，1939年4月24日，第2页。

③ 王利器：《王利器自述》，收在高增德、丁东编：《世纪学人自述》第4卷，北京：北京十月文艺出版社，2000年，第199页。

政府西迁重庆以后，四川由僻远之区一下子变成京畿重地，中央取得了决定性胜利，其控制范围也开始扩大到知识界。这就使得川大师生和中央政府的关系发生了逆转：此前，在川大人的心中，中央主要被视为一个象征性（后来则是实质性）的支援力量，现在却变成一个"对手"。其间的转折畸变，颇能体现出那一时期政治与学术的复杂纠葛，以及"国立化"的一名多意。

　　三十年代中期以前，四川内战频繁，川大师生对地方军人极为不满。二十年代初曾在成都高师读书的姜亮夫回忆说，高师学生是"在枪炮声中读书"的，这使他们"对四川军阀非常厌恶"。他自己在毕业典礼上代表毕业生发言时，曾慷慨陈词："今天在这里的一切人要明白，这块地方属中央，不属四川省；成都高师要象个国立大学，不要被地方扰挠！"此话一出，"掌声不绝达二三分钟之久，大家情绪振奋！"①这段话是多年之后的回忆，在细节上容有不尽准确之处，但仍生动传达出处于这一特殊时空条件下的学生们的共同心声，而此中就把"国立"与"中央"联系起来，把"地方"视为二者的对立面。

　　当年高师人所谓的国立化，主要是为了对抗地方军政力量对学校生活的干预，这也是很长一段时期内川大师生对国立化三字的理解。前引1924年高师学生反对傅振烈为校长的宣言中，就强调地方势力无权管理国立学校。二十年代后期，师大虽在"实利"的驱使下有主动"地方化"的倾向，但遇到危及生存的问题，仍会搬出"国立"的牌子。比如，1928年大学院根据郑宾于等人的呈文提出合并三大的意见时，师大强烈表示反对，理由也是："本校直属中央，凡发生变更及废止，依法应遵中央明令办理，此外似不容任何人干涉或支配。"②

---

　　① 姜亮夫：《忆成都高师》，收在王元化主编：《学术集林》第2卷，上海：上海远东出版社，1994年，第279～280页。
　　② 国立成都师大公函，《国立成都师范大学校报》第1期，1928年9月26日，第9页。

这一传统到了国立川大的初期仍被继承。1933—1934 年川大为制止刘湘变卖皇城校产所发表的各类宣言和对外谈话中，也反复强调："本大学校产之皇城地址，历经中央核准"，因此，"地方军政机关，倘未呈奉中央核准，实属无权处置"。[①]

换言之，此一时期川大师生对国立化的向往更多带有自卫性质。他们也知道中央在四川形同虚设，无法起到实际上的保护作用。但国立之名仍为他们提供了一种象征性的保护力量，至少可使地方军人处在"不义"境地，引发社会同情，也在一定程度上唤起中央的重视。除此之外，到底有多少人，又在多大程度上愿意实现真正的国立化，并无更多证据。事实上，至少对高师和师大师生来说，最希望国立化的大概就只有经费保障，其他方面就难说了。1926 年，成都各省立专门学校就注意到，"高师预算，因号称国立，不肯受省政府之限制；又以前川省为自给省份，并不肯受教部之考核"。[②] 地方不便管，中央管不到，国立学校的身份实际上使高师获得了一个相对自主的空间，恐怕才是高师人真正向往的"国立"状态。高师如此，其他几个学校又何尝不然？

这里边的实质是学术与政治的关系。曾任公立川大文学院长的向楚曾回忆说，他长院时曾请徐炯讲学，因为"此校乃省立，有伸缩余地"；"但不久三大学合并，此事便废"。[③] 向楚这段回忆非常重要：所谓省立大学比国立大学更有"伸缩余地"，如何理解？如同我们前边所看到的，号称国立的学校还不完全抵御地方军人的干预，何况省立大学？那更是名正言顺。因此，这句话不能脱离具体的事

---

① 《函请停止变卖皇城决议》，《国立四川大学周刊》第 2 卷第 3 期，第 11 页。

② 《各学校请停拨高师经费》，《国民公报》1926 年 6 月 9 日，第 5 版。

③ 陶亮生：《先师向仙乔先生言行忆录》，收在四川省成都市政协文史资料研究委员会编：《成都文史资料》1988 年第 2 期，第 28 页。

件加以理解。徐炯名列"五老七贤"之一，是二三十年代四川有名的"守旧派"，与"新思潮"格格不入。但是，这一时期四川社会的整体风气，确实偏向于"保守"一面。因此，徐炯在地方上的威望很高，包括军人在内，都对他礼敬有加。这就是向楚能聘用他的一个主因。但一旦真正实现国立化，学校就必须奉教育部的功令行事，在人事方面的自主性随之消失。不过，我们也要注意到，向楚本人却是川大国立化进程的积极推动者之一。这大概是因为，其时中央尚远，具体会管到何种程度，向楚并无体会，但地方军人的干预却是眉毛边上的威胁，故其向往"中央"，并不奇怪。

不过，四川政局动荡，地方政府本身就不稳定，对学校自然疏于管理。加之彼时四川尊老重文之风仍然盛行，读书人受到相当的礼重，军人也不例外，至少他们需要借此提升自己的威望。而在事实上，他们所关注的也还是地盘和权势，并没有一项专属于自己的"主义"要维护。因此，军人对教育的破坏，主要体现在频繁内战造成的后果上，特别表现为办学经费的紧张和教、学环境的恶劣。[①]他们虽也任命校长，但看重的是权力本身，通常并不干预教师进退和校内的思想，故我们可以说，这一时期的环境并不利于学术和教育的发展，但不能说军人统治已经威胁到学校的"学术自由"。

中央就不同了。执政的国民党有一套奉行的"主义"，干涉教育的兴致比北洋政府和地方军人都要浓厚得多，也更为具体细微。此在川政统一初期尚不明显，因其时的"主要矛盾"是中央与地方的竞争，且教育部长王世杰笃信自由主义，对"党化教育"并不起劲，任

---

① 比如，1932 年，心理学家高觉敷刚刚受聘为川大教授，驻守成都的刘文辉、田颂尧就打起了"省门之战"，川大皇城校址煤山一带作为全市制高点，成为双方争夺的要地，校园陷入枪林弹雨中，师生惶遽不安。高觉敷目睹此一情境，遂决定离开川大(高觉敷：《高觉敷自述》，收在高增德、丁东编：《世纪学人自述》第 1 卷，北京：北京十月文艺出版社，2000 年，第 143 页)。

鸿隽更是"党化教育"的积极反对者。① 故在任氏长校时期,"党义"虽是部定课程,川大却并未开设。由此也可见出,任鸿隽将国民党与国家(甚至中央政府)区别得很清楚。张颐的思想与任鸿隽非常相近,在这方面最初仍是萧规曹随。但抗战爆发后,情况开始发生变化。1937年下半年,川大的"党义课"正式开班。此课虽不为多数师生所喜,但既是"规定",也只有虚应故事。

更重要的变化是在1938年初,陈立夫(1900—2001)接任教育部长后。作为国民党内最积极的党务工作者,他颁布了一系列以整齐划一全国教育为目标的政令,被舆论认为积极推动"党化教育"。② 作为国立院校的川大,也无可避免地处在这股风暴的中心。当年底,在陈立夫运作下,国民政府免去张颐的川大代理校长职务,发表刚刚卸任的驻德大使程天放为校长。程天放系江西新建人,美国意里诺(今通译"伊利诺")大学政治学学士、硕士、加拿大都郎度(今通译"多伦多")大学政治经济学博士,曾任江西、安徽、湖北省政府委员兼教育厅长、安徽省政府代主席、国立浙江大学校长、安徽大学校长等职。他在政治上属于CC派,与陈立夫关系甚好。③ 程天放在浙大校长任上,就曾竭力推行"党化教育",④ 在学术界口碑不佳。因

① 这方面的文章,可以参看叔永(任鸿隽):《党化教育是可能的吗》、《再论党化教育》,分载《独立评论》第3号,1932年6月5日,第12~15页;第8号,1932年7月1日,第10~13页。

② 陈立夫:《成败之鉴——陈立夫回忆录》,台北:正中书局,1994年,第239页。

③ 程天放履历表,"国立四川大学档案"第38卷。关于程天放其人,又见《程天放先生事略》,收在"国史馆"编:《"国史馆"现藏民国人物传记史料汇编》第1辑,台北:"国史馆",1988年,第512~516页;陈立夫:《程天放兄逝世二十周年纪念》、萧铮:《忆南昌程天放兄》,均载《传记文学》(台北)第51卷第5期,1987年11月,第52~54页。

④ 1936年初,竺可桢任浙大校长后,发现"浙大自程天放长校以后,党部中人即挤入浙校"(《竺可桢日记》第1册,1936年2月23日,北京:人民出版社,1984年,第16页)。

此，这个任命的发表，使得川大与国民党政府的关系一下子紧张起来，文学院长朱光潜(1897—1986)、农学院院长董时进(1900—1984)和理学院长魏时珍(名嗣銮，以字行。1895—1992)立刻在教师中发起"拒程运动"，且得到了绝大多数人的赞同。在这三位领袖中，朱、董二位均为无党的自由知识分子，他们之所以"拒程"，主要是为了防止程天放在川大推行"党化"；魏系青年党员，该党在川大势力较大，他参与其中，除了维护"学术自由"之外，也不排除有防御国民党抢夺青年党地盘的因素。另一部分川人则抱着"川人长川大"的想法，认为川大校长由外省人担任，不免视蜀中无人，是为大辱。然而，党派之争和地域之争都属私斗，而非公言，故三派基本都统一在"学术自由"的口号下。他们通过通电、宣言、运动私人关系以至公开罢课等方式，要求国民政府收回成命。这场运动持续 27 天，并获得相当一部分学生的支援。

在校园以外，运动也得到了成都绅耆和四川军人邓锡侯、潘文华等或明或暗的赞助，而这里仍可以看出地方与中央竞争的潜台词。川大师生对此实际心知肚明，甚至主动地利用这一关系，向地方势力求助。据吴虞听闻的消息，川大教授派出代表，面见时任四川省府主席王缵绪，请王主张公道。但王氏云："此国立大学，我不便言。"①这毋宁是一讽刺：川大与地方当局此前一直摩擦不断，且每引"中央"为援；现在成为"名副其实之国立大学"，却要开始对付中央政府，并转而试图借助地方力量。表面上看起来，不免"见风使舵"之嫌，但其间仍贯穿着一条不变的红线，即是希望学术能独立于政治干涉之外。

问题是四川地方政局也非复当年。川军中最有实力的刘湘已死，

---

①　吴虞：《吴虞日记》下册，1938 年 12 月 20 号，成都：四川人民出版社，1986 年，第 790 页。

刘文辉远在西康、邓锡侯、潘文华等均无实权，执政的王缵绪则是亲中央一派。他所说的"不便言"乃是推辞，事实上，由其掌握的四川省政府机关报《兴中日报》自"拒程运动"开始，即大加讨伐。但这里有趣的地方在于：王氏以川大系"国立大学"为托词，则此四字的效力和滋味，真是此一时也，彼一时也。在陈立夫的强力支持下，程天放到校视事，"拒程运动"告终，张颐、朱光潜、董时进、魏时珍等人辞职，离开川大。

程天放长校后，川大校内"党化"教育的倾向得到了空前的强化。程在校内大建国民党组织，并亲自介绍川大师生 400 多人及私立华西大学校长张凌高(1890—1955)等人加入国民党。1941 年教育部四川省教育视察团视察了在川各高校(含内迁的中央大学、武汉大学等)后表示："就各校党务团务工作现状言，似以四川大学及华西大学为最佳。"[1]可见两校在党化教育方面的成功。

就学理而言，国立化的结果并不一定影响到学术自由，川大的情况和程天放个人的政治背景及"拒程运动"引发的政治化效应有关。不过，类似的情形并非川大独有。一般说来，北洋政府"主义"色彩较弱，教育政策相对宽松，教学质量也自然大打折扣。国民政府成立后，加强了教育管理，而学术环境也多少受到影响。[2]

"拒程运动"及其结局具有多重的启示意义。首先，运动的失败展示了"学术自由"与国内政治局势之间的关联度。如前所述，1935

---

[1] 《四川省教育视察团第一组视察高等教育意见》，1941 年，南京：中国第二历史档案馆藏"国民政府教育部档案"，档案号：5-1975。

[2] 不少学者都把"整顿公立院校"作为国民政府高等教育政策的一个重要"成就"加以讨论，如吕士朋：《抗战前十年我国的教育建设》(收在"中央研究院"近代史研究所编：《中华民国历史与文化讨论集》第 3 册，台北："中央研究院"近代史研究所，1984 年)、金以林：《南京国民政府发展大学教育述论》(收在中国社会科学院近代史研究所编：《中国社会科学院近代史研究所青年学术论坛》1999 年卷，北京：社会科学文献出版社，2000 年)等，但本文所论的情形也提示出问题的另一面。

年以前，川大虽在地方军政力量的控制下，但大多数时间仍能享有一定的自主空间；若获得了地方军人的"庇护"，还会得到一些实际利益（当然，此利益亦是相对的）。这里的一个重要原因是，"国立"学校身处中央和地方之间，并非一方所能专控（当然，这也离不开四川军人内部山头林立的状况）。学校虽然在物质条件上付出了不少代价，却能机动灵活地调动象征性资源和人脉关系，谋求相对独立的地位。随着国立化的真正进行，学校的办学条件得到明显改观，学术品质也确有大幅提升，但同时也伴随着自主空间的压缩。此中一个关键是外在于学校的：之前虽然学校和地方当局之间的关系极为紧张，但学校的自主性也在一定程度上依赖于地方的自主性；然而，随着"去地方化"政策的推行，整个地方势力大规模退却，中央力量高度强化，学校一旦与中央发生冲突，就必须直接站在第一线，没有任何转圜，其结果自然不问可知。

其次，这也提示出国民党中央和知识界对于"国家"的不同看法。拒绝中央任命的校长一类事件在平、津、沪、宁等被任鸿隽视为"中心地区"的国立大学早已屡见不鲜，而川大则因长期处在边缘，相对"平静"许多。从这个意义上说，"拒程运动"的发生也可以看作川大国立化成功的表现。但这个"国立化"显然不是从制度性角度定义的，也不符合中央政府的期待，我们毋宁说，它指的是经过各个国立大学的既往实践而形成的一套"校园文化"。① 这种文化既和从西方传入的自由主义思想有关，也建立在中国自身的士人传统之上。正如川大教师在"拒程"宣言中所强调的："政治有党派，而学术无党派；

————————

① 1925年，舒新城发现，成都高师"在名义上是国立，并且在名义上一切都照部章"，可是"十余年来，部章上的高等师范并没有什么变更"，所以成都高师的不少规矩"都和我十年前进过的湖南高师一样"（《蜀游心影》，上海：中华书局，1939年，第132页）。按照这个看法，真正的"国立"标准并不表现为"部章"，而是在"京津沪汉"等地学校的实践中，极有启发性。

政治有恩仇，而学术无恩仇，此所谓学术独立者，并非强为高论，实学术本身之性质有以致之。"①我们可以清楚听闻"道高于势"的回声。不过，"道"原本和超出"国"的"天下"相联，此处的"学术"则与"党派"相对而与"国"相应。知识界本不以为"国立化"即"中央化"，更非"党化"——这一区别虽在现实中常常被打破，但在知识人心中仍是异常清晰的。因此，较之其各位前任，程天放是川大校长中最为"中央化"的，却是最不受川大人欢迎的。

值得注意的是，与"国立化"程度的提升和"党化"教育的加强相应，程天放也试图与地方派搞好关系。以向楚为例：他虽是国民党员，但党派色彩不浓，而又为人谦和，社会关系广泛，在地方上声名甚著。② 作为川大元老，他在王兆荣时期一直担任文学院院长，并经常出面与地方当局交涉，多少扮演了一个类似于"秘书长"的角色。到了任鸿隽和张颐时期，文学院院长一直由新派人物担任，向楚在校务活动中也较为沉寂。"拒程运动"开始后，由于要获得地方社会的支持，向楚等人的地位得到"复兴"，往来于各派势力之间，在解决问题的过程中扮演了重要角色。程氏到校后，向楚再次出任文学院院长，并多受倚重：根据档案中所存记录，1939 年 1 月—1942 年 10 月，程天放外出 16 次，其间，校务由向楚代理 8 次之多，占了一半。③ 这应该不是偶然的。

事实上，无论是拒程的一方，还是程天放，大都在四川地方上没什么根基（朱光潜是外省人，就不用说了；董时进虽是川人而长期

---

① 《川大教授文化宣言》，《新民报》（成都版），1938 年 12 月 29 日，第 10 页。

② 据赖皋翔云：向楚品性忠厚，较能容人，誉之者亦有"太邱道广"之叹，贬之者更直称之为"向水漩"，或称"水翁"（《忆向先乔先生》，《赖皋翔文史杂论》下册，张学渊编辑校注，自印本，出版时间不详，第 430 页）。从中可以想见一二。

③ 程天放历次外出牌告，均收在"国立四川大学档案"第 41 卷。

旅外，经历与任鸿隽、张颐相似；就只有一个魏时珍，在川时间较长，社会交往较为广泛)，而他们在向楚这样一位地方贤达身上所看到的，正是这样一种优势。显然，地方社会本身就具有一种象征性的政治潜力("民国"这一国家形象的树立又进一步强化了它的力量)，使其在中央、地方和学术界的竞争中占据了一个超越性的地位。这种潜力当然不一定变为现实，但各方出于与政治有关的目的而对此一非政治性的力量加以有意识的利用，正说明其能量未可低估。

英国人类学家雷蒙德·弗思在研究一些新兴的自治国家时发现，由于许多新政府试图塑造一个与前政权有别的新形象，而导致了传统的复兴。① 向楚的遭遇与此颇有神似之处。程天放相当于"新政府"，任鸿隽与张颐则是"前政权"。也许在地方人士的眼中，他们都是"中央人"，但他们在政治立场上的差异是根本性的——同由"中央"派来，任鸿隽和张颐的效忠对象首先是"国"，而程天放则更多地考虑到"党"，至少，"党"和"国"在他那里是不可分割的。至于向楚，则类似于弗思所说的"传统"的力量。这当然不是说"党"和"地方"之间的配合是实质性的，那也不过是特定情境中的特定组合罢了。但这也证明，国家和地方之间绝非此消彼长的零和关系，要准确理解它们的相处方式，必须将之放入具体语境中，且充分考量那些相关因素的影响。在这个意义上，它不只是两个范畴之间的关系，而是一组范畴之间互动的结果。

四、结　论

川大的国立化进程历时甚长，其间，不管是全国和四川的政局，

---

① ［英］雷蒙德·弗思：《人文类型》，费孝通译，北京：商务印书馆，1991 年，第 6 页。

204/国中的"异乡"——近代四川的文化、社会与地方认同

还是学校的状况，都发生了很多变化。国立化虽是其中的一条主线，但在不同的时间，随着不同的情势，对不同的参与者来说，"国立化"三字的实际意谓并不完全相同，有时甚至可以说是针锋相对。

对于地方政府来说，控制川大，除了可以获得一些实际利益外，更重要的恐怕还是出于掌握"国家"这一象征性资源的考虑，而具体目标又随着时间而变化。1933 年之前，以"国立大学"为表征的"国家"是军人内争的符号资本，谁得到了这一资本，即自认可以名正言顺地号令同侪；1935 年以后，则成为地方与中央竞争的"战场"。对于中央政府而言，1935 年前容忍一所"地方性的国立大学"存在，主要意在维持国家形式上的统一，并向地方宣示"修好"的信息。1935 年以后，川大的国立化则是国民政府乃至国民党势力向地方的延伸。双方策略随着彼此力量的消长而有不同，总体说来是既要维持自己的权力所及，又要给对方留有余地。

关于知识界对国立化的态度，又可以从两个不同视角考虑。一个是"学术—政治"视角——我使用这个概念，指的是学术机构或学者为了维护学术自由而主动或被迫涉足与权力机关的斗争；另一个则是学术和教育本身的视角——这里同样存在着权力关系，它是隐性的，主要与"评判"有关：通过学术界内部的评估机制和利益分配原则，它将不同的学术派别、思想、方法以及学者进行分流，或驱于边缘，或推向中心，从而塑造了某一特定时空中的知识格局。这也是一种政治关系，为了与前者相区别，我们可以称为"学术政治"视角。

这两个层面在川大国立化运动中都有所体现。从"学术政治"视角看，在相当长的一段时期内，四川都被视为一个文化"落后"的地区（参看第三章），这也是促使任鸿隽、张颐等把"现代化"视为一个

主要治校原则的动力。① 其实，这个看法至少是片面的：不同学科领域的情形并不相同。论及自然科学和社会科学，蜀中学人可能真的不行；但说到更传统的文史之学，则完全是当仁不让(参看第二章、第五章)。不过，在文史学术中，蜀人也自成一格，很少为外界知晓；更重要的是，任鸿隽等所着重考虑的，正是川中学者所不大擅长的那一类学问。对于他们来说，"现代化"是将川大地位提升至全国水平的必由之路，但这也造成了学术权力的再分配：如同向楚的例子表明的，一部分传统学者因此被边缘化，而新的学术风气逐渐占据主流地位(参看第五章)。

　　"学术—政治"视角是本章的论述重点。由这一角度看，对许多川大人来说，国立化主要是赢得自主空间和获得某些实际利益(如经费)的手段。因此，随着政治格局的改变，其具体针对的对象也会变化：当中央只是一个遥远象征的时候，它可以为学校提供免于地方威胁的"道义"力量(虽然实际效益也有限)；但一旦它真的"到场"，便很容易蜕变为一种新的威胁力量，地方反而散发出前所未有的魅力。除了现实利益的考虑之外，这背后也受到中国士人传统中"道高于势"理想的深刻影响，这决定了"国立化"作为一种策略，既可是"反地方"的，又可以是"反中央"的。换言之，从权力配置的角度看，"国家"和"中央"之间存在密切关联，但其内在的道义性决定了它并不必然以中央政府为趋归。这一点可以从川大的国立化运动看得很清楚：在这一进程中，中央并不总是被视为"国家"的当然代表者，很多时候，"国家"反成为"中央"、"地方"和知识界争夺的目标。

　　"国立化"是在几个不同层面上运行的，有的属于象征领域，有的则与实力攸关，因而也势必生发出不同的诠释维度：既可以是"全

────────────

　　① 一定程度上，"现代化"论者也包括张澜在内。有关讨论参看王东杰：《国家与学术的地方互动：四川大学国立化进程(1925—1939)》，第58～67页。

国化",也可以是"去地方化",或者"中央化",甚至可能是"党化";换一个角度,也与"现代化"不无交集。问题在于,这些维度之间虽然多少都存在着一定的关联,却又各有其侧重点,也并非彼此都能融通无碍,而更像是一座歧径密布的语义森林。从字面看,离"国立化"最近的就是"全国化";但在制度层面,倒毋宁是"中央化"一词更加本色当行。"全国化"和"去地方化"似乎是一鸟之双翼,实际却未必尽然:"去地方化"可能是"全国化"的必由之路,也可能毫不相干。至于"党化",更是把问题导向一个完全相反的方向。这些概念之间的差异,并不是一开始就那么清晰,而是在川大国立化运动的推进过程中,经由各方力量的撕扯、对抗、角逐,逐步展露开来的——事实上,即便是这一运动的积极推动和参与者,对此也未必心知肚明。

细心梳理此一事件中某些面相,也进一步启发我们对近代中国"国家建设"研究加以反省。许多关注这一课题的学者热衷于采用国家行政力量"基层化"的视角,尤为关注"国家"向地方"社会"的权力延伸过程,其理论前提则是将各级行政力量视为一个整体,均当作国家化身,从而构建出"国家—社会"的二元分析结构。① 在此架构中,"社会"代表着民间或基层的自治力量;二十世纪以来的中国史,则被描述成一个"国家"权力逐级下降,"社会"逐步退缩的过程。这种视角当然不仅仅限于中国史——事实上,它从社会学家如吉登斯等人有关"现代性"的社会理论中汲取了不少灵感;② 也确实可以在二十世纪中国史上找到足够多的证据支持。不过,若我们考虑到某

---

① 参考 Richard S. Horowitz, "State Making Theory and the Study of Modern Chinese History,"《近代中国史研究通讯》,第 19 期,1995 年 3 月;[美]杜赞奇:《文化、权力与国家——1900—1942 年的华北农村》,王福明译,南京:江苏人民出版社,1995 年,第 1~3 页。

② 可以参考[英]安东尼·吉登斯:《民族—国家与暴力》,胡宗泽、赵力涛译,北京:生活·读书·新知三联书店,1998 年。

些以往被关注得不够充分的现象，并试图从中国社会和文化传统出发，寻找新的诠释角度，对此问题的认知或者会更为复杂。

至少有两点值得重视。第一，在传统中国，"官"、"民"之分似比"中央"与"地方"的区别更加重要。后者在现实政治中当然存在，且所谓"藩镇"与"朝廷"的对立或对抗也不是偶一为之，但在理论上思考并进而区分"中央"与"地方"，已经是晚清以后的事了。这里不无吊诡：尽管在十九世纪晚期之前，中国并不存在近代西方那样的国家观念，但将所有的行政层级都笼统视为"国家"的代表，却可能更接近"前现代"的官、民之分；把"国家"正式区别为相对独立的"中央"和"地方"，却是一彻头彻尾的"现代"现象。① 从这个角度来看，"国家—社会"理论与中国"现代史"之间的关联仍需进一步思考。同时，中央和地方在政治生活中的长久冲突，更表明在中国这样一个广土众民的国度中，各级政权的实情与理论上的一体性相去甚远：不同层次的政权并不一定利益一致，更未必都能代表"国家"。在考虑它们的整体性时，更应注意各方从自身立场出发呈现的具体面貌：在很多情形下，他们就只是某一级政府（中央也只是一级政府），而不是"国家"。

第二，中国文化中"道高于势"的传统并没有随着"道统"的破裂

---

① 蒙文通先生有一段回忆，有助于我们对此问题的理解："中国旧日一家之内为私，一家之外即为国，国谓之公。旧日人民纳税，由一家输之一国，即合私以为公。自清末规仿欧洲之政，地方自治一名予以树立，非不理论辉煌足观，而地方税与国家税一名词亦相因而至。于时老师耆旧，皆惶然莫解，不知二者究如何划分。此无他，公之中复有私，固非中国数千年传统文化之所有。一朝突至，宜其扞格不能入，是不得以此为老师耆旧之不智也。"（《地方之分化与民主政治之前途》，原载《怒潮月刊》1946 年第 5 期，收在《蒙文通全集》第 6 卷，成都：巴蜀书社，2015 年，第 216～217 页）蒙先生这里是从昔人所谓"大一统"的角度思索此一问题的，故特别注意到"地方"乃是一个新概念。需要指出的是，这里和前面所云前近代更为通行"某省某县人"的认同一说并不矛盾：盖一侧重于政治体制角度，一侧重于社会心态角度；一个针对的是"中央"，一个针对的是"中国人"。本非同一问题也。

而彻底消失，相反，它通过对"学术自由"等西来观念的渗透，仍在发挥力量。在这一视角下，"国家"并不是一个行政操作单位，而独立于中央和地方这样一些层级划分之上，具有更加超越性的地位。因此，虽然"地方割据"的现实迫使中央作为"国家"的代表者而受到知识界的拥护，但此一身份仍需经过道义考量，在有些情形下，"中央"不但不能代表"国家"，甚至被视为一种破坏性力量。就此而言，川大国立化的诸种维度之间的错综关联，提示我们必须将"国家"这个概念放入更为细致、具体而变动的语境中，才能解释其中蕴含的多种可能。

第五章 机构与学风：民国时期
四川大学历史学科的发展

民初蜀中天才学者刘咸炘认为，治史重在"观风察势"，所谓"风"又分"时风"与"土风"两面。① 一时一地，各有其独特风习；时过境迁，便不免风气更易。"风"无形象可见，但有形态可寻，由其带动所及，草上林梢，皆可想见其力道走向，感觉其寒暖燥湿。流风散播，全不为物拘囿，然而有形的格局，亦常成一种制约力量，其势之强，足以易俗移风。政治、社会、学术，莫不如此。

本章的目标是从学术机构视角观察民国时期蜀地学风之变。如前所述，近代"蜀学"的兴起，对十九世纪晚期的四川学界造成了深刻影响（参看第二章）。如果说这主要还只发生在一个地方性场景中的话，那么，与此同时，整个中国学术界的激急动荡，也使其流风所掠之处，无不笼罩其中。而当本章大幕拉开的时候，"西学"已经稳占主流，迫使"中学"亦不得不"洗心革面"，否则即似难以与西学分庭抗礼。这其中一个重要动力来源和施行渠道，就是新的专业性研究机构（大学和研究院）。通过资格审查、规范拟制、资源分配、人才培育等途径，这些机构型塑了特定时空下的学术面貌；而这些

---

① 略见刘咸炘：《中书》，《推十书》第一册，成都：成都古籍书店，1996年，第19页。近年来王汎森教授对此一概念做了不少富有启发性的阐释，参看《执拗的低音：一些历史思考方式的反思》，北京：生活·读书·新知三联书店，2014年，第172～205页。

因素本身,又受制于一个更为广大的历史进程。

我们已经描述过二十世纪二三十年代四川大学国立化运动与全国性政治格局以及地方社会之间的频密互动(参看第四章)。这里,我们把目光转向川大内部,特别聚焦于历史学科,以从更微观的角度探索国立化对蜀地学风的影响路径。简单来说,在三十年代中期以前,川大史学研究的风气,自觉保持了与由新文化人主导的主流典范(paradigm)的距离。① 不过,随着国立化的切实推进,川大史学系的人事构成与学术风格也发生了醒目变化,不但使我们再次看到学术与非学术力量的纠缠,而且提示了"地方文化"是怎样在外来因素作用下,不断实现自我更新的。

一、学科肇建

(一)从课程到科系

由于资料遗存有限,目前尚难以较为详尽地讨论历史学在川大早期阶段的发展情况。惟可以肯定的是,作为近代新式教育体系的

---

① 这里的"典范"一词关注的是不同学术流派与学人的学术风格;于历时性的典范更替之外,更有并存融会的一面。同时,我使用的"中心"与"边缘"、"主流"与"非主流"等概念,也是描述性而非评价性的(其含义可参考王汎森:《傅斯年:中国近代历史与政治中的个体生命》,王晓冰译,北京:生活·读书·新知三联书店,2012年,第111页注释2)。简单地说,"中心"或"主流"指那些掌握了最重要的学术资源和最具影响力的学术人物、流派和机构,"边缘"或"非主流"则恰好相反。但"中心"未必高明,"边缘"也不一定就真的落后(参看第二章)。具体来说,所谓主流派特指由胡适、傅斯年等人倡导的实证主义史学风气。但这一区分落实到具体学人身上,仍有模糊性。通常所谓民国时期的"新史家",大多指主流派,但某些处于"主流"之外的学者如本章提到的李思纯等,显然不能说是"旧史家",这也是要注意的。

一部分，历史学首先是作为一门课程出现的。① 1902 年开设的四川高等学堂即要求优级师范科的学生入校先学习包括外国历史在内的公共科。1908 年，该校正式开办正科，其中的"一部"即文科部开设了中国历史、外国历史两课，中国历史讲授明清史，外国历史由日本教习担任，讲授罗马史和上古史。1905 年成立的四川通省师范学堂中，也开有中、外历史课程。②

在 1910 年创办的四川存古学堂中，"史学"是与"经学"、"词章"并列的三科之一（1918 年改名为"历史科"）。当时担任史学正教员的是杨赞襄。从遗留下来的少量资料看，从 1910 年到 1911 年底，该科学生除了主修史学外，尚须修习词章、理学、地理、算学、篆隶、书画、品行等课程。③ 存古学堂史学科的设立是历史学在川大成为一门正式学科的开端。不过，这种三科体系并非四川存古学堂所特有，而是全国各存古学堂的惯例。就名目看来，史学主要是作为"国学"的一部分而成立的；但其具体内容如何，是否已具有近代形态，由于材料缺乏，目前尚难判断。

辛亥革命后，四川高等学堂停办，通省师范学堂几经波折，改名为国立成都高等师范学校，属于教育部划定的六大国立高师之一。

---

① 就全国来看，多数大学的历史学系是在二十世纪二十年代以后设立的。北京大学于 1917 年组建史学系，是国内出现最早而影响较大的史学系。参考刘龙心的论文《学科体制与近代中国史学的建立》，收在罗志田主编：《二十世纪的中国：学术与社会（史学卷）》下册，济南：山东人民出版社，2001 年，第 542～543 页；以及她的专著《学术与制度：学科体制与现代中国史学的建立》，北京：新星出版社，2007 年。相关情形并参考陈以爱：《中国现代学术研究机构的兴起——以北京大学国学门为中心的探讨（1922—1927）》，台北：政治大学历史学系，1999 年。

② 四川大学校史编写组：《四川大学史稿》，成都：四川大学出版社，1985 年，第 20、23 页。

③ 有关存古学堂史学科，参考郭书愚：《清末四川存古学堂述略》，成都：四川大学硕士学位论文，2002 年，第 106、108 页。

按照教育部规定，1916 年 7 月，成都高师增设史地部，但实际上并未开办。不过，国文部、英文部都开设了历史课程。以 1918 年为例，国文部所开为中国史（教员为祝同曾）、东亚史（教员为刘冕，并讲授心理学），英文部所开为西洋史（教员为卢观泰，并教授英语）。1923 年春，中国史教员仍为祝同曾（1884—1941，字屺怀），外国史地教员为肖汉勋、彭昌南，肖氏并教授人类学课程。① 这年春天，国文部改名为文史部，从科系设置上确定了历史学的地位。

由于仅仅作为课程存在，历史学不可能获得太大发展。从教师情况看，中国史教员杨赞襄、祝同曾在当时的四川教育界较有影响，但并未获得全国性声望，至于几位外国史教员，则即使在川内也不甚知名。比如刘冕、卢观泰二人，恐怕便是修习心理学（或教育学）、英语等专业的留学生，历史仅是兼任。这种情况在当时师资匮乏的情况下是比较常见的，也在一定程度上表现出，现代意义上的历史学在四川的发展水平不高。不过，随着时间推移，史学教师的专业化程度也慢慢地得到提升。1923 年春的材料显示，卢氏已专任英语科教员。肖、彭二氏的情况虽不得而知，但肖氏兼授人类学，至少在学科上离历史学更近了一步。

1924 年夏，成都高师预备升大，设立了首批 10 个系。作为其中之一，历史学正式成为独立的学科建制单位。二十年代中期，成都高师的大学预科独立组建为国立成都大学（参看第二章），史学系的建制得以保持，并获得了初步发展。1929 年该系人员构成情况如下：系主任叶秉诚（1891—1968，名茂林，以字行。四川罗江人。前清举人，曾任四川省立优级师范学校史地科主任，教授中国通史），教授何鲁之（1891—1968，四川成都人。巴黎大学文科硕士。讲授西洋古代史，代系主任）、刘掞藜（1899—1935，湖南新化人。东南大学毕

① 四川大学校史编写组：《四川大学史稿》，第 36、37、96 页。

业，历任河南中州大学历史教授、国立武昌中山大学历史社会系主任，讲授中国通史)、洪承中(安徽寿县人。美国西北大学文学士，曾任厦门大学史学系教授，讲授欧洲中古史)、张大龢(字仲和，以字行。四川华阳人。北京高师毕业，历任朝阳大学、北京师范大学、国立武昌高师、河南中州大学、广州中山大学历史、地理教授，讲授东洋史、地理学。其时出版有《西史纲要上卷》))。① 张森楷、祝同曾亦曾在该系担任教授，分别讲授历史研究法和中国通史课程。

　　1927 年 6 月，成都高师升格为国立成都师范大学。1929 年设立了史学系。李思纯(巴黎大学文科毕业，柏林大学史学研究所研究一年，历任东南大学教授、四川省立外国语专门学校校长、北平师范大学讲师等)、祝同曾等为系主任。②

　　在专业人才培养和教学方面，1929 年成大史学系的课程设置情况如下：必修课包括中国通史、西洋通史、东洋通史、中国史学、历史地理学、中国法制史、中国政治史、中国哲学史、西洋哲学史、中国外交史、世界外交史、西洋文化变迁史、史学原论及研究法、历史哲学、历史目录学。选修课包括：社会心理学、人类学及人种学、古生物学、历史地质学、金石学、统计学、中国民族史、中国经济史、西洋经济史、中国文学史、西洋文学史、中国美术史、欧洲美术史、欧洲政治史、欧洲社会运动史、印度史、希腊史、罗马史、英国史、日本近世史、法兰西革命史、俄国革命史、世界革命史、世界大战史、欧洲文艺复兴史、帝国主义侵略史、史学名著研究(其中又含中国古典史学名著和"世界新史学"名著。中国史著包括前四史、《元史》、《明史》、《通典》、《通志》等，学生须做提要)。史

---

　　①　《国立成都大学一览》，成都：国立成都大学，1929 年，第 7～8 页。
　　②　《国立成都师范大学概览》，成都：国立成都师范大学，1930 年，第 14～16 页。

学系要求学生除必修课外，每学期至少选修五门以上。①

　　成都师大史学系在课程方面也和成大史学系差不多。惟必修课中将东洋通史改为东亚各国史、西洋文化变迁史改为西洋近代文化史、中国外交史改为中国近代外交史、世界外交史改为世界近世外交史，添设中国近代文化史、中国现代法制史、考古学、世界现代史和师范院校必修的历史教学法，将成大选修的社会学、人类学、中国民族史、中国史学名著研究等科目改为必修，将成大必修的中国政治史改为选修。师大的选修课没有成大丰富，除了与成大重合的课程外，还开设了中外交通史、史前史、西洋法制史、美国史、小说史、殷墟文字研究等课。②

　　从两校课程体系来看，必修课除了通史外，极重专门史（尤其是当时所谓"文化史"）。另外，有关历史学的基本理论和工具性的课程至少有三（史学研究法、历史哲学、历史目录学，史学史亦与此相关）。

　　另外一个值得注意的现象是，当时国内不少大学的史学系都开始组建专门性的研究团体，出版专业刊物。成大在这方面不后于人，也有"史学研究会"和《史学杂志》之设。《史学杂志》第1期出版于1929年7月，然无后续。杂志所刊均是成大史学系师生的作品，因此，为我们分析此一时期成大史学系的学术路向提供了宝贵的资料（详下）。

（二）二十年代的人员结构与学术风格

　　就名单来看，历史教员的专业化程度显然较二十年代初要高得

---

　　①　《国立成都大学一览》，第51～56页。
　　②　《国立成都师范大学概览》，第41～45页。

多。细分起来，则主要由两类人员构成。第一类是近代"蜀学"传人。① 李思纯曾说："晚近蜀人以史学鸣者"，有张森楷、杨赞襄、叶秉诚、祝同曾等人。然张氏"雄豪，非儒者象"；杨氏"早卒，学亦未精"；叶氏"从政，多亲世务"。惟自己和祝氏"充实光辉，萃然君子"。② 这当然只反映李氏个人看法，且涉及人品、性格，非仅就学术造诣而言，不能视为确论；但也基本可知，在"外来"学者大规模进入四川之前，张、杨、叶、祝诸氏在地方学术界较有声望，而均参与了川大历史学科的发展。

在这四位中，张森楷最为长老。1879 年，尚在锦江书院就读时，张氏就开始了学术研究，一生有著述 27 种，包括经学、小学等方面，而尤以史学著作为多，其中用力最大的为《二十四史校勘记》337卷、《通史人表》296 卷、《史记新校注》133 卷等。张氏治史，盖从校勘学入，曾云："整齐故事，谠正文字，诚治史者入门关键。"其从事史学研究之初，"即发起地理、人物两大纲，作为史学校勘着手的基础"，后乃专事人物。《通史人表》一书，参考《史记》、《汉书》表例，"以年为经，以事为纬"。其取法《汉书》人表，又变班书之九等为十六目，将分类标准由人物臧否改为更客观的"名位"。该书参考书目不下千种，被罗振玉等称为"孤学"与"独创"之作。其《二十四史校勘记》则被中华书局《二十四史》点校本采纳多条。③

张森楷在川大任教的时间不长，更具代表性的是祝同曾。他毕业于四川高等学堂，清末加入同盟会，身与革命。民国成立后投身

---

① 有关"蜀学"概念的讨论可参考第二章。此处所谓"蜀学"传人取其最广义定义，指由晚清民初的四川学界培养出来的学人。

② 李思纯：《祝屺怀先生事略》，《国立四川大学校刊》第 11 卷第 9 期，1941 年 12 月 1 日，第 6 页。

③ 本段参考刘放皆：《著述等身的历史学家张森楷》，收在四川省政协文史资料研究委员会、四川省文史馆编：《四川近现代文化人物》，成都：四川人民出版社，1989 年，第 98～108 页。

教育，历任四川各地中学历史教员、省立第一师范学校校长等，在川大教授"中国通史"课程，直到 1941 年辞世。时人谓："川中习中国史者，无不出自先生之门。"①可见其资历之老。李思纯说祝氏学术如下：

> 凡诸名物典制政俗，所以兴废存亡之故，口诵□持，援据详要，沉酣其中。其治史以烂熟正史为务。壮年点读廿四史，多过于诸史纪□，强半成诵。尤当熟诸史异同，明其得失……条分缕析，言之历历，其发现有远的［过？］于王应麟、王鸣盛、赵翼之外者。每升座授课，言辞风发，引证繁博，诸生耳受笔追，苦不能尽。愚常读《史通·曲笔》篇中，有"秦人不死"句。注云：未详。质之先生，应声曰："见《洛阳伽蓝记》。"其强记如此。②

曾在成都高师受教的姜亮夫先生也回忆道：祝氏讲《中国通史》，"经常用《通鉴》、《二十四史》、《六经》的材料。而且祝先生都是成篇地背。我们只来得及写书名和篇名"。③ 至其著述，据李思纯所列有三：一是《通史》，但只写到五代；二是《律音义跋》，考证江苏局刻《唐律》附影宋钞《律音义》不出于北宋大圣本；三是据《朱子年谱》、《宋元学案》、《齐东野语》等材料写成，以补《宋史》不足的《唐仲友事略》。此外，并"哀集诸史中蜀獠乱事"数十条，"拟为文论之"，然无存稿。④

---

① 《史学家祝屺怀先生逝世》，《国立四川大学校刊》第 11 卷第 2 期，1941 年 10 月 1 日，第 6 页。
② 李思纯：《祝屺怀先生事略》，第 5 页。
③ 姜亮夫：《忆成都高师》，收在王元化主编：《学术集林》第 2 卷，上海：上海远东出版社，1994 年，第 275 页。
④ 李思纯：《祝屺怀先生事略》，第 6 页。

无论著述丰俭，张、祝等人的学术风格与二十年代以后国内的史学新典范显然有很大的距离，其共同特征是：

1. 重视正史。他们二人都周览"二十四史"，治史均自文献学入手。从内容上看，张氏的历史校勘学、祝氏对诸史异同的考辨等，均沿袭了清代以降的学术问题，而与新史家旨趣迥异。1938年2月，陈述（1911—1992）曾在致傅斯年的一封信中谈到，自己经过在史语所的半年学习，"略窥老旧史家与今日史家之异趣，似旧日多以书为本位，现代则多重历史问题"。① 可谓片言居要。而张、祝诸氏所做，确是"以书为本位"的学问。

事实上，祝同曾对于自己和新史家的风格区别不无自觉。李思纯谓，祝氏于"晚近"史家"或好征引杂书小记，以疵疑正史；或专攻史中细端，自翘□为专家，而不读全史"的风气颇不满意：

> 先生之言曰：正史固不足全信，然杂书小记之未经审考，其不足信，乃较正史尤甚。取以致疑正史，未见其可。又必熟读全史，乃可专研其中某篇。若徒炫新奇，专攻枝节，而昧于全史，亦非求真之道。又云：正史未得真相，不妨博求例证；其已□真相者，不宜妄疑，□欲推倒。居常每举荀子"信信，信也；疑疑，信也"，以教学子。盖其不妄信妄疑，真符于近代史家所谓科学精神。②

此论与当时处在主流之外的一大批学者对所谓新史学的批评同

---

① 陈述致傅斯年，1938年2月25日，转引自陈雯怡：《从"以书为本位"到"历史问题"的探索——陈述在史语所时期的学术发展》，收在杜正胜、王汎森主编：《新学术之路——"中央研究院"历史语言研究所七十周年纪念文集》下册，台北："中央研究院"历史语言研究所，1998年，第508～509页。

② 李思纯：《祝屺怀先生事略》，第5～6页。

声共气。① 李思纯本人当然也持同样立场。值得注意的是,他所翻译的法国史家朗格诺瓦(Ch. V. Langlois,1863—1929)、瑟诺博司(Ch. Seignobos,1854—1942)的《史学原论》是一部实证主义史学理论名著,在观念上与傅斯年提倡的学风同出一源。② 但在这里,李思纯盛赞祝氏的做法才合乎真正的"科学精神",实际却直指高唱"怀疑精神"的新史家乃是"妄疑",并"不科学"。

2. 崇尚淹通博雅。张森楷说,自己"读儒先所称天人性命诸学说,多格格不能入,独于古人行事与其时之典章制度,暨其国家废兴存亡之迹,每一关览则为之心开,或废寝忘食以终穷其究竟"。因而,"当吾蜀经学方盛时代,而森楷以专门史学特闻"。③ 其所云"经学",应特指廖平一路的今文传统,而不是考据学意义上的经学,盖张氏的学问门径即出于后者。另一方面,就史学本身而言,张森楷和祝同曾所治均不限于断代,大抵均属严耕望所谓"博通"一路,与

---

① 关于民国非主流学者对于"新史学"的批评,参考罗志田:《史料的尽量扩充与不看二十四史》,收在《近代中国史学十论》,上海:复旦大学出版社,2003 年,第 83～126 页;王汎森:《价值与事实的分离?——民国的新史学及其批评者》,收在《中国近代思想与学术的系谱》,台北:联经出版事业股份有限公司,2003 年,第 446～459 页。王先生在文中认为,民国时期对新史学的批评主要来自传统派史家和左派史家。不过,像李思纯、何鲁之等人,则既非传统派,也非左派,实际是另外一支。

② 黄进兴:《中国近代史学的双重危机:试论"新史学"的诞生及其所面临的困境》,收在《圣贤与圣徒》,台北:允晨文化实业股份有限公司,2001 年,第 30～31 页。

③ 张森楷:《〈二十四史校勘记〉序例》,收在唐唯目编:《张森楷史学遗著辑略》,重庆:西南师范大学出版社,1998 年,第 55 页。

新史家"仄而专"的研究取向格格不入。①

事实上，尽管历史学自1924年就独立设系，但对更老一辈学人而言，恐仍很难将之与"国学"区分开。姜亮夫回忆道，廖平二十年代初曾谓国学"以历史为基础"，经学"以哲学为基础"。② 这是廖氏区分经学与史学的一贯路数。不过，到了二十年代，所谓"经学"的很大一部分也很难和"经学史"分开，而成为廖氏所谓"国学"的一部分。由于"国学"是一极具包容性的概念，因此，如将眼光扩大到史学系之外，不少学者所做均可归入广义乃至狭义的史学范围。以当时在成大、成师大中文系任教的几位学者为例：蒙文通先生后以史学名家，暂且不论。吴虞、伍非百（1890—1965）等治先秦诸子，固可算入其时正风行的"思想史"或"学术史"一路。庞俊后来写有《吃菜事魔与墨家者流》（发表于1945年）等论文，且有《宋人亲党考》的著作计划（未完成），③ 其晚年所著《养晴室笔记》三卷，搜集了不少有关唐、宋、明、清代社会史的资料，如"宋代官吏休假"、"明代士人演戏"、"唐代米价"等，篇幅约占全书的三分之一稍强。④ 龚向农主治经学史，而所著《旧唐书札迻》与张森楷的《二十四史校勘记》一样，

---

① 严耕望曾说："近代史学风尚，偏向尖端发展，一方面扩大新领域，一方面追求新境界。这种时尚，重视仄而专的深入研究与提出新问题，发挥新意见，对于博通周赡但不够深密的学人就不免忽视。"（《治史答问》，收在《治史三书》，沈阳：辽宁教育出版社，1998年，第182页。）当然，"博"与"专"乃相对之辞；而新旧史家在这方面的变化，亦是随学者代际更替而逐渐明朗的（同代学者中仍有个人差异），直到二十年代末成长起来并得到主流学界认可的陈寅恪、陈垣等，也都明显具有"博通"一面。

② 姜亮夫：《忆成都高师》，第274页。

③ 屈守元：《对古典文学批评具有卓识的庞石帚》，收在四川省政协文史资料研究委员会、四川省文史馆编：《四川近现代文化人物续编》，成都：四川人民出版社，1989年，第78页。

④ 庞俊（石帚）：《养晴室笔记》，成都：四川文艺出版社，1985年。

亦属史籍考订性质,不少条目被中华书局标点本《旧唐书》引用。①
刘咸炘在担任成大中文系教授的同时,尚在公立四川大学教史学;②
而他根本就把自己的全体学术用"史"之一字概括(惟其所谓"史学"与
一般理解的不尽相同,包括了"社会科学"在内)。③

　　二十年代学界本有不少人认为所谓"国学"即是"史学"("中国文
化史"、"中国古代学术思想史")。④ 但事实上,"国学"包含的小学
等内容,即使采取广义的"史学"概念,似也难以包含。不过,中国
传统学术崇尚"通人",本与近代学术分科相参差。在中国的大学科
系体制中,国文系或中文系是唯一以"国"为学科分界的科系,故也
最具伸缩性。在史学系未独立设置以前,有关的研究通常均在国文
或中文系里。新文化运动后,随着各大学史学系的成立,狭义的"史
学"与包括了广义的"史学"在内的"国学"在学科建制上得以分离(但
学人的实际研究则未必),新史家大都进入史学系,而治学风格更
接近于"国学"的研究者多数仍留在中文系内。因此,一方面不妨说
史学系与国文系的分化是史学学科制度化的重要表现,另一面也不
宜将史学史的研究范围仅仅局限在史学系中。

　　3、留意乡邦文献之学。传统读书人对乡邦文献之学均有浓厚兴
趣,地方志的修纂也常常得到他们的支持。事实上,至少在清代学
者眼中,编写地方志是一项重要的学术活动,且并不限于本乡。因
此,不少人如章学诚(1738—1801)、段玉裁(1735—1815)等,都曾

---

　　① 唐振常:《忆舅文——记一代经学大师龚向农先生》,收在《往事如烟怀
逝者》,上海:上海人民出版社,1990 年,第 31 页。按《旧唐书札迻》仅系龚氏
乙部之学遗留下来的一种。

　　② 黄稚荃:《向楚对辛亥革命及教育学术之贡献》,收在《杜邻存稿》,成
都:四川人民出版社,1990 年,第 227 页。

　　③ 刘咸炘:《中书》,第 32 页。

　　④ 有关论述参考罗志田:《国家与学术:清季民初关于"国学"的思想论
争》,北京:生活·读书·新知三联书店,2003 年,362~363 页。

编写过地方志，章氏且对地方志的编纂理论有过重要思考。但二十世纪中，除了最初的几年，由于受到地方自治思潮的影响，曾经兴起过一个编纂乡土教科书、乡土志的高潮外，以近代专业史家自居者通常并不参与这一工作；而蜀地的几位名学者则亲与其役，在这方面贡献颇多。如张森楷晚年以五年精力完成《合川县志》77 卷，祝同曾也撰写了《华阳县志》"疆域"、"纪年"部分，"山川"、"水道"诸篇亦多经其裁覆。在史学系之外，中文系教授林思进有《华阳人物志》，[①] 刘咸炘有《蜀诵》和《双流足征录》。向楚主编、向宗鲁等人编纂的《巴县志》更因体例"因时制宜"，增补了交通、农、工、商业、军警、交涉、物产、市政、蜀军始末等内容，详尽记载了晚清以来以至抗战时期的重庆社会风貌，而备受称道。向楚说："昔章学诚氏谓方志之作，原以备国史要闻，当用史法行之。又论文士撰文，惟恐其不自己出；史家之文，惟恐出之于己。故各篇增补搜集，于本末沿革，诸所引据，尤兢兢焉。"[②]可见其心得所自。四十年代，成大中文系毕业生赖皋翔写下《方志论》五篇，从体制、采择、编撰等方面对地方志做了全面探讨，涉及一些重要的理论问题，[③] 也可以看作此一学脉的延伸。

　　蒙文通认为，从地方志的兴衰中可以看到整个史学乃至学术全体的命运。两宋学术盛而地方志亦盛，"自明以下，史学衰而方志之义遂晦"，到了清代，则"更未知方志之有学"。即使是以史学名家的

_____

　　① 林思进：《华阳人物志》，《华西学报》第 1 期，1933 年 9 月；《华阳人物志世族表》、《华阳志总分诸序》，《华西学报》第 2 期，1934 年 6 月。按《华西学报》系华西大学中文系所办，该系主持人多为蜀学耆老。此处所引诸文均被放入"文史部"，是这些老辈学者所持"文史之学"观念的反映。
　　② 向楚：《重修巴县志叙》，《国立四川大学文学集刊》第 1 集，成都：国立四川大学中文系、文科研究所，1943 年，第 3 页（篇页）。
　　③ 赖皋翔：《方志论·序》、《方志论·编撰》，均收在《赖皋翔文史杂论》上册，张学渊编辑校注，自印本，出版年份不详，第 152～173 页。据整理者张学渊先生按语，此稿已大部散佚。

章学诚，论方志亦"仅琐琐于记注之规，若撰述之事于方志无所涉，是固不足以窥宋人之门径也"。是则方志非小，亦著史也。他并引用刘咸炘《蜀诵》中的话："方志自有方志之精神，与国史异也。向来于方志，上视为国史横剖之一部分，以为方志不似一代，无所谓自成面目者。吾今以土俗贯论，豁然无碍，乃知方志与国史各有一贯"。蒙先生云："夫区域之史，犹之一民族之史"，当"有其各具之性格"。蜀地"社会发展之迹，时之先后，固有大异于中原者"，史家所应着目。① 蒙文发表于二十世纪五十年代，然《蜀诵》写于二十世纪二十年代中期，② 可知此时刘氏已超出通常所谓"地方志"的见解，走向了更重区域特色的"地方史"。③

　　第二类学者包括何鲁之、刘掞藜、李思纯等人。他们或是留学生，或在国内受到较为完整的史学训练，属于新一代学人（非指年龄而言），其专业化程度较前类学者更高。大体说来，这批学者也有两个特点。

　　1. 对新文化运动持保留或批判态度。何鲁之、李思纯均是留法学生，多少受到了其时欧陆人士的影响，不大看得起美国文化风气——而这正是新文化运动的重要源头之一。他们个人的思想取向，也似更接近于一般所谓的"文化保守主义"者。具体而言，何鲁之是国家主义者，青年党的创始人之一。李思纯曾执教于以反新文化运动者聚集而闻名的南京高师（后来相继改为东南大学、中央大学），接近《学衡》派，与王国维、吴宓（1894—1978）、陈寅恪（1890—

---

　　① 蒙文通：《〈华西大学图书馆四川方志目录〉序》，收在《〈古地甄微〉《蒙文通文集》第4卷），成都：巴蜀书社，1998年，第107～108页。
　　② 据刘复生教授手抄《蜀诵》，其《绪论》写于"丙寅十月十三日"，应即1926年。
　　③ 在此一意识的引导下，表彰"蜀学"也成为这批学者的特点之一。详见第二章。

1969)等均有交往。① 刘掞藜本来即是所谓"南（京）高（师）学派"的传人，在学术界因最早(1923 年 5 月 13 日)发表对"古史辨"的批评一举成名。② 李、刘二位都和南京高师有关，并非偶然。事实上，成大史学系的人事、学风等与"南高"学派有着密切联系，而由"南高学派"学人主持的南京中国史学会所办《史学杂志》第 4 期(1929 年 9 月 1 日出版)也刊发了成都大学出版的《史学杂志》第 1 期要目，正反映出这些学人之间的同声应和。

何鲁之于 1928 年 3 月起接替叶秉诚，担任了成大史学系代主任一职。③ "三大"合并后，又成为国立四川大学史学系首任主任。1931 年 12 月，在文学院讨论课程标准制订时，有人指出："近来国内各大学对于教学目的各有不同，故于规定课程亦因之而异"。以史学系而言，就有两种不同的路数："一为偏重历史整理方面，北平各大学每系如此；一为注重历史智识之研究，中央大学、东北大学即系如此"。对此，何鲁之提议，史学系应侧重"对史学上之智识之研究"，盖"能研究中外各国历史有心得者，不难为整理旧史之人才。故本系宜以养成研究史学之人才为主"。④ 按何氏所说"历史整理"，即当时一般所谓"新考据学"，更强调纯学术的专业研究，是学术界的"新"派，主要分布在北大、清华、中央研究院历史语言研究所等

---

① 参考李德琬的三篇文章：《鱼藻轩中涕泪长——记李哲生一九二六年晋谒王国维先生》，收在王元化主编：《学术集林》第 11 卷，上海：上海远东出版社，1997 年，第 27～29 页；《记陈寅恪遗墨》，收在王元化主编：《学术集林》第 13 卷，上海：上海远东出版社，1998 年，第 1～7 页；《吴宓与李哲生》，《新文学史料》2002 年第 2 期。

② 刘掞藜：《读顾颉刚君"与钱玄同先生论古史书"的疑问》、《讨论古史再致顾先生》，均收在顾颉刚编：《古史辨》第一册，北京：朴社，1926 年。

③ 《历史学中国文学两系主任之变更》，《国立成都大学校报》第 14 期，1928 年 5 月，第 2 页。

④ 《文学院二十年度第一学期第一次教务会议录》，1931 年 12 月 23 日，收在四川大学档案馆藏"国立四川大学档案"第 202 卷。

单位；中央大学和东北大学的主导风气，则强调历史应有其独特的社会价值，即何氏所谓"历史智识之研究"，从中国传统史学观念中汲取了甚多营养，在当时属于"旧"派。何鲁之显然对后者抱有浓厚的同情。重要的是，此一教学原则一经确立，便在很大程度上决定了此后若干年内川大史学发展的基本路向，包括教师的选聘和学生的培养等，都要围绕这一目标进行。

2. 注重史学理论的探讨，强调史学"智识"的重要性。虽然倾向于"文化保守主义"，但他们也非常热衷于引进和介绍当时欧、美的"新史学"理论。其中都是比较流行的，一本即是由李思纯翻译的《史学原论》，另一本是由何炳松（1890—1946）翻译的美国学者鲁滨孙（James Harvey Robinson，1863—1936）所著《新史学》。虽然李思纯就任教于成大，但从 1929 年《史学杂志》上发表的一些理论性的文章看来，鲁滨孙"新史学"对该校师生的影响似乎还要更大些。刘掞藜所写《发刊词》就数次征引鲁氏观点，而另一篇专门论述近代西洋史学观念变迁的文章指出：十九世纪以后，由于自然科学的发展，"向之以哲学之演绎而肯定史观之计划"，逐渐为"新兴之'史实的解释'（interpretation of historical data）所代替"，要求史家"根据过去之事实以说明现在，根据现在之事实以预测未来，利用各种新科学之智识及科学上之归纳方法"，以使史学科学化。其中又可分作八派，而最具代表性的是"历史之社会心理的解释"。此派认为："凡限于一种范畴以内之原因，决不足以解释历史进化之一切状态及所有之时期。无论何时代之历史进化，仅能于该时代之社会心理中求其解释。史家之职责，即在对于社会心理之成因，加以研究、发现、评价，及说明之工作。"而鲁滨孙正是此派的代表之一。①

----

① 诚中：《史学观念之变迁及近代史家对于历史之解释》，《史学杂志》（成都大学史学研究会）第 1 期，1929 年 7 月，成都：成都大学史学研究会出版，第 10~15 页。

当时的主流派所拥护的"新史学"和非主流派致力的"新史学"之观念异同，并非本文所关心的课题。① 此处要指出的是，非主流派极为肯定"通识"在史学研究中的重要地位。他们强调，过去与现在并非渺不相涉，不可将历史事实做孤立考察，而应注重其连贯性。史学的意义也不仅是对孤立课题的解决，而尤体现在对现实的启示意义上。刘掞藜强调："治史所以明过去而知现在，利用过去以了解现在，而谋有以应付现在。"因而，他主张成大史学系应培养"创造历史"和"研究历史"两类人才，二者又密不可分。② 主流派史家则更强调实证性的问题研究，"对于带有主观价值色彩、道德教训意味，甚至通论色彩的东西都相当不以为然"，③ 自然不会认可培育"创造历史"的人才一说。这一差异也可以简洁地归结为何鲁之所说的"历史智识"与"历史整理"的对立，且恐怕这正是两派学人差别最大的地方。不过，在尽量扩充史料、对材料加以客观辨析，乃至多元史观等方面，双方的距离实际恐怕并不一定如一般想象的那样遥远。

就此而言，在成大、成师大乃至三十年代初的国立川大史学系中占主导地位的史学理论，与中国传统史学颇有契合之处。李思纯在二十年代初即指出，刘知几（661—721）、章学诚的著作所"探讨之道，辨晰之事"，与西方哲人所说"合轨符辙，无有异致"。具体而言，在"史料之搜集"、"校雠考证"、"纪载之真实"等问题上，中国传统史学与《史学原论》相合者各有四点；在"历史鹄的"、"文章体式"等主题上，相合者各有一处。只不过《史学原论》较刘、章二氏的

---

① 有关讨论可参看桑兵：《晚清民国的学人与学术》，北京：中华书局，2008年，第17～69页。需要说明的是，为了区别起见，如无明确界定，本文的"新史学"或"新史家"主要指主流派而言。

② 刘掞藜：《发刊词》，《史学杂志》第1期，第4页。

③ 王汎森：《价值与事实的分离？——民国的新史学及其批评者》，第426页。

讨论更为全面而已。①

　　刘咸炘、蒙文通等均受到章学诚启发，而章氏在近代以来尤以"理论"思维知名。萧萐父(1924—2008)注意到，刘咸炘的著述"多为史学理论及史学史、历代史学述评"方面的，"'史纂'、'史考'之作并不多"。② 蒙文通的史学论著则以研究具体问题为主，但背后亦有更上一层的追求。他尝自言："几十年来，无论是讲课、写文章，都把历史当作哲学在讲，都试图通过讲述历史说明一些理论性问题。……丁山说：'你每篇考据文章都在讲哲学。'这里虽显有推崇之意，却也符合实际。"③丁山(1901—1952)三十年代中期亦曾在川大史学系任教，能够敏锐地觉察此点，正可见"惺惺相惜"之处。

　　而不少"传统"学者对于新的社会科学也颇为关注。刘咸炘以"史"之横说即为"社会科学"，便颇见及二者在寻求"历史智识"方面的共同点。同样，叶秉诚也运用"历史之社会心理的解释"，发挥刘知几、章学诚学说，谓章氏的"史德"说已较刘说进步，"顾其所谓史德者，不过关于著书者之心术纯驳而已。此乃文史之心，非史心"。而历史实"即古今人类社会的心理表现"，一切历史现象"皆由社会之心理递演错综，而后形成种种之现象"，"故历史的心，在全体社会；而社会心理学，实为研究历史进程之要素"。这种"心"，叶氏称之为"历史客观之史心"。

　　在此基础上，更有"历史学上主观之史心"：

　　　　故历史学家之天职，不在恃凭一己之理想，以成一家之著

　　① 李思纯：《译者弁言》，收在朗格诺瓦、瑟诺博司原著，李思纯译述：《史学原论》，上海：商务印书馆，1931年(再版)，第2~8页。

　　② 萧萐父：《〈推十书〉影印本序》，收在刘咸炘：《推十书》第1册，第5页。

　　③ 蒙文通：《治学杂语》，收在蒙默编：《蒙文通学记》(增补本)，北京：生活·读书·新知三联书店，2006年，第5页。

作；亦不在胪列各种之事实，以示博物之资料。其要在于根据历史的重要现象，以寻求此种现象之心理，而得其所以然之故，以为人类之指导。顾历史所以指导人类者，不徒在明过去社会之心理，而贵于能适应现在社会之需要，以增长将来之进步而已。

要做到此点，要求史家"须将史心放大"，"取革命的态度，以各种新科学的方法，搜集资料，融通各方，指陈精要，使人类群奉为圭臬"；更"预将史心增速"，即"利用各种发明之新理，以为研究历史之帮助"。因"新理"无不以社会为背景，无论物质、精神皆然。学者"苟能集合物质精神两面之新发明，以考究现世社会之心理作用，则其所收之效果，必较往昔为捷径矣"。[①] 显然，对于"历史智识"的追求正与对"新史学"方法的注重相一致。叶氏在四川老辈学者中固是较为趋新的一位，[②] 但从他的论述也不难看出"社会心理学派"在成大史学系的地位。这大概也是"社会心理学"成为该系选修课的一个重要原因。

二、预入主流

(一)川大"国立化"与二十世纪三十年代中期史学系的改革

如前所述，国立川大成立后，史学系组建之初，何鲁之就提出了一套与主流派新史家颇多异趣的教育方针，而具体的人事结构和学术风气更是延续了此前的格局。三十年代中期，在任鸿隽提出"国

---

① 以上两段，参考叶秉诚：《史心》，《史学杂志》第1期，第7~9页。

② 二十年代，四川音乐家叶伯和的白话诗集出版，颇受时论批评，叶秉诚独称其"超以象外，得其寰中"。闵震东：《叶伯和传略》，收在《枕涛存稿》，自印本，2004年，第216页。

立化"和"现代化"两大目标后,情况开始迅速改变。为了更细致地观察这一点,此处不妨从人事、课程两方面对任鸿隽长校前后川大史学系的基本情况做一对比。

1935年版《国立四川大学一览》中的《教员录》显示,1934年度,史学系主任仍为何鲁之,教授则有张大酥、叶秉诚、洪承中、周谦冲(1903— ,湖北黄陂人。巴黎大学文学博士,历任武汉、中山大学教授)、束世澂(1896—1978,安徽芜湖人。南京高师文史地部毕业,东南大学文学士。历任中央、金陵大学教授)、张景汉(字云波,以字行。河南荥阳人。北师大、日本东京帝国大学研究院毕业,历任河南大学教授、北京师范大学与辅仁大学讲师),副教授叶德生(四川德阳人。北京师范大学史地系本科、教育研究科毕业,曾任各中学教员)。规模较前有所扩充,但人员的学历结构并无太大变化。其中,何鲁之、周谦冲皆为法国留学生,束世澂系"南高学派"成员,张大酥、张云波、叶德生均毕业于北京高等师范学校(北京师范大学),"蜀学"传人有叶秉诚(时祝同曾转入四川省立重庆大学任史学系主任)。

课程设置方面则做了较大改动。其必修课包括"中国通史"(分上古、中古、近古、近世四个时期,每学年讲授一个时期。其中上古为秦以前,中古为秦至五代,近古为宋辽金元,近世为"明至现在")、西洋通史(分上古、中古、近古、近世四个时期,安排在前三个学年。其中,上古自古代东方诸国至西罗马灭亡,中古自蛮族入侵至文艺复兴,近古自宗教改革至法国革命,近世自维也纳会议至欧洲大战。第四学年则安排世界近世史,自"欧战以后至现在")、"东洋史"(前三学年)、"中国地理"、"世界地理"、"历史哲学"、"历史目录学"。① 与此前课表比较起来，必修课只保留了三门通史系列、史学理论及地理学（作为历史学的辅助学科）方面的课程，删除了大量的专门史课程，结构似更紧凑，对于史学人才所需基础知识的认识更为清晰了。另一方面，通史课贯穿始终，虽可讲得细密，但也多少妨碍了学生向"专"与"深"发展。

在选修课方面，新体系的变化不大，基本上是以前成大体系为主，兼容了成师大体系的部分内容。具体则包括社会心理学、人类学、人种学、古生物学、金石学、考古学、历史地理学、历史地质学、中国民族史、中国制度史、中国法律史、中国学术史、中国外交史、中国文学史、中国革命史、中国殖边史、西南民族研究、史学名著研究（仍分中国古典及"世界新史学"两部）、史学原论及研究法、史前史、政治思想史、经济思想史、国际问题研究、殖民史、欧洲社会运动史、西洋文化史、社会进化史、希腊史、罗马史、日本近世史、法国革命史、俄国革命史、欧洲文艺复兴、欧洲大战史、世界革命史、西洋哲学史、欧洲外交史、史学史。②

这一体系也有几点迹象值得注意。首先，在"金石学"、"历史地质学"外，添设"考古学"，对近代考古学科的认识更加深刻了。其次，于此前的"世界革命史"、"法国革命史"、"俄国革命史"等课程外，又加设"中国革命史"、"殖民史"、"国际问题研究"，受到二十年代中后期以来"社会科学"的影响至为明显。第三，增设了"中国殖边史"和"西南民族研究"两课，已开始关注边疆与民族问题。

"九·一八"事变后，人们的国难意识日益浓重。"殖民史"、"国际问题研究"、"中国殖边史"和"西南民族史"等课程的出现，显然与此有关，透露出以史学经世的意向。现虽已难以找到有关的课程记

---

① 《国立四川大学一览》，成都：国立四川大学，1935年，第6页。按，此处仅列入了专业课。

② 《国立四川大学一览》，1935年，第7～8页。

录，但其基本取向或可从其时正在川大史学系就读的吴天墀(1913—2004)一篇研究藏文化的文章中发现一二："吾人读本国近百年史，但见疮痍满纸，血污丛集，忧愧之感，已多难堪；而今者国难严重，远逾昔日，国疆破碎，民族解体，情势岌岌，不可终日"。东北、外蒙、南疆均在名义或实际上独立，"收拾整理，已艰应付；乃尤有甚者，西陲藏族，二十年来，时肇纷争。兵连祸结，绵绵不绝。影响西南安危，动摇国家根本，诚中华之隐忧而不可不急图挽救者也"。① 吴文正是在此情形的刺激下写出的。1936 年，史学系加授"东北史"一课，由张云波讲授，更明确针对"日本学者近年以来，高唱东三省非吾土之说"而发。② 该课的主要宗旨有三："一、阐明东北数省在历史上之重要；二、加深学生对于东北数省之认识；三、增强学生收复失地之观念"。③ 这些地方都可看出，川大的民族研究固有地缘之便，而时局刺激更为主因。

事实上，国立川大成立初期，由于省内政局不稳，学校经费困难，教学和科研都未取得大的进展。即使在校内，史学系也显得不够活跃。此前创办的史学研究会和《史学杂志》均已停止活动，在当时学校主要的学术发表园地《国立四川大学周刊》上，也很少看到史学系师生的作品。目前所见到的只有王珏的《郑和与西洋》、张云波的《由〈史记·封禅书〉、〈秦本纪〉、〈六国世家〉及〈汉书·郊祀志〉观察各地之崇拜》和前揭吴天墀一文，远不如中文系师生亮相频繁。《国立四川大学季刊》是一份"学报"性质的刊物，1935 年 7 月才出版第 1 册，由文学院承办。其"论著"一栏发表有束世澂的《殷商之社会组织》、叶秉诚的《金会宁考》、张云波的《辽代契丹人及奚人之分

----

① 吴天墀：《地理环境与藏族文化》，《国立四川大学周刊》第 3 卷第 34 期，1935 年 5 月 27 日，第 1 页。

② 《华西日报》1936 年 2 月 21 日消息剪报，"国立四川大学档案"第 17 卷。

③ 文学院推行"国难教育"计划书，"国立四川大学档案"第 46 卷。

布》、周谦冲翻译的《美国与世界第二次大战》4篇论文。中文系则除了庞俊、向楚、赵少咸（1884—1966）三人发表有4篇文章外，还有6篇学生所写论文，显示出较强的实力。

这也与这一阶段川大校内乃至整个四川学界的"风向"有关。1932—1933年，在川大学生中，围绕着"荀子是否儒家"的问题曾有过一场小小争论，《国立四川大学周刊》围绕着这一主题发表了十数篇讨论文章，足见到川大青年学生的风会所趋。反观史学在这一校内"公共空间"中的寥落，"国学"显然比史学更受欢迎。

任鸿隽长校后，有意识地在川大引进"新学术"。自1936年起，他先后邀请了李济（1896—1979）、吴文藻（1901—1985）、秉志（1886—1965）、张奚若（1889—1973）、傅斯年、丁燮林（1893—1974）、蒋廷黻（1895—1965）等到校演讲。任氏很重视这一活动，为此专门向中华教育文化基金董事会申请了5000元的演讲基金，并特别提醒学生，"要利用这个机会去亲近一下当代的学人"。① 可见任氏心中的学人有"当代"与"非当代"之分，而标准当然是学术风格。在这批学者中，李济与傅斯年正是新史家中的领袖，其中李氏演说的题目就是《建设中之中国新史学》，介绍了主流学者的学术思想与方法，而吴文藻在川大毕业生典礼上讲"毕业大学生应具备之基本条件"的第四点也是"致力新历史学"。② 这些演说对于在川大推行新的学术风气显然不可能毫无影响。

更重要的则是校内的人事革新。任鸿隽利用自己在当时学术界的影响力，在各个学科都聘请到一些成名学者到学校任教。以1936年史学系的人员构成情况为例：教授丁山（安徽和县人。北大研究所国学门毕业，曾任中山、山东等大学教授，中央研究院历史语言研

---

① 《校长报告》，《国立四川大学周刊》第5卷第22期，第2～3页。
② 《成都快报》、《华西日报》1936年6月24日剪报，"国立四川大学档案"第17卷。

究所专任研究员)、何鲁之、周谦冲、祝同曾、张云波、范祖淹(江苏昆山人。美国哥伦比亚大学史学硕士、英国伦敦大学研究员。从事欧洲史研究)、杨筠如(1903—1946,湖南常德人。清华大学研究院毕业,曾任中山、暨南、山东、河南大学教授。研究中国上古史)、特约教授徐光(江苏宜兴人。美国威斯康辛大学文学士、德国海德堡大学博士。曾任北大德文教授、外交部秘书、中央大学史学系欧洲史教授)、讲师郭秀敏(四川资中人。北师大地理系毕业,曾任中学地理教师)、谭其骧(1888—1959,四川荥经人。美国密歇根大学文学学士、硕士,曾任前公立四川大学外国文学院院长)。① 陈衡哲似亦曾短期受聘。

经过这番人事革新,史学系人员构成发生了非常明显的变化,其中最为突出者是增加了几位来自中央研究院历史语言研究所、北京大学研究所国学门、清华研究院等被视为主流派新史学大本营单位的学者。尤其是丁山,当时已是国内有名的史学大家。其次,留美学生的数量也在增加。自然,将一个学者的治学取向、学术风格等归结为受学单位甚至是任职单位的影响,不免有过度简化的危险;根据某一年份的材料孤立地看待人事变化,也未必能说明什么问题,但将之放在一个相对较长的时段中,其意义自然得以显现。

自 1936 年 9 月开始,新的历史教学方案开始执行。史学系一方面为文、法两院的学生开设中国通史、西洋通史作为公共课,另一方面也调整了历史专业学生的培养思路:"其在一二年级内须注重基本训练,中西史乘兼修,务于彼我史乘得有明确之认识、坚实之修养。三四年级方从事专门训练,所有功课分为中史、西史两组,学者可各就所选,进而为断代史、方面史、国别史及各种专题之研究。"专业基础课程均放在前两学年完成。如第一学年要修完中国上

---

① 《国立四川大学一览》,成都:国立四川大学,1936 年,第 4~5 页。

古史(杨筠如担任)、中国近古史(张云波担任)、西洋上古中古近古史(何鲁之担任)、中国地理(郭秀敏担任)，第二学年要修完中国中古史(杨筠如担任)、中国近世史(张云波担任)、西洋近世史(周谦冲担任)、世界地理(徐子明担任)。后两学年开始分组。"中史组"第三学年的必修课为隋唐五代史(祝同曾担任)、宋辽金元史(张云波担任)、中国史学史(彭云生担任)、中国学术思想史(杨筠如担任)，选修课(任选二种)包括清代学术史(张云波担任)、中国哲学史、希腊文化史(何鲁之担任)、中国文学史、政治学、经济学、社会学、人类学(胡鉴民担任)、考古学、金石学、专题研究；第四学年必修课为中国文化史(祝同曾担任)、清代学术史、历史方法与教授法(范祖淹担任)、先秦史学(丁山担任)、尚书研究(以上两门必选一种)、中国哲学史、文艺复兴与宗教改革史(范祖淹担任)、社会学、人类学、考古学、金石学、专题研究(以上任选一种)。"西史组"第三学年的专业必修课为欧洲各国成立史(范祖淹担任)、欧洲各国扩土史(范祖淹担任)、西洋史学史(周谦冲担任)、文艺复兴与宗教改革史、第二外国语，选修课有罗马帝国史(何鲁之担任)、英国史(谭其骧担任)、法国革命史、西洋哲学史、清代学术史、政治学、经济学、社会学、人类学、专题研究；第四学年必修战后欧洲史(周谦冲担任)、希腊文化史、历史方法与教授法、工业革命史(范祖淹担任)、第二外国语，选修德国史、英国史、美洲史、西洋哲学史、中国学术思想史、中国文化史、人类学、社会学、专题研究(任选一种)。①

　　根据"课程编制大纲"的解释，这一课程体系的主要目的是：

---

　　① 《国立四川大学一览》，1936年，第12～19、47～53页。这一课表中最奇怪的地方是将中国近古史安排在第一学年，将中古史放在第二学年，打乱了历史发生的次序，似是为了使授课教师不至过于紧张所致。这表明其时教师数量似略显不足，同时也体现了其时以教师为中心的教学思路。

使学者明瞭吾族及各民族之由来，及其繁衍至今或业已灭亡之经过，并就此项史实，阐发各民族盛衰兴替之原因、隆污升降之轨则，俾吾人察往知来，有所取鉴；且以人类生活为有目的之进展，抽绎史乘，方可审察此目的为何，人类演进距此目标尚有几许途程，吾族生活在政治、社会、学说及实业技能上至何阶段，其与他族比较优劣若何，目前须如何努力乃不至落伍，而可与他族交□而并进。①

笔者寓目的川大历史学科"课程说明"式的文件以此最先，故无从与此前比较；而本科教育除了培养专业学术人才外，主要恐怕还是"面向社会"，故这份大纲对史学的社会功能强调较多，也在情理之中。显然，这份文件延续了此前重视"历史智识"培养的教学思路，同时也明显突出了历史目的论色彩，而这正是中国传统史学所缺乏但在近代以来受西人影响最深的地方。②

大纲强调，这一安排是为了使学生打好基础，再进而从事更专业的研习；同时也要求学生修习工具课程如国文、英文等，均是此一时期任鸿隽在全校推行的教学改革思路。③ 不过，与此前比较，史学系的这一课程安排实际上增强了学生的专业化程度。首先，此前学生中并无中史组、西史组的区别。其次，在三十年代中期以前的必修课以三门通史为主干，贯通了四年的学习，在这一新体系下，则被压缩到两年；相应地增加了断代史、方面史、国别史的学习，不少课且由选修进为必修。第三，此前一直出现在表上的"历史哲

① 《国立四川大学一览》，1936年，第47页。
② 参考余英时：《中国史学思想反思》，收在《人文与理性的中国》，程嫩生等译，上海：上海古籍出版社，2007年，第409页。
③ 详见王东杰：《国家与学术的地方互动：四川大学国立化进程(1925—1939)》，北京：生活·读书·新知三联书店，2005年，第182页。

学"没有了，被更加实用的"历史方法与教授法"取代（"教授法"似乎也暗示了其时史学系毕业生的主要去向）。由于这一时期史学系主任的位置一直空缺（原因不详），因此也很难知道谁是这份课程安排的主导设计者了，但其有因有革，也可由以上讨论见出。

这一时期，停顿已久的学生专业团体也重新组建。1935 年 12 月 25 日下午，史学系师生组织的"历史研究会"成立。杨宗翰（1901—1992，时任川大文学院院长）、张云波、陈衡哲在成立大会上做了演说。研究会选举何鲁之、张云波、周谦冲、束世澂、吴天墀等 7 人为执行委员，聘请陈衡哲为名誉指导，杨宗翰、周太玄（1895—1968，生物学家）、祝同曾、洪承中为指导。研究会成立后的第一项活动是"调查成都近郊"，并计划出版专刊。① 之后，史学会活动不断：1936 年 5 月，由张云波、束世澂带队赴陕西考察。② 5 月 15 日，邀请陈衡哲做了题为《研究西洋历史的步骤》的演说。③ 1939 年 4 月，改名为史地研究会，研究部下设中史组、西史组、西南民族组、考古调查组、地理组，并计划"发行纯学术性之定期刊物"。④ 从目前遗留材料看，这两次出版计划似乎都未实现。不过，从这一团体的机构设置中，我们也大致可以看到川大史学专业日趋细密化的情形。该会虽主要是个学生团体，但也多少反映出"官方"和教师中的某些意旨，故其变化也是不能忽视的。

----

① 《本校史学研究会开成立会》，《国立四川大学周刊》第 4 卷第 17 期，1936 年 1 月 6 日，第 5 页。

② 《新新新闻》1936 年 5 月 3 日剪报，"国立四川大学档案"第 17 卷。

③ 《陈衡哲先生在本校讲研究西洋历史的步骤》，《国立四川大学周刊》第 4 卷第 33 期，1936 年 5 月 18 日，第 5 页。

④ 《史地研究会将出版定期刊物》，《国立四川大学周刊》第 7 卷第 29 期，1939 年 4 月 24 日，第 8 页。

(二)"新学术"的引进

任鸿隽在川大仅仅两年就辞职而去,但他所奠定的"国立化"和"现代化"两大方向仍为后来者所遵循。抗战爆发以后,大批学者群聚西南,也为不同学术流派在川大校内的相互借鉴、融合提供了机会。正是从这一时期开始,川大史学系逐渐预入国内史学界的中心地带。但需要提醒的是,这一过程绝非"主流"典范向"边缘"的单向流动,毋宁说是二者的交会融合。

学术风气的明显变化自三十年代中后期已经开始,到五十年代初期形成。根据有关材料,1940—1947 年曾在川大历史系任教的学者有周谦冲、何鲁之、冯汉骥(1899—1977,湖北宜昌人。武昌文华大学文学士、美国宾夕法尼亚大学人类学硕士、人类学哲学博士、哈佛大学研究院人类学系研究四年,讲授人类学、西南民族学、考古学等课程)、徐中舒(1898—1991,安徽怀宁人。清华研究院国学门毕业,历任暨南、复旦大学教授、史语所专任研究员、北大兼任讲师。讲授古文字学、中国近世史、殷周史料研究等课程)、祝同曾、束世澂、蒙文通(四川盐亭人。曾任成都、成都师范、中央、河南、北京大学及河北女子师范学院教授)、李思纯、吴天墀(四川涪陵人。四川大学史学系毕业)、楼公凯(浙江义乌人。中央大学文学士、日本东京帝国大学研究院毕业,曾任中央政治学校教授)、黄文弼(1893—1966,湖北汉川人。北京大学毕业,历任北平研究院史学研究所研究员、北京大学、西北大学教授、中央古物保管委员会委员、教育部边疆教育委员会委员)、罗志甫(1898—1988,广东兴宁人。留法,曾任教于北京中法大学、女子师范学院,讲授西洋史)、杨人楩(1903—1973,湖南醴陵人,北师大、牛津大学毕业,先后任教于西北联合、武汉、北京大学。三十年代末和四十年代中期两度任教川大)、胡殿咸(讲授中国古代史,后任教于安徽师范大学)、傅吾康(Wolfgang Franke，1912—2007，德国人。世界著名汉学家)、戴蕃豫(1910—1989，研究中国古代史、考古学等，后任教于南开大学历史系)、闻宥(1901—1985，江苏松江人，震旦大学进修，历任中山、燕京、山东等大学副教授、教授)、缪钺(1904—1995，江苏溧阳人。北京大学肄业，历任河南、浙江大学教授)、孙次舟(？—2000，山东即墨人，研究中国古代史，受到"古史辨"学派影响)、邓少琴(1897—1990，四川江津人，自学成才的文博学家)、谭英华(1917—1996，湖南长沙人，武汉大学历史系硕士，研究中国古代史、西方史学史等)、李思纯、卢剑波(1904—1991，四川合江人，研究世界史)等人。① 此外，胡鉴民(1896—1966，法国里昂斯坦斯堡大学社会学博士，曾任中央大学社会学教授)、李季谷(1895—1968，浙江绍兴人。东京高等师范学校毕业，剑桥大学研究院硕士。历任北京、北平、中山等大学教授)、萧一山(1902—1978，北京大学史学系毕业，先后任教于清华、北京、中央、河南、东北、西北等大学)、吴廷璆(1910—2003，浙江绍兴人。北京大学史学系、日本东京帝国大学史学科毕业。研究日本史，曾任山东大学讲师)、任乃强(1894—1989，四川南充人，民族学家)、杨东莼(1900—1979，湖南醴陵人。留学日本，曾任中山大学、武汉大学教授)、周传儒(1900—1988，四川江安人，毕业于清华大学研究院，德国柏林大学博士)、钱穆、柳诒徵(1880—1956)、萧公权(1897—1981)等亦曾在此期间任教(钱、柳主要担任文科研究所史学组导师，萧公权主要在法学院讲授"中国政治思想史")。

---

① 《国立四川大学教职员录》，成都：国立四川大学，1940年，第6～7页；《本年度教授阵容一般》，《国立四川大学校刊》，第17卷第6期，1945年10月1日，第2页；《本年度教授阵容一般》，《国立四川大学校刊》，第19卷第1期，1946年10月14日，第4页；《本年度教授阵容一般》，《国立四川大学校刊》，第20卷第1期，1947年10月15日，第6页。川大史学系在1941—1947年名史地系，故这一时期有很多地理学者在此任教，本文未列入。

　　这份名单中的绝大部分学者在当时已是成名之士,且多是抗战以后才加入川大史学系的(蒙文通在成大、成师大时期一直在中文系,国立川大成立后就离开了成都;李思纯则自三十年代初开始就长期未在川大任教)。叶秉诚、祝同曾等晚清成长起来的老一代学人先后辞世,名单上以二三十年代才成长起来的学者为主。在较新一代的学人中,建系初期的不少成员也逐渐淡出。对比二十年代末乃至三十年代前期的人员构成情况可知,四十年代的川大史学系已焕然一新(当然仍有延续一面)。

　　其次,在三十年代中期以前,史学系主任一直由何鲁之担任,系里的基本方针(包括人事、教学等)也均出其手。但自 1935 年度开始,史学系主任的位置就一直空缺,直到 1937 年 9 月,应时任代理校长张颐之请,朱光潜以文学院院长身份兼任该职。但朱氏是美学家,担任这一职务显然不合适。虽然目前很难知道其内情,但也在某种程度上反映出这一时期川大史学系缺乏"核心人物"的隐相。1940 年初,朱光潜转教武汉大学,史学系主任由周谦冲接替。此后 10 年中,李季谷、束世澂、冯汉骥、徐中舒、胡鉴民等均先后担任过这一职务(李思纯则长期担任川大师范学院史学系主任)。比较起此前何鲁之长期在位的情况,系主任的频繁更动,一方面反映出此一时期学者流动性较强(尤其在 1945 年前后的一段时间),另一方面也反映了人才济济的盛况。

　　人员更动必定引发学术风格的更替。以四十年代的川大史学系而论,任教时间最长的大概要算是徐中舒与冯汉骥了。不管是从"学术出身"还是他们个人的学术实践上看,徐、冯二位均被认为是主流派的新史家,对川大史学风气的形成,及其在国内学术地位的提升,都具有无可置疑的影响。不过,如前所述,此前的学校当局已经有意识地将新史学的典范引入川大,聘请徐、冯二公本是这一政策的一部分。

新史学的突出特征之一是强调新史料的开掘、利用。1938年夏，川大校方组织成立了"川军抗战史料搜集整理委员会"，由学校秘书长孟寿椿（1896—?）任主席委员，朱光潜、曾天宇、蒙文通、周谦冲、徐中舒、杨伯谦（1892—1962）、徐元奉、桂质柏（1900—1979）、何鲁之任委员。① 1939年4月，在学校编制"二十八年度预算"时，特意拨给该委员会经费2000元。② 不过，"川军抗战史料搜集整理委员会"虽有四位史学系成员参与，主要还是一所校级机构。而具体到史学系，在徐中舒等人的倡导下，所做工作尤多。徐氏受学于王国维，二三十年代参加过殷墟发掘和清宫档案整理，对新史料的意义体会甚深，并贯穿到其个人的研究实践中。在继承"二重证据法"的基础上，徐氏在研究中也极为注意文字形体、器物的文饰图样与传世文献、地下出土实物的互证，实际上开启了以器物图案证史的途径。到了川大以后，他也把这种学术风格带了进来，使川大历史系成为国内先秦史和古文字学的研究中心。

对新史料的注重势必要求突破书本的范围，实践"上穷碧落下黄泉，动手动脚找东西"（傅斯年语）的信条。此前，川大只有理科学者才注重实地考察，文科学者则很少走出书斋。1936年5月，为了"彻底"研究"西南诸省之民情风俗、地理环境、经济状况等"，学校组建了西南社会科学调查研究处。③ 这一机构的成立，一方面在文科中首倡实地调研的学术风气，另一方面也代表了川大对西南区域综合性研究的发端。此后，实地考察和区域研究在川大蔚为风气，也对历史学科产生了积极影响，其中尤以考古学和人类学的发展最

① 《本大学成立川军抗战史料搜集整理委员会》，《国立四川大学周刊》第6卷第35期，1938年6月20日，第4页。

② 国立四川大学川军抗战委员会公函，1939年4月28日，"国立四川大学档案"第62卷。

③ 《任鸿隽氏谈整顿川大》，《北平晨报》1936年5月19日剪报，"国立四川大学档案"第17卷。

为突出。

1937年6月，经过翁文灏与任鸿隽磋商，瑞典地质学和考古学家安特生（Johan Gunnar Andersson，1874—1960）与川大、华西大学联合组织了"川康地质考古旅行团"。经三方制订的"川康地质考古旅行团公约"规定：

> 1. 由四川大学、华西大学及安特生博士共组川康地质考古旅行团，以四川大学为主体，其余为参加者。
>
> 2. 四川大学派周晓和君，华西大学派葛维汉君为本团团员。
>
> 3. 在旅行期内，由安特生君担任学术研究上之指导。
>
> 4. 在旅行期内，一切标本及各种有关地质考古之照片之搜集由周晓和君保管之。
>
> 5. 所测考古地图应照制三份，分别保存。
>
> 6. 所得标本应交四川大学保管，但有重复者得酌量分一部分于华西大学保管之，均以供学术上之研究，惟须预请中央古物保管委员会之核准。
>
> 7. 本团或安特生君将来研究报告书中叙及此次所得各种标本时，应注明该件保存于四川大学或华西大学。
>
> 8. 将来本团或团员有将此次报告或研究所得公开发表时，须声明本公约第一条之意义并注明研究标本由本团所获。
>
> 9. 本团于返成都后点清标本解散，但安特生君对某件或某类考古标本欲研究时，得依古物保管法之规定及古物委员会之核准，由四川大学给予方便。①

---

① 翁文灏致任鸿隽函件，1937年3月26日，《川康地质考古旅行团公约》初稿及修改稿，均在"国立四川大学档案"第495卷。

　　另外，史语所也派有人员参加。旅行团对雅安、泸定、打箭炉、玉龙、道孚、里塘、甘孜、丹巴、懋功、理番、汶川等处进行了考察，还在道孚境内发现了一处旧石器时代遗址。①

　　这次调查直接开启了川大与外国学者合作进行考古研究的先声。不过，尽管中国早期的考古学与地质学有着密切的学术血缘关系，但在三十年代中后期，二者早已分治，而此次川大所派调查员却是地质学教授周晓和（原名周光煦，以字行，1892—1969）。他虽然自二十年代起即在学校讲授相关课程，是较早向川大学生介绍考古知识的教师，② 但本人在考古学方面的研究毕竟有限。因此，这次考察名义上以川大为"主体"，实际上是在安特生和葛维汉（David Crockett Graham，1884—1962）的主导下进行的。

　　考古学、人类学研究在川大形成气候，与冯汉骥的倡导分不开。1938 年，在冯氏提议下，四川大学函请中央古物保管委员会联合调查四川文物。现存档案中藏有一份"四川区域内之古物调查研究之计划简明书"，虽未署名，然就内容上看，恐即是冯汉骥为这次普查设计的。根据计划书，普查的重点是：1. 秦汉遗迹，包括都江堰、汉广汉郡金银器作坊、汉晋犍为郡遗物等。2. 汉晋墓葬，即通常所谓"蛮洞"。考察其分布，"即可知汉晋文化在蜀中分布之区域"。3. 古建筑及壁画雕刻。盖"唐代建筑及壁画之留于今者，据中国营造学社调查，在国内惟山西五台山尚存其一。本省蓬溪闻亦有此，惟尚无翔实之调查。今五台山已沦入敌手，保存与否，正不可知。使蓬溪所存者为唐代遗物，则此实为国内惟一国宝"，急宜调查。另，川中保存明代建筑与壁画极多，如新繁龙藏寺、新津观音寺等。此外，

---

　　① 《博物馆筹备委员会第四次常会记录》，《国立四川大学周刊》第 6 卷第 3 期，1937 年 10 月 4 日，第 14 页。

　　② 如他曾在《国立四川大学周刊》第 1 卷第 14 期（1933 年 4 月 17 日）上撰文《原始人类》，介绍"北京人"的情况。

古寺、古坊常有古雕刻发现，艺术价值极高，也应调查保护。4. 蜀中石刻，如汉之八阙、齐梁造像、汉画像砖等。5. 新石器时代遗址。①

　　1938 年，冯汉骥在汶川清理了一座石棺墓，成为川大学者田野发掘的先声。30 多年后，在进一步研究的基础上，冯氏发表了《岷江上游的石棺葬文化》一文，"首次科学地报导了此类墓葬"。1942—1943 年，冯汉骥又主持了国内首次大规模的地下墓室——前蜀王建墓的发掘。② 1944 年，他在川大校园内清理一座小型唐墓，从朽镯中取出了成都县"龙池坊"唐代纸本雕版印刷品，乃国内迄今保存最早的印刷品标本。③ 冯汉骥曾教育学生："从事现代考古工作，必须亲自参加田野发掘，不能只是坐在家中搞沙发考古。"④在他的引导下，注重田野调查、发掘成为川大考古学的基本精神。尽管这一时期，由于条件所限制，学生几乎很少有参与发掘的机会，但实地调查已成为考古教学乃至课外活动的重要内容。1940 年 6 月 1 日，冯汉骥、徐中舒率领考古班学生 10 余人赴夹江旅行考察。⑤ 1942 年寒假，李季谷率学生组成彭山考古团，赴中研院史语所彭山工作站参

---

　　①　《四川区域内之古物调查研究之计划简明书》手稿，"国立四川大学档案"第 63 卷。按，此文件说川康地质考古旅行团发现的是新石器时代遗址，未知孰是。

　　②　童恩正：《冯汉骥小传》，收在冯汉骥：《冯汉骥考古学论文集》，北京：文物出版社，1985 年，第 221 页。

　　③　林向：《著名考古学家冯汉骥》，收在四川省政协文史资料研究委员会编：《四川近现代文化人物》第 3 编，成都：四川人民出版社，1995 年，第 84 页。

　　④　张勋燎：《冯汉骥先生师门从学考古记》，收在四川大学历史文化学院考古学系编：《四川大学考古专业创建四十周年暨冯汉骥教授百年诞辰纪念文集》，成都：四川大学出版社，2001 年，第 64 页。

　　⑤　《史地研究会通讯》，《国立四川大学周刊》第 8 卷第 17 期，1940 年 6 月 11 日，第 4 页。

观，并搜集了汉砖瓦器等古物。①

　　二十年代初，川大就有人类学课程的设置。但是，真正地把它落实为学术研究，则是从这一时期开始的。1938 年度，经川大申请，中华教育文化基金董事会资助川大 3000 元研究费，用于"西南人种学及体质人类学调查"。② 1938 年夏，在西南社会科学调查研究处的资助下，冯汉骥只身前往松潘、理番、茂县、汶川等地考察羌族资料，历时 3 月之久。次年，他又出任教育部组织的川康科学考察团社会组组长。③ 1939 年春，西南社会科学调查研究处在成都宴请雷波"黑白猓猡"首领 21 人，校长以下共 40 余人参加了这次活动。冯汉骥在讲演中对猓猡的民族源流做了初步梳理，指出："今后人类学家之任务，即为研究出一种方案"，使猓猡与汉族"可以合作，在文化上可以互相应适，而消灭其以往之互相轻蔑之心"。④ 这一时期的人类学和民族学研究是在"抗战建国"的时代背景下展开的，不免以"开发"为目的，但冯汉骥则提出以"了解"为指向的学术目标，以今日时兴的话来讲，可谓不无"他者"眼光。此外，胡鉴民也在三十年代末四十年代初进行了羌族、苗族等民族的调查工作。⑤

　　冯、胡二位均是留学生出身，受过人类学科班训练，相较而言，任乃强虽近于自学成才，在实地踏勘方面，却有独特优长。他从北

---

　　① 《彭山考古团返校》，《国立四川大学周刊》第 12 卷第 1 期，1942 年 3 月 11 日，第 4 页。

　　② 《国立四川大学二十六年度校务进行概况》，《国立四川大学周刊》第 7 卷第 1 期，1938 年 10 月 3 日，第 3 页。

　　③ 冯汉骥：《松理茂汶羌族考察杂记》，收在四川大学历史文化学院考古学系编：《四川大学考古专业创建四十周年暨冯汉骥教授百年诞辰纪念文集》，第 26 页。

　　④ 《西南社会科学研究处招待雷波黑白猓猡茶话纪事》，《国立四川大学周刊》第 7 卷第 28 期，1939 年 4 月 17 日，第 4~6 页。

　　⑤ 胡鉴民：《苗人的家族与婚姻习俗琐记》，《国立四川大学校刊》第 18 卷第 3 期，1946 年 4 月 1 日，第 1~4 页。

京农业专门学校本科毕业后，在南充中学教书，1928 年出版《四川史地》(《乡土史讲义》)一书。在写作此书过程中，他发现四川盆地历史上有过多次移民过程，均与人口膨胀有关。据此，他认为应该开发川边，以为预防。为此，他自 1929 年起，三次考察西康地区，搜集了大量一手材料，其间并与藏族女子罗哲情错结婚，更加深了对西康各民族情况的了解。在此基础上，他先后完成了《西康诡异录》、《西康十一县考察报告》、《西康图经》、《康藏史地大纲》、《吐蕃丛考》等著作。不但提供了大量新材料，还纠正了许多流传已久的错误说法(如《康藏旧说纠谬》、《康藏史料中若干名称之正译》等)。此外，他还曾往广西等民族地区进行考察。1946 年，任乃强在川大发起组织了中国第一个专门从事藏学研究的民间学术团体"康藏研究社"，出版《康藏研究月刊》，在国际藏学界赢得了极大声誉。①

任氏治学有成，一个重要原因是对藏族语言的掌握，而史学系另一位成员闻宥更是蜚声国际的民族语言学家。重视民族语文的学习也成为此一时期川大民族研究的一个重要特色。

在校内民族研究风气的鼓动下，1946 年夏，川大学生组成了边疆研究学会，会员有 50 余人，下设藏、苗傜、猓玀、蒙回四组。学会"有鉴于以往边疆工作人员之失败教训，深知学术之研讨、技能之学习、语言之训练，异常重要"，自始即致力于社会学、人类学、文化学及民族语言文字的学习，邀请学者讲授有关知识，在学校开设藏文班，举办边区文物展等，做了充分的学术准备，并拟于 1949 年春组织松潘考察。② 考虑到时局变动，这次考察很可能无疾而终。不过，该学会的知识准备显然已具一定的学术素养，反映了此一时

---

① 《作者小传》，收在任乃强：《任乃强民族研究文集》，北京：民族出版社，1990 年，第 559~561 页。

② 《边疆研究学会近况》，《国立四川大学校刊》第 20 卷 15 期，1948 年 12 月 1 日，第 18 页。

期川大人类学、民族学教学和研究的水平。

实地调查固然是民族研究的重要途径，但如果缺乏历史变化的眼光，也不免流于表面。川大学者在这方面的一个重要特色是注意从历史角度，结合文献记载综合考察民族流变。如冯汉骥的《松理茂汶羌族考察杂记》一文，即是将实地考察资料"结合古代文献记载的有关历史情况"写成。① 任乃强对康藏民族和地理的考察也表现出这一特点，如研究西康民族之由来，即将新旧两《唐书》、西藏文献和自己的实地考察结合起来。② 有些学者的民族史研究虽然主要立足于文字材料，但也很注意与民族学资料互证。如徐中舒1944年所写《结绳遗俗考》，除了古文献、古文字证据外，又列举当时广西瑶民和四川地区的一些事例，作为证据和比较对象。③

与人类学、考古学、民族史的研究相应，抗战时期，巴蜀史研究也蔚为风潮。顾颉刚、朱希祖、卫聚贤等对此提倡尤力。在川大史学系，徐中舒是较早对此问题加以注意的学者，1940、1941年，先后发表《古代四川之文化》和《蜀锦》两文。孙次舟的《读古蜀国为蚕国说献疑》、《从蜀地神话的蚕丛说到殉葬的蚕玉》和《关于金蚕解释的补正》等，也产生了较大影响。如前所述，四川学者本有关注乡邦文献之学的传统，且在二十年代已出现了由"乡邦文献"走向"地方史"的趋势，但与近代史学的区域研究仍有距离。四十年代以后的巴蜀史研究，则已基本完成了向近代史学的转化。事实上，当时川大史学系确已树立了明确的区域研究意识。我们从史地系的一份文件

① 冯汉骥：《松理茂汶羌族考察杂记》，第37页。据该文整理者张勋燎教授说，原稿每页版心均印有"西南民族史"字样，推测即作者计划中之专著《西南民族史》的部分内容。

② 任乃强：《康藏民族之由来及其细分》，收在《任乃强民族研究文集》，第14～21页。

③ 徐中舒：《结绳遗俗考》，收在《徐中舒历史论文选辑》上册，北京：中华书局，1998年，第708页。

中即可看出这一见解：

> 选修课不宜规划过于方整固定。学分虽有定明，但课程则
> 不必全国划一也。中国幅（员）广大，各地情形殊异，各校自具
> 特色，如地方及专题研究，皆当因时、因地、因人而设置其最
> 适宜之选修课（如川大因特殊环境与需要，即设有"西南民族及
> 其文化"一学程，定为三、四年级选科），庶能发展特长，有益
> 实用。①

不管是人类学、考古学，还是区域史，都共同指向对地理和空
间的关注。这也成为川大学者治史的又一特点。早在 1927 年，徐中
舒就从"分布之迹"入手，将传统学人视为一脉承继的殷、周相代看
作两个不同民族的斗争。② 同年，蒙文通发表《古史甄微》，提出有
名的上古民族"三系说"。在任乃强看来，"地学当为各科学之基础，
盖万事万物莫不受时空之影响也"。这一认识奠定了他的学术路径：
"由经济地理而沿革地理，而民族地理，转而跻于历史地理学之研
究，民族研究亦因此始。"③尽管也许并无徐、蒙这样明确的"多元史
观"，但自川大史学系创建之初，中国地理和世界地理就一直是必修
课程。1939 年 4 月，史学研究会改名史地研究会，地理学从辅助地
位成为史学的"伙伴学科"，意味着史学系办学方针的微妙变化。到
了 1940 年，史学系 12 人中就有四分之一的人从事地理方面的教学，
不但数量较前有所增加，且形成了自教授、讲师到助教的学术梯队，

---

① 《对于教育部史学系课程标准草案之意见》，具体时间不详，"国立四川
大学档案"第 225 卷。

② 徐中舒：《从古书中推测之殷周民族》，收在《徐中舒历史论文选辑》上
册，第 26～32 页。

③ 任乃强：《自序》，收在《任乃强民族研究文集》，第 1 页。

史、地结合的"体制化"已呼之欲出。1941 年，史学系改名史地系，意味着对时、空加以综合研究的学术方针正式确立。此后，许多地理学家如王文元、黄逢昌、余俊生等均来系任教。直到 1947 年，教育部指令川大将史、地两科分设，地理系转入理学院，史地系的名称才宣告结束，但注重地理差异仍是川大史学的重要特色之一。

除了西南社会科学研究处，此时期设立的另一个对考古学、人类学调查研究起到重要作用的机构是博物馆。国立四川大学博物馆于 1937 年上半年开始筹建，8 月 8 日成立了一个由多学科专家组成的筹备处，教育学家邓胥功（1886—1976）担任主任委员，丁山、张颐、胡鉴民、张云波、周晓和、孟寿椿、钱崇澍（1883—1965，生物学家）、桂质柏（图书馆学家）担任委员。[1]

根据筹委会计划书，博物馆拟定两年为筹备期，主要任务是设置器物、辅助研究。所搜集器物包括三类："历史的参考品"（实物、模型、标本、拓片、照片、图画等）、"艺术的欣赏品"（建筑、图画、雕塑）、"本大学各系有关的研究品"（实物、标本、拓片、照片、图画等）；搜集方式包括：求之于商家、访之于藏家、参加或自己从事发掘、登报征求、劝募捐赠、寄存、托人代为搜集和购买等。另外，博物馆设立研究室，主要任务是陈列有关书籍和参考品、"编纂古今中外关于考古及美术等的书目"、"调查各地之美术及古物，并究其起源以及现代之趋势，分中外古今两大类，以明文化上之转变"、编纂中外美术家及作品的索引、调查美术刊物与机关并建立联系、调查四川各地古迹与古物、搜集国内各民族物品等。此外还要从事藏品的清查、登记、修补、保存、考订、摄影、传拓等工作。[2] 博物

① 《各会议会员及各委员会委员名录》，收在《国立四川大学简况一览》，成都：四川大学出版组，1940 年，第 6 页。
② 《本校博物馆筹备委员会进行计划书》，《国立四川大学周刊》第 5 卷第 22 期，1937 年 3 月 29 日，第 11 页。

馆是从考古、艺术和民族学科的角度来定位的。经过努力,一年之后,川大博物馆即收得汉晋画像刻石36件、土俑305件、古陶瓷器1038件、西藏佛像及喇嘛所用法器128件、历代钱币1470件、川边民族文物50余件、汉晋六朝砖45件、宋明墓志10余件。①

1941年1月,四川省政府会同四川大学博物馆设立了四川省博物馆,由冯汉骥出任馆长。四川省博物馆自始即是在川大的支持指导下建立起来的。该馆设立了"历史考古组"和"人类民族组",显然与当时川大校内的学术风气有关。其规程规定,馆内的学术研究由川大协助,同时,研究经费也由川大酌量承担。开馆时将川大博物馆藏品参加陈列。此外,省博物馆理事9人,除省教育厅长和川大校长为当然理事外,并由川大推举三人。② 按照组织规程,川大博物馆只是将藏品拿出"参加陈列",但实际工作就此结束(今日四川大学博物馆则原本是华西协合大学博物馆,系院系调整的结果)。

总之,较前相比,这一时期川大历史学科研究风气出现了以下几个重要改变:一是目光突破传统文献范围,开掘一手材料和新材料;二是走出书斋,进行田野考察和发掘;三是对于非汉族及边疆地区研究兴趣的增长;四是在区域研究中,用地方史视角替代了地方志视角;五是对空间和地理因素的注重;六是新学科的开辟(如考古学、人类学等),以及同社会科学研究方法的结合;七是专门性学术团体与机构渐趋活跃,出现"集众"研究的倾向。此外,理论意味更强的学术方向如历史哲学的影响力明显下降,也是一个值得注意的现象。一句话,其"专业性"更强了。这些变化中,无论是新的史料观,新的研究课题、方法,还是对科学化、实证化标准的提倡,以及对理论的相对轻视等,在在都体现出新史学眼光的影响。这表

---

① 《国立四川大学二十六年度校务进行概况》,第3页。
② 《四川省博物馆组织规程》、《四川省博物馆理事明［会?]简章》,《国立四川大学校刊》第10卷第1期,1941年2月21日,第8页。

明，从国内学术整体来看，川大史学研究自三十年代后期起已渐预主流。

三、结论

以三十年代中期为界，我们大体上可以把川大的史学研究分作两个时期，其变化体现在人员构成、课程体系、学术风格等各个方面，使得原本深具地方特色，以及刻意和主流保持了一定距离的学术风气，逐渐融汇（但并非"消失"）于主流之中。作为校方积极引入新史学的结果，从更大范围看，这一变化乃是川大国立化进程的重要组成部分。显然，川大国立化不只是中央和地方的权力斗争，其影响力乃是全方位的。这也印证了我们前边所说的，在民国时期四川的特定政治与文化环境中，"国立化"和"现代化"乃是一体之两面（参看第四章）。

自任鸿隽时代开始，川大的发展基本上没有离开"国立化"和"现代化"两大政策。四十年代的校长黄季陆（1899—1985）后来回忆说，抗战胜利前后，他曾劝傅斯年将史语所迁至川大。"想不到傅先生说：川大的老先生们，多认为我们没有读过中国书，其实我们这群人都是从古籍中下过苦工夫来的。我们有我们的治学方法，他们自有他们的道理"。与此呼应的是，当黄氏把自己的设想告诉"川大文学系的老先生们"时，"他们并不感到甚么快慰，甚至有一位先生的意见认为傅先生中文不通，读古书句读都弄不清楚，大有反对的情绪"。[①]

史语所在抗战期间，内迁四川宜宾李庄。黄季陆欲趁复员之际，

---

① 黄季陆：《国立四川大学——长校八年的回忆》，收在《黄季陆先生论学论政文集》第 3 册，台北："国史馆"，1986 年，第 1743 页。

把他们留在川大，可谓想入非非。不过，他的回忆也再次证明，学校当局一直存有为学校灌注新学术空气的意愿。但我在这里更想提到的是，它也提示出川大校内仍存在着不同的学术典范，而后者又与科系设置之间存在着微妙的对应关系。"文学系的老先生们"一语，可以视为一把钥匙，帮助我们进入文史两系学术风格的差异。这里可以通过两个例子来说明。

一个是蒙文通。1927 年，他已写出《古史甄微》，并发展出经、史分途的观念，① 但"编制"仍在中文系。三十年代后期，他从北大重回川大，则正式转入史学系（在北大已如此）。他自己说："我从前本搞经学，后来教史学，十年后才稍知道什么是史学，应如何治史。"照此严格推论，则蒙氏自承"知道"史学，已到了四十年代。虽然他此后所做并未全以史家自限，然史学意味确实愈益浓厚。这一选择与学术界的风气、蒙氏自己的学术观念及学术建制都有关系。现代大学皆是分科而治，从中文系转入史学系，代表了蒙先生的专业定位。

另一个是缪钺。他四十年代初期之前主治文学，四十年代中期兼治诸子，1948 年出版《诗词散论》；但也就是从这一年开始，其论著主要转入史学领域。这里有几个原因，首先是他本人的学术思想决定的。缪先生认为："研究文学的人要知人论世，必须熟悉历史。"② 其次是学侣交游的影响。四十年代，他与史语所陈槃（1905—1999）、劳榦（1907—2003）等人书信频繁，初期所论还以诗词为主，

---

① 参考王汎森：《从经学向史学的过渡——廖平与蒙文通的例子》，收在四川大学历史文化学院编：《蒙文通先生诞辰 110 周年纪念文集》，北京：线装书局，2005 年，第 158 页。

② 缪钺：《治学补谈》，收在《缪钺全集》第 7、8 合卷，石家庄：河北教育出版社，2004 年，第 78 页。

很快就牵入大量史学专题。① 第三则与"编制"有关。1946 年，缪氏从浙江大学转入华西协合大学中国文化研究所和中文系，1947 年起又兼川大史学系教授，这是促成他学术重心转变的一个重要原因（1952 年院系调整，华西协合大学文史专业全部调往川大，缪先生此后一直专任川大历史系教授）。②

值得注意的是，缪钺在 1947 年的一封家书中提到："川大中文系过于守旧，史学系颇开明，系中同人徐中舒、冯汉骥、蒙文通、李哲生（即李思纯——引者，下同）、闻在宥（即闻宥）均与钺相熟友好。"③此处说得很清楚：二十世纪四十年代川大文史两系学风不同，中文系偏旧，史学系偏新，可以作为黄季陆回忆的旁证。④ 一方面，这里确实有川大的特殊情形：近代"蜀学"的勃兴使得川中学人的自信力大为提升（参看第二章）。自二十世纪三十年代之后，这一路学术风格就较多地保存在中文系，"文学系的老先生们"对傅斯年和史语所的反应，即是此一现象的表现。我们不能把这一现象仅仅视作川大的特例。据钱穆说，胡适三十年代作北大文学院长时，"曾言办文学院其实则只是办历史系"。盖其时他"已主张哲学关门"，自然不

----

① 参考缪元朗：《缪钺先生编年事辑》，北京：中华书局，2014 年，第 65～124 页。

② 直到晚年，缪先生与叶嘉莹教授合作，治学中心复归古典文学，也反证此前若干年内他侧重史学研究，并非对文学不再感兴趣，而很可能受到编制的影响。

③ 缪钺：《与杨联陞、缪钤书》，1947 年 8 月 13 日，收在《冰茧庵论学书札》，北京：商务印书馆，2014 年，第 80 页。

④ 不过，这一区分也不宜过于突出。二十世纪四十年代初，川大经教育部批准，设文科研究所，以中文系为主导，然实际分为中文、历史两组，钱穆、李思纯、徐中舒、束世澂、柳诒徵、蒙文通等均曾担任导师。1947 年，文科研究所奉教育部令改为文学研究所，蒙文通仍在该所指导学生研究"西南民族之分布"。见四川大学中国文学所办公室：《川大中国文学所概况》，《国立四川大学校刊》第 20 卷第 4、5 期合刊，1947 年 12 月 15 日，第 2 页。

再注重哲学；而"文学系仍多治旧文学者掌教，一时未能排除"。①
这与四十年代川大文学院文、史分途的情形岂不如出一辙？从上述
两个例子看，学术风气的不同分布，又促使不同学人向不同的机构
流动，因而在更大范围内调整了整个学界的格局。

不过，必须声明的是，我无意把川大历史学科的学风变化，视
为主流派新史学的单向扩散过程，更不是要把它看作主流学风对其
他风气的征服或替代。如同文史两系的差异所提示的，这一过程的
内部也呈现出多样可能。事实上，至少有两种方式为更加"传统"和
更具地方特色的学术风格的保存和继续运作带来了可能。在中文系，
这主要是通过一种建置性的空间获得体现的。其结果，"旧"的风气
不但能够传承下去，并逐渐获得"主流"学术界的认可（这从四十年代
奉部令设立的文科研究所中可以看出）。史学系采用的方式则是交
融。一方面，属于主流派的徐中舒等人在学术上极具弹性，颇能包
容；另一方面，史学系成员中不乏与主流派风格有所差异乃至颇有
距离的学者（具体情形又随各人不同），包括本文提到的蒙文通、李
思纯、缪钺在内，也均对川大史学系的学风产生了重要影响，不能
忽略不计。事实上，由于抗战爆发，东部地区原本隶属不同流派的
学者纷纷入川，使这一时期的学术出现了交融互汇的趋势，较之此
前壁垒严立的状况已大不相同。缪钺观察到的川大史学系之"开明"，
便是这一景象的表现。

正是这种"开明"的风气，使得川大史学研究在积极融入学术主
流的同时，还能保留有一些自己的特色，比如在开掘新材料的同时，

---

① 钱穆：《八十忆双亲·师友杂忆》，长沙：岳麓书社，1986 年，第 144
页。

亦注重对基本典籍的掌握；① 在倡导实证研究之外，也注意于"通识"的培养。此处所谓"通识"的涵义有二：首先，就历史本身，必须通其上下左右的关联（兼时空而论），才能明其贯通与流变，知其一般性与特殊性。② 其次即是蒙文通所说的：为学要能"以虚带实"："史料是实，思维是虚。有实无虚，便是死蛇"。③ 川大历史系前辈学者类能做到以小见大，虚实相生。如徐中舒的成名作《耒耜考》，就可以称得上"解释一字即作一部文化史"；④ 又如缪钺的诗史互证和冯汉骥根据考古材料对中国文化起源一元论的突破，均属此类。通过这些方面，我们也可以看到，川大历史学研究的风气，在前后变化中仍有延续（但不是不变）的一面。

---

① 对 1949 年以后的系风产生了重要影响的几位老先生如徐中舒、蒙文通、缪钺、冯汉骥对此均有明确提示。分别参见王辉：《立德立言、归于不朽》，收在四川联合大学历史系编：《徐中舒先生百年诞辰纪念文集》，成都：巴蜀书社，1998 年，第 19 页；蒙文通：《治学杂语》，第 3 页；缪钺：《自传》，《缪钺全集》第 7、8 合卷，第 172 页；张勋燎文，第 71、64 页。

② 比如蒙文通说：观史"须从波澜壮阔处着眼"，"把握住历史的变化处"。又说："文化的变化，不是孤立的，常常不局限于某一领域，因此必须从经、史、文学各个方面来考察，而且常常还同经济基础的变化相联系的。"见《治学杂语》，第 1、33 页。

③ 蒙文通：《治学杂语》，第 1 页。

④ 语出陈寅恪："来函"，《国学季刊》第 5 卷第 3 号，1935 年，第 96 页。

参考文献

文章与著作

Anderson, Benedict, *Imagined Communities*：*Reflections on the Origin and Spread of Nationalism*, Thetford, Thetford Press Limited, 1986

敖册贤：《重修吴市川主庙碑序》，收在文康原本、施学煌续修、敖册贤续纂：(同治)《荣昌县志》，清同治四年(1865)增刻本

Assmann, Jan(杨·阿斯曼)：《文化记忆：早期高级文化中的文字、回忆和政治身份》，金寿福、黄晓晨译，北京：北京大学出版社，2015 年

Austin, John(J. L. 奥斯汀)：《如何以言行事》，杨玉成、赵京超译，北京：商务印书馆，2013 年

Baert, Patrick(帕特里克·贝尔特)、da Silva, Filipe Carreira(菲利佩·卡雷拉·达·席尔瓦)：《二十世纪以来的社会理论》，瞿铁鹏译，北京：商务印书馆，2014 年

白汝衡等(修)、熊世璁(纂)：(道光)《岳池县志》，清道光三十年(1850)刻本

半觉：《鼠典拾遗》，《川事评论》创刊号，1932 年 11 月 27 日

滨岛敦俊：《近世江南海神李王考》，收在张炎宪主编：《中国海洋发展史论文集》第 6 辑，台北："中央研究院"中山人文社会科学研究所，1997 年

Bourdieu, Pierre(皮埃尔·布迪厄)、Wacquant, Ioïc(华康德)：《实践与反思——反思社会学导引》，李猛、李康译，北京：中央编译出版社，1998 年

Burke, Peter(彼得·伯克)，*The French Historical Revolution*：*The Annales School*, 1929－1989, Stanford, Stanford University Press, 1990

Burke，Peter（彼得・伯克），*Varieties of Cultural History*，Ithaca，Cornell University Press，1997

Burke，Peter（彼得・伯克）：《知识社会史：从古腾堡到狄德罗》，贾士蘅译，台北：麦田出版，2003 年

Burke，Peter（彼得・伯克）：《什么是文化史》，蔡玉辉译，北京：北京大学出版社，2009 年

曹光洁：《川局及其今后》，《国立武汉大学四川同学会会刊》创刊号，1933 年

曹抡彬等（修）、曹抡翰等（纂）：（乾隆）《雅州府志》，四川大学图书馆藏 1984 年油印本

曹绍樾等（修）、胡辑瑞等（纂）：（同治）《仪陇县志》，清同治十年（1871）刻本

曹树基：《中国移民史》第 6 卷，福州：福建人民出版社，1997 年

陈合德：《余家场禹王庙文昌川主序》，白汝衡等修、熊世璁纂：（道光）《岳池县志》，清道光三十年（1850）刻本

陈立夫：《程天放兄逝世二十周年纪念》，《传记文学》（台北）第 51 卷第 5 期，1987 年 11 月

陈立夫：《成败之鉴——陈立夫回忆录》，台北：正中书局，1994 年

陈能志：《战前十年中国大学教育经费问题》，《历史学报》（台湾师范大学）第 11 期，1983 年 6 月

陈其宽（修）、邹宗垣等（纂）：（光绪）《续修安岳县志》，清光绪二十三年（1897）刻本

陈谦等（修）、罗绶香等（纂）：（民国）《犍为县志》，民国二十六年（1937）铅印本

陈汝亨：《天后宫记》，收在杨英灿纂修、余天鹏续修、陈嘉绣续纂：（嘉庆）《安县志》，清同治三年（1864）增补嘉庆本

陈韶湘：《义学记略》，收在罗廷权等修、马凡若纂：（同治）《仁寿县志》，清同治五年（1866）刻本

陈世松：《大迁徙："湖广填四川"历史解读》，成都：四川人民出版社，2005 年

陈习删等（修）、闵昌术等（纂）：（民国）《新都县志》，民国十八年（1929）铅印本

陈新民：《吾民之自决问题》，《蜀评月刊》第 3 期，1925 年 2 月

陈毅夫等(修)、刘君锡等(纂):(民国)《长寿县志》,民国十七年(1928)石印本

陈雯怡:《从"以书为本位"到"历史问题"的探索——陈述在史语所时期的学术发展》,收在杜正胜、王汎森主编:《新学术之路》下册,台北:"中央研究院"历史语言研究所,1998年

陈以爱:《中国现代学术研究机构的兴起——以北京大学国学门为中心的探讨(1922—1927)》,台北:政治大学历史学系,1999年

陈寅恪:"来函",《国学季刊》第5卷第3号,1935年

陈云:《(乙)遵义政治局扩大会议》,中共中央党史资料征集委员会、中共中央党史研究室编:《中共党史资料》第6辑,北京:中共党史资料出版社,无出版日期

诚中:《史学观念之变迁及近代史家对于历史之解释》,《史学杂志》(成都大学史学研究会)第1期,1929年7月

程美宝:《地域文化与国家认同——晚清以来"广东文化"观的形成》,收在杨念群主编:《空间·记忆·社会转型——"新社会史"研究论文精选集》,上海:上海人民出版社,2001年

程美宝:《地域文化与国家认同:晚清以来广东文化观的形成》,北京:生活·读书·新知三联书店,2006年

程美宝:《近代地方文化的跨地域性——20世纪二三十年代粤剧、粤乐和粤曲在上海》,《近代史研究》2007年第2期

程千帆:《桑榆忆晚》,上海:上海古籍出版社,2000年

程熙春(修)、文尔炘等(纂):(同治)《筠连县志》,清同治十二年(1873)刻本

澄心:《地方治安与军队驻防》,《蜀评月刊》第1期,1924年12月

崇实:《一个错误的观念》,《蜀道周刊》第3期,1928年11月17日

崔荣昌:《四川方言与巴蜀文化》,成都:四川大学出版社,1996年

崔宗复:《张澜先生年谱》,重庆:重庆出版社,1985年

大公:《川民自决与消弭川战》,《川事评论》创刊号,1932年11月27日

戴季陶:《忠告川军将领》,《新四川》创刊号,1928年9月1日

邓克笃:《论今日之四川及四川人》,《中国大学四川同学会会刊》创刊号,1935

年 1 月 30 日

邓师柳：《重修禹王宫碑记》，收在汪承烈修、邓方达纂：(民国)《四川宣汉县志》，民国二十年(1931)石印本

邓实：《国学今论》，收在徐亮工编：《中国近三百年学术史论》，上海：上海古籍出版社，2006 年

邓朝荣：《川人快起来作民权运动》，《蜀评月刊》第 6 期，1925 年 5 月

丁元恺：《万寿宫记》，收在刘良模等修、罗春霖等纂：(民国)《丹棱县志》，民国十二年(1923)石印本

定晋岩樵叟：《成都竹枝词》，收在林孔翼辑：《成都竹枝词》，成都：四川人民出版社，1986 年

杜恂诚：《民国时期的中央与地方财政划分》，《中国社会科学》1998 年第 3 期

Duara, Prasenjit(杜赞奇)：《文化、权力与国家——1900—1942 年的华北农村》，王福明译，南京：江苏人民出版社，1995 年

Eastman, Lloyd(易劳逸)：《1927—1937 年国民党统治下的中国：流产的革命》，陈谦平等译，北京：中国青年出版社，1992 年

Entenmann, Robert Eric, *Migration and Settlement in Sichuan*, 1644－1796, Ph. D. Thesis, Harvard University, 1982

范希曾(编)：《书目答问补正》，上海：上海古籍出版社，1986 年

方宗敬：《重修禹王宫碑记》，收在黄光辉等修、郎承诜等纂：(民国)《重修丰都县志》，民国十六年(1927)铅印本

Febvre, Lucien(吕西安·费弗尔)：《十六世纪的无信仰问题——拉伯雷的宗教》，闫素伟译，北京：商务印书馆，2012 年

冯汉骥：《松理茂汶羌族考察杂记》，收在四川大学历史文化学院考古学系编：《四川大学考古专业创建四十周年暨冯汉骥教授百年诞辰纪念文集》，成都：四川大学出版社，2001 年

冯筱才：《中国大陆最近之会馆史研究》，《近代中国史研究通讯》第 30 期

凤兮：《对于此次川战之感想和希望》，《蜀评月刊》第 7 期，1925 年 6 月

Figes，Orlando(奥兰多·费吉斯)：《耳语者：斯大林时代苏联的私人生活》，毛俊杰译，桂林：广西师范大学出版社，2014 年

Fincher，John，Political Provincialism and the National Revolution，in Mary Wright，ed.，*China in Revolution：The First Phase*，1900－1913，New Haven，CT：Yale University Press，1968

复成(修)，周绍銮、胡元翔(纂)：(同治)《新宁县志》，清同治八年(1869)刻本

傅葆琛：《四川的病根究竟在哪里》，《蜀铎》第 2 卷第 2 期，1936 年 7 月 31 日

傅斯年：《历史语言研究所工作之旨趣》，收在《傅斯年全集》第 3 卷，长沙：湖南教育出版社，2003 年

傅渊希：《四川内战年表(1913—1933)》，四川省政协文史资料研究委员会编：《四川文史资料选辑》第 37 辑，成都：四川人民出版社，1987 年

傅增湘：《宋代蜀文辑存序》，收在《藏园群书题记》，上海：上海古籍出版社，1988 年

Firth，Raymond William(雷蒙德·弗思)：《人文类型》，费孝通译，北京：商务印书馆，1991 年

高觉敷：《高觉敷自述》，收在高增德、丁东编：《世纪学人自述》第 1 卷，北京：北京十月文艺出版社，2000 年

高兴亚：《冯玉祥和刘湘的秘密往来》，收在成都市人民政府参事室编：《蓉参史料》第 2 集，1990 年

高学濂(纂修)：(道光)《江安县志》，清道光九年(1829)刻本

Giddens，Anthony(安东尼·吉登斯)：《民族—国家与暴力》，胡宗泽、赵力涛译，北京：生活·读书·新知三联书店，1998 年

Gunn，Simon(西蒙·冈恩)：《历史学与文化理论》，韩炯译，北京：北京大学出版社，2012 年

郭鸿厚(修)、陈习删等(纂)：《民国重修大足县志》，民国三十五年(1946)铅印本

郭沫若：《沫若自传第一卷——少年时代》，收在《郭沫若全集·文学编》第 11 卷，北京：人民文学出版社，1992 年

郭沫若：《沫若自传第二卷——学生时代》，收在《郭沫若全集·文学编》第 12 卷，北京：人民文学出版社，1992 年

郭书愚：《清末四川存古学堂述略》，成都：四川大学硕士学位论文，2002 年

郭嵩焘：《郭嵩焘日记》第 4 卷，长沙：湖南人民出版社，1983 年

国立成都大学：《国立成都大学一览》，成都：国立成都大学，1929 年

国立成都师范大学：《国立成都师范大学概览》，成都：国立成都师范大学，1930 年

国立四川大学：《国立四川大学一览》，成都：四川大学，1935 年

国立四川大学：《国立四川大学一览》，成都：四川大学，1936 年

国立四川大学：《国立四川大学一览》，成都：四川大学，1937 年

国立四川大学：《国立四川大学教职员录》，成都：国立四川大学，1940 年

国立四川大学中国文学所办公室：《川大中国文学所概况》，《国立四川大学校刊》，第 20 卷第 4、5 期合刊，1947 年 12 月 15 日

国民政府重庆陪都史编委会（编）：《国民政府重庆陪都史》，重庆：西南师范大学出版社，1993 年

韩清桂等（修）、陈昌等（纂）：（光绪）《铜梁县志》，清光绪元年(1875)刻本

Hansen, Valerie(韩森)：《变迁之神——南宋时期的民间信仰》，包伟民译，杭州：浙江人民出版社，1999 年

何炳棣：《中国会馆史论》，台北：学生书局，1966 年

何庆恩等（修）、刘宸枫等（纂）：（同治）《德阳县志》，清同治十三年(1874)刻本

何薪斧：《何薪斧在沪向团中央的报告》，收在周勇主编：《杨闇公纪念集》，重庆：重庆出版社，1993 年

洪锡畴：《禹王宫碑记》，收在刘绍文修、洪锡畴纂：（道光）《城口厅志》，清道光二十四年(1844)刻本

Horowitz, Richard S., "State Making Theory and the Study of Modern Chinese History,"《近代中国史研究通讯》第 19 期

侯俊德等（修）、刘复等（纂）：（民国）《新繁县志》，民国三十六年(1947)铅印本

胡宝国：《文史之学》，收在《汉唐间史学的发展》，北京：商务印书馆，2003 年

胡笔生：《新年底贡献》，《蜀评月刊》第 3 期，1925 年 2 月

胡光麃：《波逐六十年》，台北：联经出版事业公司，1992 年

胡吉庐：《希望吾川人士大家来为康藏现世的研究》，收在《西康疆域溯古录》（附
　　录），上海：商务印书馆，1928 年

胡辑瑞：《土门铺新修万寿宫序》，收在曹绍樾等修、胡辑瑞等纂：（同治）《仪陇
　　县志》，清同治十年（1871）刻本

胡鉴民：《苗人的家族与婚姻习俗琐记》，《国立四川大学校刊》第 18 卷第 3 期，
　　1946 年 4 月 1 日

胡先骕：《胡先骕文存》上卷，南昌：江西高校出版社，1995 年

胡昭曦：《蜀学与蜀学研究榷议》，《天府新论》2004 年第 3 期

胡昭曦、刘复生、粟品孝：《宋代蜀学研究》，成都：巴蜀书社，1997 年

胡政之：《川事善后问题》，收在《胡政之文集》上册，天津：天津人民出版社，
　　2007 年

黄崇麟：《寿栎庐丛书序》，收在吴之英：《吴之英诗文集》，成都：四川大学出
　　版社，2008 年

黄福庆：《近代中国高等教育研究——国立中山大学》，台北："中央研究院"近
　　代史所，1988 年

黄光辉等（修）、郎承诜等（纂）：（民国）《重修丰都县志》，民国十六年（1927）铅
　　印本

黄季陆：《国立四川大学——长校八年的回忆》，收在《黄季陆先生论学论政文
　　集》第 3 册，台北："国史馆"，1986 年

黄进兴：《中国近代史学的双重危机：试论"新史学"的诞生及其所面临的困境》，
　　收在《圣贤与圣徒》，台北：允晨文化实业股份有限公司，2001 年

黄汝亮：《重修万寿宫记》，收在王梦庚原稿、陈霁学修、叶方模等纂：（道光）
　　《新津县志》，清道光九年（1829）刻本

黄炎培：《大四川之青年》，《国立四川大学周刊》第 4 卷第 25 期，1936 年 3 月
　　23 日

黄允钦等（修）、罗锦成等（纂）：（光绪）《射洪县志》，清光绪十年（1884）刻本

黄稚荃：《杜邻存稿》，成都：四川人民出版社，1990 年

惠伯：《吾人庆祝成大五周年纪念之重要》，《国立成都大学第五周年纪念会特刊》，成都：国立成都大学，1930 年

霍为菜等（修）、熊家彦等（纂）：（同治）《巴县志》，清同治六年（1867）刻本

姜亮夫：《学兼汉宋的教育家龚向农》，收在四川省政协文史委员会、四川省文史馆编：《四川近现代文化人物》，成都：四川人民出版社，1989 年

姜亮夫：《忆成都高师》，收在王元化主编：《学术集林》第 2 卷，上海：上海远东出版社，1994 年

姜亮夫：《龚向农先生传》，收在王元化主编：《学术集林》第 6 卷，上海：上海远东出版社，1995 年

姜亮夫：《思师录》，收在王元化主编：《学术集林》第 14 卷，上海：上海远东出版社，1998 年

蒋介石：《蒋委员长训词》，《国立四川大学周刊》第 3 卷第 40 期，1935 年 7 月 8 日

蒋寅：《原诗笺注》，上海：上海古籍出版社，2014 年

蒋竹山：《宋至清代的国家与祠神信仰研究的回顾与讨论》，《新史学》（台北）第 8 卷第 2 期，1997 年 6 月

杰乎：《吾人对于此次川战应有之觉悟》，《蜀评月刊》第 7 期，1925 年 6 月

金沙：《过去之四川》，《四川》第 1 号，1907 年 12 月 5 日

金以林：《南京国民政府发展大学教育述论》，收在中国社会科学院近代史研究所编：《中国社会科学院近代史研究所青年学术论坛》1999 年卷，北京：社科文献出版社，2000 年

金毓黻：《静晤室日记》，沈阳：辽沈书社，1993 年

觉剑：《川战感言》，《川事评论》第 2 期，1932 年

Kapp, Robert A., *Szechwan and the Chinese Republic : Provincial Militarism and Central Power*, 1911—1938, New Haven and London：Yale University Press, 1973

匡珊吉、杨光彦（主编）：《四川军阀史》，成都：四川人民出版社，1991 年

赖皋翔:《赖皋翔文史杂论》下册,张学渊编辑校注,自印本,出版时间不详

赖嵩山:《大竹河川主、神农、药王三圣庙碑序》,收在刘子敬修、贺维翰纂:
  (民国)《万源县志》,民国二十一年(1932)铅印本

蓝炳奎等(修)、吴德淮等(纂):(民国)《达县志》,民国二十二年(1933)刻本

蓝勇:《清代西南移民会馆名实与职能》,《中国史研究》1996年第4期

Little, Archibald John(阿奇伯尔德·约翰·立德):《扁舟过三峡》,黄立思译,
  昆明:云南人民出版社,2001年

李朝正:《明清巴蜀文化论稿》,成都:四川大学出版社,1997年

李达嘉:《民国初年的联省自治运动》,台北:弘文馆,1986年

李德琬:《鱼藻轩中涕泪长——记李哲生一九二六年晋谒王国维先生》,收在王
  元化主编:《学术集林》第11卷,上海:上海远东出版社,1997年

李德琬:《记陈寅恪遗墨》,收在王元化主编:《学术集林》第13卷,上海:上海
  远东出版社,1998年

李德琬:《吴宓与李哲生》,《新文学史料》2002年第2期

李伏伽、廖幼平:《经学大师廖平》,收在四川省政协文史委员会、四川省文史
  馆编:《四川近现代文化人物》,成都:四川人民出版社,1988年

李璜:《学钝室回忆录》(增订本)上卷,香港:明报月刊社,1979年

李嘉:《四川新文艺运动》,《国立成都大学旅沪同学会会刊》第1期,1930年

李良俊(修)、王荃善等(纂):(民国)《新修南充县志》,民国十八年(1929)刻本

李南晖(修)、张翼儒(纂):(乾隆)《威远县志》,清乾隆四十年(1775)刻本

李榕:《十三峰书屋全集》,成都:巴蜀书社,1995年

李守孔:《国民政府之国家统一运动》,收在"中央研究院"近代史研究所编:《抗
  战前十年国家建设史研讨会论文集(1928—1937)》上册,台北:"中央研究
  院"近代史研究所,1984年

李思纯:《译者弁言》,收在朗格诺瓦、瑟诺博司原著,李思纯译述:《史学原
  论》,上海:商务印书馆,1931年

李思纯:《祝屺怀先生事略》,《国立四川大学校刊》第11卷第9期,1941年12
  月1日

李晓宇:《尊经·疑古·趋新:四川省城尊经书院及其学术嬗变研究》,四川大

学博士论文，2009 年

李新：《流逝的岁月》，太原：山西人民出版社，2008 年

李惺：《牟氏祠堂记》，收在(民国)《大邑县志·文征卷》，民国十九年(1930)铅印本

李燿仙：《〈廖平选集〉(上册)内容评介》，收在《廖平选集》上册，成都：巴蜀书社，1998 年

李一氓：《李一氓回忆录》，北京：人民出版社，2001 年

李亦园：《民间寺庙的转型与蜕变——台湾新竹市民间信仰的田野调查研究》，收在《宗教与神话》，桂林：广西师范大学出版社，2004 年

李映莲：《琅琊场禹王宫奉祀濂溪夫子碑记》，收在杨维中等修、钟正懋等纂、郭奎铨续纂：(民国)《渠县志》，卷 12《文征志八上》，民国二十一年(1932)铅印本

Li, Yu, "Social Change during the Ming-Qing Transition and the Decline of Sichuan's Classical Learning in the Early Qing," *Late Imperial China*, June 1998

李振吾(述)：《川游见闻》，陈慧一记，《生活周刊》第 6 卷第 11 期，1931 年 3 月 7 日

李宗锽等(修)、李仙根等(纂)：(民国)《峨边县志》，民国四年(1915)刻本

梁启超：《清代学术概论》，收在《饮冰室合集》专集第三十四，北京：中华书局，1989 年

梁启超：《为川汉铁路事敬告全蜀父老》，收在《饮冰室合集》文集之二十五(下)，北京：中华书局，1989 年

梁启超：《近代学风之地理的分布》，收在《饮冰室合集》文集之四十一，北京：中华书局，1989 年

梁启超：《呜呼四川教育界》，收在夏晓虹编：《饮冰室合集集外文》，北京：北京大学出版社，2005 年

廖平：《陆香初目录学叙》，《国立四川大学周刊》第 1 卷第 2 期，1932 年 9 月 27 日

廖平：《廖平选集》上册，成都：巴蜀书社，1998 年

廖世英等(修)、赵熙等(纂):(民国)《荣县志》,民国十八年(1929)刻本

廖远汾:《会务报告》,《北京大学四川同乡会会刊》创刊号,1934年2月

林思进:《华阳人物志》,《华西学报》第1期,1933年9月

林思进:《华阳人物志世族表》,《华西学报》第2期,1934年6月

林思进:《华阳志总分诸序》,《华西学报》第2期,1934年6月

林向:《著名考古学家冯汉骥》,收在四川省政协文史资料委员会编:《四川近现代文化人物》第3编,成都:四川人民出版社,1995年

林愈蕃:《增修关圣宫记》,收在杨需修,李福源、范泰衡纂:(道光)《中江县新志》,清道光十九年(1839)刻本

林志茂等(纂修):(民国)《三台县志》,民国二十年(1931)铅印本

刘宸枫:《陕西会馆祀田记》,收在钮传善修,李炳灵、杨藻纂:(光绪)《德阳县志续编》,清光绪三十一年(1905)刻本

刘放皆:《著述等身的历史学家张森楷》,收在四川省政协文史资料研究委员会、四川省文史馆编:《四川近现代文化人物》,成都:四川人民出版社,1989年

刘复生:《表宋风,兴蜀学——刘咸炘重修〈宋史〉简论》,《四川大学学报》(哲学社会科学版)2003年第5期

刘复生:《刘咸炘〈蜀学论〉及其在学术史上的意义》,《社会科学研究》2006年第3期

刘君:《简论西康建省》,收在张宪文编:《民国档案与民国史学术讨论会论文集》,北京:档案出版社,1988年

刘矩:《吾川急宜联团自卫》,《蜀评月刊》第4期,1925年3月

刘良模等(修)、罗春霖等(纂):(民国)《丹棱县志》,民国十二年(1923)石印本

刘龙心:《学科体制与近代中国史学的建立》,收在罗志田主编:《20世纪的中国:学术与社会(史学卷)》下册,济南:山东人民出版社,2001年

刘龙心:《学术与制度:学科体制与现代中国史学的建立》,北京:新星出版社,2007年

刘明:《中央整理川事的阴阳和结果》,《蜀道周刊》第3期,1928年11月17日

刘绍文(修)、洪锡畴(纂):(道光)《城口厅志》,清道光二十四年(1844)刻本

刘师培:《近儒学术统系论》,收在徐亮工编:《中国近三百年学术史论》,上海:
　　上海古籍出版社,2006 年

刘文辉:《走到人民阵营的历史道路》,收在中国人民政治协商会议全国委员会
　　文史资料研究委员会编:《文史资料选辑》第 33 辑,北京:中国文史出版
　　社,1986 年

刘锡纯(纂):(民国)《重修彭山县志》,民国三十三年(1944)铅印本

刘咸炘:《推十书》,成都:成都古籍书店,1996 年

刘咸炘:《蜀诵》,刘复生教授手抄本

刘掞藜:《读顾颉刚君"与钱玄同先生论古史书"的疑问》,收在顾颉刚编:《古史
　　辨》第 1 册,北京:朴社,1926 年

刘掞藜:《讨论古史再致顾先生》,收在顾颉刚编:《古史辨》第 1 册,北京:朴
　　社,1926 年

刘掞黎:《发刊词》,《史学杂志》(国立成都大学)第 1 期,1929 年 7 月

刘正刚:《清代四川的广东移民会馆》,《清史研究》1991 年第 4 期

刘正刚:《清代四川南华宫的社会活动》,《暨南学报》1997 年第 4 期

刘子敬(修)、贺维翰(纂):(民国)《万源县志》,民国二十一年(1932)铅印本

六对山人:《锦城竹枝词》,收在林孔翼辑:《成都竹枝词》,成都:四川人民出
　　版社,1986 年

鲁凤辉等(修)、王廷伟等(纂):(嘉庆)《达县志》,清嘉庆二十年(1815)刻本

陆杰夫:《解决川局当召集"川民会议"》,《蜀评月刊》第 8 期,1925 年 7 月

罗念生:《芙蓉城》,收在《罗念生全集》第 9 卷,上海:上海人民出版社,
　　2004 年

罗世文:《罗世文致团中央的信》,收在周勇主编:《杨闇公纪念集》,重庆:重
　　庆出版社,1993 年

罗源汉:《禹庙碑记》,收在杨维中等修、钟正懋等纂、郭奎铨续纂:(民国)《渠
　　县志》,民国二十一年(1932)铅印本

罗廷权等(修)、马凡若(纂):(同治)《仁寿县志》,清同治五年(1866)刻本

罗志田:《权势转移:近代中国的思想、社会与学术》,武汉:湖北人民出版社,
　　1999 年

罗志田：《乱世潜流：民族主义与民国政治》，上海：上海古籍出版社，2001 年

罗志田：《近代中国民族主义的史学反思》，收在《二十世纪的中国思想与学术掠影》，广州：广东教育出版社，2001 年

罗志田：《国家与学术：清季民初关于"国学"的思想论争》，北京：生活·读书·新知三联书店，2003 年

罗志田：《史料的尽量扩充与不看二十四史》，收在《近代中国史学十论》，上海：复旦大学出版社，2003 年

骆成骧：《尔雅台》，收在传度等编：《乌尤山诗》，乐山：乌尤寺雕版雕版印行，1937 年

吕士朋：《抗战前十年我国的教育建设》，收在"中央研究院"近代史研究所编：《中华民国历史与文化讨论集》第 3 册，台北："中央研究院"近代史研究所，1984 年

吕振修：《追求光明的大学校长王兆荣》，收在四川省政协文史资料研究委员会等编：《四川近现代文化人物续编》，成都：四川人民出版社，1989 年

茅海建：《戊戌变法期间司员士民上书研究》，收在《戊戌变法史事考》，北京：生活·读书·新知三联书店，2005 年

蒙文通：《议蜀学》，收在廖幼平：《廖季平年谱》，成都：巴蜀书社，1985 年

蒙文通：《经史抉原》(《蒙文通文集》第 3 卷)，成都：巴蜀书社，1995 年

蒙文通：《〈华西大学图书馆四川方志目录〉序》，收在《古地甄微》(《蒙文通文集》第 4 卷)，成都：巴蜀书社，1998 年

蒙文通：《地方之分化与民主政治之前途》，收在《蒙文通全集》第 6 卷，成都：巴蜀书社，2015 年

蒙文通：《治学杂语》，收在蒙默编：《蒙文通学记》(增补本)，北京：生活·读书·新知三联书店，2006 年

米庆云：《国立成都大学兴废记略——从成大、成高的纠纷到成大、师大、川大的合并》，收在四川省政协文史资料委员会、四川省省志编辑委员会编：《四川文史资料选辑》第 8 辑，成都：四川人民出版社，1963 年

缪元朗：《缪钺先生编年事辑》，北京：中华书局，2014 年

缪钺：《缪钺全集》第 7、8 合卷，石家庄：河北教育出版社，2004 年

缪钺：《与杨联陞、缪鉁书》(1947 年 8 月 13 日)，收在《冰茧庵论学书札》，北京：商务印书馆，2014 年

闵震东：《叶伯和传略》，收在《枕涛存稿》，自印本，2004 年

默情：《四川文化的一般》，《国立成都大学旅沪同学会会刊》第 1 期，1930 年

南开大学经济研究所经济史研究室编：《中国近代盐务史资料选辑》第 1 卷，天津：南开大学出版社，1985 年

南浦：《四川裁兵的矛盾现象》，《蜀道周刊》第 2 期，1928 年 5 月

Naquin, Susan, *Peking：Temples and City Life*, 1400 － 1900, Berkeley, University of California Press，2000

倪晶莹(主编)：《四川大学图书馆藏地方志目录》，成都：四川大学出版社，1991 年

聂荣臻：《聂荣臻回忆录》，北京：解放军出版社，1984 年

钮传善(修)，李炳灵、杨藻(纂)：(光绪)《德阳县志续编》，清光绪三十一年(1905)刻本

庞俊：《养晴室遗集》，成都，自印本，1995 年

庞俊(石帚)：《养晴室笔记》，成都：四川文艺出版社，1985 年

彭华：《谢无量年谱》，收在舒大刚主编：《儒藏论坛》第 3 辑，成都：四川大学出版社，2009 年

彭文治、李永成(修)，卢庆家、高光照(纂)：(民国)《富顺县志》，民国二十年(1931)刻本

Platt, Stephen R.(裴士锋)：《湖南人与现代中国》，黄中宪译，北京：社会科学文献出版社，2015 年

钱基博：《现代中国文学史》，收在傅道彬编校：《中国现代学术经典·钱基博卷》，石家庄：河北教育出版社，1996 年

钱穆：《师友杂录》(与《八十忆双亲》合刊本)，长沙：岳麓书社，1986 年

钱穆:《中国近三百年学术史》下册,北京:商务印书馆,1997 年

钱穆:《两汉经学今古文平议》,北京:商务印书馆,2001 年

钱穆:《再论中国文化传统中之士》,收在《国史新论》,北京:生活·读书·新知三联书店,2001 年

钱穆:《〈清儒学案〉序》,收在《中国学术思想史论丛》第 8 卷,合肥:安徽教育出版社,2004 年

屈守元:《对古典文学批评具有卓识的庞石帚》,收在四川省政协文史资料研究委员会、四川省文史馆编:《四川近现代文化人物续编》,成都:四川人民出版社,1989 年

任鸿隽致胡适(1919 年 4 月 16 日),收在中国社会科学院近代史研究所中华民国史研究室编:《胡适来往书信选》上册:香港:中华书局,1983 年

任鸿隽致胡适(1922 年 8 月 13 日),收在中国社会科学院近代史研究所中华民国史研究室编:《胡适来往书信选》上册,香港:香港中华书局,1983 年

任鸿隽:《赴川考察团在成都大学演说录·任叔永先生之讲演》,《科学》第 15 卷第 7 期,1931 年 7 月

任鸿隽(叔永):《党化教育是可能的吗》,《独立评论》第 3 号,1932 年 6 月 5 日

任鸿隽(叔永):《再论党化教育》,《独立评论》第 8 号,1932 年 7 月 1 日

任鸿隽(叔永):《如何解决四川问题》,《独立评论》第 26 号,1932 年 11 月 13 日

任鸿隽(叔永):《中国的出路》,《独立评论》第 56 号,1933 年 6 月 25 日

任鸿隽(叔永):《四川军阀的末路》,《独立评论》第 75 号,1933 年 11 月 5 日

任鸿隽:《四川大学的使命》,《国立四川大学周刊》第 4 卷第 2 期,1935 年 9 月 23 日

任鸿隽:《五十自述》,收在《科学救国之梦:任鸿隽文存》,上海:上海科技教育出版社、上海科学技术出版社,2002 年

任乃强:《任乃强民族研究文集》,北京:民族出版社,1990 年

任以都(孙任以都):《学术界的成长,1912—1949 年》,收在费正清(John King Fairbank)、费维恺((Albert Feuerwerker)编:《剑桥中华民国史》下卷,刘敬坤等译,北京:中国社会科学出版社,1994 年

任以都：《任以都先生访问记录》，张朋园、杨翠华、沈松侨采访，潘光哲记录，
　　台北："中央研究院"近代史研究所，1993 年

Ricoeur，Paul（保罗·利科）：《作为一个他者的自身》，佘碧平译，北京：商务
　　印书馆，2013 年

Rowe，William（罗威廉）：《汉口：一个中国城市的商业和社会（1796—1889）》，
　　江溶、鲁西奇译，北京：中国人民大学出版社，1905 年

弱水：《四川裁兵的研究》，《蜀道周刊》第 2 期，1928 年 5 月

桑兵：《庚子勤王与晚清政局》，北京：北京大学出版社，2004 年

桑兵：《晚清民国的学人与学术》，北京：中华书局，2008 年

山河子弟：《说鹃声》，收在张枬、王忍之编：《辛亥革命前十年间时论选集》第
　　2 卷上册，北京：生活·读书·新知三联书店，1977 年

沈标远、吴人杰（修），何苏、何然（纂）：（嘉庆）《定远县志》，四川大学图书馆
　　藏抄本，刻印时间不详

沈恩培（修）、胡麟等（纂）：（光绪）《增修崇庆州志》，清光绪三年（1877）刻本

沈振辉：《李调元与〈蜀碑记补〉》，收在周少川主编：《历史文献研究》总第 28
　　辑，上海：华东师范大学出版社，2009 年

石岛纪之：《国民党政府的"统一化"政策和抗日战争》，收在张宪文编：《民国档
　　案与民国史学术讨论会论文集》，北京：档案出版社，1988 年

士初：《四川真相》，《生活周刊》第 6 卷第 15 期，1931 年 4 月 4 日

Shils，Edward，Primordial，Personal，Sacred and Civil Ties，in *Selected Essays
　　by Edward Shils*，Chicago，Center for Social Organization Studies，
　　Department of Sociology，University of Chicago，1970

舒新城：《蜀游心影》，上海：中华书局，1939 年

述尧：《发刊词》，《北京大学四川同乡会会刊》创刊号，1934 年 2 月

四川大学校史编写组：《四川大学史稿》，成都：四川大学出版社，1985 年

四川省人民政府参事室、四川省文史研究馆：《川康实力派与蒋介石》，成都：
　　四川大学出版社，1993 年

宋载（修纂）：（乾隆）《大邑县志》，清乾隆十七年（1752）刻本

苏云峰:《从清华学堂到清华大学(1911—1929):近代中国高等教育研究》,北京:生活·读书·新知·三联书店,2001年

粟品孝:《朱熹与宋代蜀学》,北京:高等教育出版社,1998年

粟品孝:《"蜀学"再释》,《蜀学》第3辑,成都:巴蜀书社,2008年

孙代兴:《西南军阀史研究述评》,收在张宪文、陈兴唐、郑会欣编:《民国档案与民国史学术讨论会论文集》,北京:档案出版社,1988年

孙晓芬:《明清的江西湖广人与四川》,成都:四川大学出版社,2005年

谭言蔼:《重校全蜀艺文志跋》,收在杨慎编:《全蜀艺文志》,成都:巴蜀书社,2003年

谭言蔼:《通贤场万寿宫重修歌台募疏》,收在陈其宽修、邹宗垣等纂:(光绪)《续修安岳县志》,清光绪二十三年(1897)刻本

谭言蔼:《龙台场黔阳宫碑记》,收在陈其宽修、邹宗垣等纂:(光绪)《续修安岳县志》,清光绪二十三年(1897)刻本

谭宗龄:《重修五圣宫碑记》,收在蓝炳奎等修、吴德淮等纂:(民国)《达县志》,民国二十二年(1933)刻本

唐振常:《忆舅文——记一代经学大师龚向农先生》,收在《往事如烟怀逝者》,上海:上海人民出版社,1990年

陶亮生:《先师向先乔言行忆录》,收在成都市政协文史资料研究委员会编:《成都文史资料》1988年第2期

童恩正:《冯汉骥小传》,收在《冯汉骥考古学论文集》,北京:文物出版社,1985年

汪承烈(修)、邓方达(纂):(民国)《四川宣汉县志》,民国二十年(1931)石印本

汪国垣:《论近代诗派与地域:西蜀派》,收在《赵熙集》,成都:巴蜀书社,1996年

汪士侃(纂修):(嘉庆)《双流县志》,清嘉庆十九年(1814)刻本

王安镇(修)、夏璜(纂):(民国)《潼南县志》,民国四年(1915)刻本

王东杰:《地方观念和国家观念的冲突与互助:1936年〈川行琐记〉风波》,《四

川大学学报》(哲学社会科学版)，2004 年第 1 期

王东杰：《国家与学术的地方互动：四川大学国立化进程(1925—1939)》，北京：
　　生活·读书·新知三联书店，2005 年

王笛：《走出封闭的世界——长江上游区域社会研究(1644—1910)》，北京：中
　　华书局，2001 年

王恩洋：《对整理四川文献之意见》，收在《王恩洋先生论著集》第 10 卷，成都：
　　四川人民出版社，2001 年

王尔敏：《宋育仁之旅英探索新知及其富强建策》，收在《近代经世小儒》，桂林：
　　广西师范大学出版社，2008 年

王汎森：《价值与事实的分离？——民国的新史学及其批评者》，收在《中国近代
　　思想与学术的系谱》，台北：联经出版事业股份有限公司，2003 年

王汎森：《从经学向史学的过渡——廖平与蒙文通的例子》，收在四川大学历史
　　文化学院编：《蒙文通先生诞辰 110 周年纪念文集》，北京：线装书局，
　　2005 年

王汎森：《傅斯年：中国近代历史与政治中的个体生命》，王晓冰译，北京：生
　　活·读书·新知三联书店，2012 年

王汎森：《执拗的低音：一些历史思考方式的反思》，北京：生活·读书·新知
　　三联书店，2014 年

王辉：《立德立言、归于不朽》，收在四川联合大学历史系编：《徐中舒先生百年
　　诞辰纪念文集》，成都：巴蜀书社，1998 年

王劲、杨红伟：《近代甘肃的"留学生"及其对地方经济的影响》，《兰州大学学
　　报》(哲学社会科学版)2000 年第 6 期

王闿运：《湘绮楼日记》第 2 卷，长沙：岳麓书社，1997 年

王柯：《民族与国家：中国多民族统一国家思考的系谱》，北京：中国社会科学
　　出版社，2001 年

王利器：《往日心痕——王利器自述》，太原：山西人民出版社，1997 年

王利器：《李庄忆旧》，收在杜正胜、王汎森主编：《新学术之路——中央研究院
　　历史语言研究所七十周年纪念文集》下册，台北：中央研究院历史语言研究
　　所，1998 年

王利器:《王利器自述》,收在高增德、丁东编:《世纪学人自述》第 4 卷,北京:
　　北京十月文艺出版社,2000 年

王蔺三:《琅琊场补修禹庙碑记》,收在杨维中等修、钟正懋等纂、郭奎铨续纂:
　　(民国)《渠县志》,民国二十一年(1932)铅印本

王禄昌等(续补):(民国)《泸县志》,民国二十七年(1938)铅印本

王梦庚(原稿)、陈霁学(修)、叶方模等(纂):(道光)《新津县志》,清道光九年
　　(1829)刻本

王铭铭:《明清时期的区位、行政与地域崇拜——来自闽南的个案研究》,收在
　　《走在乡土上——历史人类学札记》,北京:中国人民大学出版社,2003 年

王铭新等(修)、钟毓灵等(纂):(民国)《大邑县志》,民国十九年(1930)铅印本

王谟:《发刊词》,《蜀铎》第 1 卷第 1 期,1935 年 12 月 15 日

王谟:《四川人的特性与教育上应注意的几点》,《蜀铎》第 2 卷第 2 期,1936 年
　　7 月 31 日

王日根:《乡土之链:明清会馆与社会变迁》,天津:天津人民出版社,1996 年

王世杰:《王世杰日记》(手稿本)第 1 册,台北:"中央研究院"近代史研究所,
　　1990 年

王叔岷:《慕庐忆往》,北京:中华书局,2007 年

王文才:《蜀中诗豪赵熙》,收在四川省政协文史资料委员会、四川省文史馆编:
　　《四川近现代文化人物续编》,成都:四川人民出版社,1989 年

王文照(修),曾庆奎、吴江(纂):(民国)《重修什邡县志》,民国十八年(1929)
　　铅印本

王宜昌:《关于国立成都大学》,《国立成都大学旅沪同学会会刊》第 1 期,
　　1930 年

王懿荣:致缪荃孙,收在顾廷龙校阅:《艺风堂师友书札》上册,上海:上海古
　　籍出版社,1980 年

王晓渝:《"灯塔"、"大总管"与华阳书报流通处》,《文史杂志》2006 年第 6 期

王玉娟:《刘湘政府(1935—1938)对川省基层行政人员的任用倾向》,《四川大学
　　学报》(哲学社会科学版)2002 年第 4 期

王振忠:《明清以来汉口的徽商与徽州人社区》,收在李孝悌编:《中国的城市生

活》，北京：新星出版社，2007 年

Watson，James L.（詹姆斯・沃森）：《神的标准化：在中国南方沿海地区对崇拜
　　天后的鼓励（960—1960 年）》，收在韦思谛（Stephen C. Averill）编：《中国大
　　众宗教》，陈仲丹译，南京：江苏人民出版社，2006 年

微微：《四川青年目前的几个重大使命》，《新四川》第 2 期，1928 年 10 月 1 日

魏峡：《陈岳安与华阳书报流通处》，《文史杂志》1990 年第 6 期

魏元燮、花映均（修），耿光祜（纂）：（咸丰）《隆昌县志》，清同治元年（1862）
　　刻本

文康（原本）、施学煌（续修）、敖册贤（续纂）：（同治）《荣昌县志》，清同治四年
　　（1865）增刻本

文良等（修）、陈尧采等（纂）：（同治）《嘉定府志》，清同治三年（1864）刻本

翁文灏：《翁文灏日记》上册，北京：中华书局，2014 年

吴芳吉：《吴芳吉全集》中册，上海：华东师范大学出版社，2014 年

吴晋航、邓汉祥、何北衡：《四川军阀的防区制、派系和长期混战纪略》，收在
　　中国人民政治协商会议全国委员会文史资料研究委员会编：《文史资料选
　　辑》第 10 辑，北京：中国文史出版社，1986 年

吴樵：致汪康年，收在上海图书馆编：《汪康年师友书札》第 1 册，上海古籍出
　　版社，1986 年

吴庆坻：致汪康年，收在上海图书馆编：《汪康年师友书札》第 1 册，上海古籍
　　出版社，1986 年

吴天墀：《地理环境与藏族文化》，《国立四川大学周刊》第 3 卷第 34 期，1935 年
　　5 月 27 日

吴天墀：《龙昌期——被埋没了的"异端"学者》，收在《吴天墀文史存稿》，成都：
　　四川大学出版社，1998 年

吴虞：《吴虞集》，成都：四川人民出版社，1985 年

吴虞：《吴虞日记》下册，成都：四川人民出版社，1986 年

吴玉章：《辛亥革命》，北京：人民出版社，1969 年

吴振汉：《国民政府时期的地方派意识》，台北：文史哲出版社，1992 年

吴之英：《吴之英诗文集》，成都：四川大学出版社，2008 年

伍玉璋:《阅华洋杂货职员同益会传单的感言》,《蜀评月刊》第 5 期,1925 年
　4 月

伍玉璋:《团结——并质旅沪川商协进会的发起者》,《蜀评月刊》第 5 期,1925
　年 4 月

伍肇龄:《序》,见方守道等辑:《蜀学编》,光绪辛丑(1901 年)成都锦江书局重
　刊本

奚湘焘:《收回路款办赈之痛言》,《蜀评月刊》第 9 期,1925 年 8 月

夏肇庸:《改建禹庙山门记》,收在黄允钦等修、罗锦成等纂:(光绪)《射洪县
　志》,清光绪十年(1884)刻本

向楚:《重修巴县志叙》,《国立四川大学文学集刊》第 1 集,成都:国立四川大
　学中文系、文科研究所,1943 年

萧箑父:《〈推十书〉影印本序》,收在刘咸炘:《推十书》第 1 册,成都:成都古
　籍书店,1996 年

萧印唐:《目录学丛考序》,收在《印唐存稿》,成都:巴蜀书社,2003 年

萧铮:《忆南昌程天放兄》,《传记文学》(台北)第 51 卷第 5 期,1987 年 11 月

絜非:《罩在雾里的四川》,《生活周刊》第 5 卷第 49 期,1930 年 11 月 16 日

谢国兴:《中国现代化的区域研究:安徽省(1860—1937)》,台北:中央研究院
　近代史研究所,1991 年

谢无量:《存古学堂募捐启》,《蜀报》第 4 期,宣统二年九月朔日(1910 年 10 月
　17 日)

谢无量:《蜀学会叙》,民国时期油印本,具体年月和出版地不详,中国国家图
　书馆藏

谢无量:《蜀学原始论》,收在中央文史馆编:《崇文集》,北京:中华书局,
　1999 年

幸之:《治蜀刍议》,《蜀评月刊》第 8 期,1925 年 7 月

熊丸:《熊丸先生访问纪录》,陈三井访问,李郁青纪录,台北:中央研究院近
　代史研究所,1998 年

徐陈谟:《重修禹王宫碑记》,收在汪承烈修、邓方达纂:(民国)《四川宣汉县

志》，民国二十年(1931)石印本

徐炯(子休)：《异哉所谓川人治川也》，《川报》1935 年 6 月 2 日，第 6 版

徐中舒：《从古书中推测之殷周民族》，收在《徐中舒历史论文选辑》上册，北京：
　　中华书局，1998 年

徐中舒：《结绳遗俗考》，收在《徐中舒历史论文选辑》上册，北京：中华书局，
　　1998 年

许倬云：《中国古代文化的特质》，台北：联经出版事业股份有限公司，2006 年

严耕望：《治史答问》，收在《治史三书》，沈阳：辽宁教育出版社，1998 年

杨迦怿等(修)、刘辅廷(纂)：(道光)《茂州志》，清道光十一年(1831)刻本

杨霈(修)，李福源、范泰衡(纂)：(道光)《中江县新志》，清道光十九年(1839)
　　刻本

杨树达：《积微翁回忆录》(与《积微居诗文钞》合刊本)，上海：上海古籍出版社，
　　2006 年

杨天石：《卢沟桥事变前蒋介石的对日谋略——以蒋氏日记为中心所做的考察》，
　　《近代史研究》2001 年第 2 期

杨学述：《重修禹王宫后殿两廊乐楼缭墙序》，收在程熙春修、文尔炘等纂：(同
　　治)《筠连县志》，清同治十二年(1873)刻本

杨英灿(纂修)、余天鹏(续修)、陈嘉绣(续纂)：(嘉庆)《安县志》，清同治三年
　　(1864)增补嘉庆本

杨永斌折(雍正十一年)，《宫中档雍正朝奏折》第 22 辑，台北：故宫博物院，
　　1979 年

杨维中等(修)、钟正懋等(纂)、郭奎铨(续纂)：(民国)《渠县志》，民国二十一
　　年(1932)铅印本

杨赞襄：《书刘申叔南北考证学不同论后》，《四川国学杂志》第 3 号，1912 年 11
　　月 20 日

姚廷章(修)、邓香树(纂)、冉瑞桐等(增刻)：(同治)《珙县志》，清光绪九年
　　(1883)增刻本

叶秉诚：《史心》，《史学杂志》第 1 期，1929 年 7 月

叶大锵等(修)、罗骏声(纂):(民国)《灌县志》,民国二十四年(1935)铅印本

叶瑛:《文史通义校注》上册,北京:中华书局,2005 年

叶治钧:《发刊词》,收在张枬、王忍之编《辛亥革命前十年间时论选集》第 3 卷,
    北京:生活·读书·新知三联书店,1977 年

一夫:《组织四川省政府问题的商榷》,《蜀道周刊》第 2 期,1928 年 5 月

易崇阶:《重建禹王宫序》,收在蓝炳奎等修、吴德淮等纂:(民国)《达县志》,
    民国二十二年(1933)刻本

庸夫:《从整个党的现状说到四川党务》,《新四川》创刊号,1928 年 9 月 1 日

庸夫:《四川党务的危机与其救济的方法》,《新四川》第 2 期,1928 年 10 月 1 日

余英时:《中国史学思想反思》,收在《人文与理性的中国》,程嫩生等译,上海:
    上海古籍出版社,2007 年

俞廷举:《全蜀艺文志序》,收在杨慎编:《全蜀艺文志》,成都:巴蜀书社,
    2003 年

袁薅生:《川省裁兵办法刍议》,《蜀评月刊》第 2 期,1925 年 1 月

泽昭:《促进民众之团结》,《蜀评月刊》第 9 期,1925 年 8 月

曾扩情:《蒋介石两次派我入川及刘湘任"四川剿匪总司令"的内幕》,收在中国
    人民政治协商会议全国委员会文史资料研究委员会编:《文史资料选辑》第
    33 辑,北京:中国文史出版社,1986 年

曾庆昌(纂修):(民国)《内江县志》,民国十四年(1925)刻本

曾业英:《论一九二八年的东北易帜》,《历史研究》2003 年第 2 期

张惠昌:《四川军阀混战中的"善后会议"》,收在四川省文史研究馆编:《四川军
    阀史料》第 4 辑,成都:四川人民出版社,1987 年

张凯:《清季民初"蜀学"之流变》,《近代史研究》2012 年第 5 期

张澜:《张澜文集》,成都:四川教育出版社,1991 年

张美枢:《培修禹庙碑序》,收在蓝炳奎等修、吴德淮等纂:(民国)《达县志》,
    民国二十二年(1933)刻本

张宁阳等(修),陈献瑞、胡元善(纂):(嘉庆)《井研县志》,清嘉庆元年(1796)
    刻本

张森楷：《〈二十四史校勘记〉序例》，收在唐唯目编：《张森楷史学遗著辑略》，
　　重庆：西南师范大学出版社，1998 年

张舜徽：《清人文集别录》，武汉：华中师范大学出版社，2004 年

张秀熟：《对廖平先生学术思想的浅见》，收在四川省政协文史委员会、四川省
　　文史馆编：《四川近现代文化人物》，成都：四川人民出版社，1989 年

张勋燎：《冯汉骥先生师门从学考古记》，收在四川大学历史文化学院考古学系
　　编：《四川大学考古专业创建四十周年暨冯汉骥教授百年诞辰纪念文集》，
　　成都：四川大学出版社，2001 年

张循：《义理与考据之间：蒙文通先生的经学历程》，收在北京大学国学研究院
　　编：《国学研究》第 23 卷，北京：北京大学出版社，2009 年

张之洞：《张之洞全集》第 12 册，石家庄：河北人民出版社

张仲礼：《中国绅士——关于其在 19 世纪中国社会中作用的研究》，李荣昌译，
　　上海：上海社会科学院出版社，1992 年

章太炎：《清儒（一）》，收在徐亮工编：《中国近三百年学术史论》，上海：上海
　　古籍出版社，2006 年

章太炎：《清儒（二）》，收在徐亮工编：《中国近三百年学术史论》，上海：上海
　　古籍出版社，2006 年

章太炎：《清故龙安府学教授廖君墓志铭》，收在徐亮工编：《中国近三百年学术
　　史论》，上海：上海古籍出版社，2006 年

章太炎：《清代学术之系统》，收在徐亮工编：《中国近三百年学术史论》，上海：
　　上海古籍出版社，2006 年

赵灿鹏：《蒙文通先生〈书目答问补正〉案语拾遗》，收在四川大学历史文化学院
　　编：《蒙文通先生诞辰 110 周年纪念文集》，北京：线装书局，2005 年

赵熙：《赵熙集》，成都：巴蜀书社，1996 年

征言：《成都生活的形色》，《新生周刊》第 1 卷第 14 期，1934 年 5 月 12 日

郑国翰、曾瀛藻（修），陈步武、江三乘（纂）：（民国）《大竹县志》，民国十七年
　　（1928）铅印本

郑少诚等（修）、杨肇基等（纂）：（民国）《西昌县志》，民国三十一年（1942）铅
　　印本

郑贤书等(修)、张森楷(纂):《民国新修合江县志》,民国十年(1921)刻本

中国第二历史档案馆编:《中华民国史档案资料汇编》第3辑"教育",南京:江
苏古籍出版社,1991年

中国人民政治协商会议西南地区文史资料协作会议(编):《西南民众对抗战的贡
献》,贵阳:贵州人民出版社,1992年

"中央研究院"近代史研究所(编):《认同与国家:近代中西历史的比较论文集》,
台北:"中央研究院"近代史研究所,1994年

钟家源:《清末诗人钟云舫诗谳始末》,收在四川省政协文史资料委员会编:《四
川文史资料选辑》第37辑,成都:四川人民出版社,1987年

仲年:《四川之英雄》,《蜀评月刊》第4期,1925年3月

周鼎:《刘咸炘学术思想研究》,成都:巴蜀书社,2008年

周开庆:《四川人应有的自觉与自信》,《蜀铎》第2卷第2期,1936年7月31日

周克堃等(纂):(光绪)《广安州新志》,民国十六年(1927)重印清宣统三年
(1911)本

周启成:《前言》,林希逸著、周启成校注:《庄子鬳斋口义校注》,北京:中华
书局,2009年

周叔平:《毕生从事文化事业的状元骆成骧》,收在四川省政协文史资料委员会、
四川省文史馆编:《四川近现代文化人物》,成都:四川人民出版社,
1989年

周晓和:《原始人类》,《国立四川大学周刊》第1卷第14期,1933年4月17日

周作人:《知堂回想录》上册,石家庄:河北教育出版社,2002年

朱朝谦:《治川之我见》,《蜀评月刊》第5期,1925年4月

朱之洪等(修)、向楚等(纂):(民国)《巴县志》,民国二十八年(1939)刻本

竺可桢:《竺可桢日记》第1册,北京:人民出版社,1984年

邹韬奋:士初《四川真相》"编者按",《生活周刊》第6卷第15期,1931年4月
4日

醉春:《怎样才能促成党治的四川》,《新四川》创刊号,1928年9月1日

（未署名）

《本社及旅沪川团体电请息战》，《蜀评月刊》第 6 期，1925 年 5 月

《程天放先生事略》，收在"国史馆"编：《"国史馆"现藏民国人物传记史料汇编》
    第 1 辑，台北："国史馆"，1988 年

《川战中之重要文电》，《川事评论》创刊号，1932 年 11 月 27 日

《党治下的四川省政府组织问题——中国国民党四川旅沪同志会致中央艳电》，
    《新四川》创刊号，1928 年 9 月 1 日

《发刊词》，《新四川》创刊号，1928 年 9 月 1 日

《发刊词》，《蜀风月刊》第 1 卷第 1 期，1936 年 10 月 8 日

《江安全县人民对于时局之宣言》，《蜀评月刊》第 7 期，1925 年 6 月

《教育部整理教育方案草案》，收在舒新城编：《中国近代教育史资料》上册，北
    京：人民教育出版社，1979 年

《卷头语》，《蜀评月刊》第 2 期，1925 年 1 月

隆昌京津留学会通电，《蜀评月刊》第 2 期，1925 年 1 月

《上海蜀评社章程》，《蜀评月刊》第 1 期，1924 年 12 月

蜀评社通电，《蜀评月刊》第 2 期，1925 年 1 月

《蜀新社宣言》，《蜀评月刊》第 3 期，1925 年 2 月

《四川旅沪学界同志会对四川同胞宣言》，《蜀评月刊》第 8 期，1925 年 7 月

《中国国民党四川旅京同志会为救川请愿宣言》，《新四川》第 2 期，1928 年 10 月
    1 日

《资州会之反响——旅外川籍党员陈天民等对资州会议之快邮代电》，《新四川》
    第 2 期，1928 年 10 月 1 日

《作者小传》，收在任乃强：《任乃强民族研究文集》，北京：民族出版社，
    1990 年

档案

"国立成都师范大学档案"（四川大学档案馆藏）第 1、2519 卷

"国立四川大学档案"（四川大学档案馆藏）第 1、6、17、38、41、46、62、63、
    189、202、495、628、1539、2024、2560 卷

"国民政府教育部档案"(中国第二历史档案馆藏),档案号:5—1975

"朱家骅档案"("中央研究院"近代史所藏),档案号:154—1

报刊

《北京大学四川同乡会会刊》

《成都快报》

《川报》

《川事评论》

《国立成都大学旅沪同学会会刊》

《国立成都大学校报》

《国立成都师范大学校报》

《国立四川大学周刊》《国立四川大学校刊》)

《国立武汉大学四川同学会会刊》

《国民公报》

《国学季刊》

《华西日报》

《商务日报》

《社会日报》

《生活周刊》

《史学杂志》(国立成都大学史学研究会)

《蜀报》

《蜀道周刊》

《蜀铎》

《蜀评月刊》

《四川》

《新民报》(成都版)

《新生周刊》

《新四川》

《新新新闻》

《中国大学四川同学会会刊》

索引

安徽　92，137，194，198，213，
228，231，236
安徽大学　198
安特生（瑞典考古学家）　240，241
安县　39
安岳　41，88
敖册贤　53

巴蜀史　245
巴县　37，46，56，221
报刊　124—127，131，132，135，
138，161
对四川形象的塑造　131—132
新闻不"新"　124—127
北京　20，59，77，102，122，129，
130，135，136，138，156，
160，161，187，201，223
北京高等师范学校（参"北京师范大
学"）　179，213，228
北京高师（见"北京高等师范学校"）
北京师范大学（参"北京高等师范学
校"）　74，138，143，213，

228，232，236
北京大学　113，137，162，183，
194，211，223，231，232，
236，237，250，251
《北京大学四川同乡会会刊》　165
北京政府（见"北洋政府"）
北平（见"北京"）
北平师范大学（见"北京师范大学"）
北洋政府　138，140，148，149，
151，170—172，174，178，
179，183，197，200
本土化　115
璧山　57
边疆　10，229，236，244
边疆研究　244，248
边缘（对思想或学术资源占有与影响
力评估的描述，参"中心"，"非
主流"，"主流"）　6，7，74，
75，91，94，112，124，134，
159，201，204，205，210，236
边缘知识分子　153
表象　13—15，28，190

索 引 / 305

后 记

　　本书绝大部分内容完成于 2002—2008 年间。承蒙谭徐锋先生好意，建议我把这些陈年旧货收录起来，编在一处。当初写文章的时候，并没有一个严整计划，现在回头来看，发现它们大都离不开"近代四川的地方认同"这一主题。此次趁结集之便，新增一篇《导言》，而其他文章也都多少做了修订，其中第三、四、五章改动最大：它们都是十余年前的"少作"，此次重读，不但发现几处令我冷汗涔涔的错误，对史料也产生了新的见解。这倒未必一定意味着学力的增长，但治学者总是期望自己的学识与年龄俱进，把最新心得与人分享，本身就是一桩乐事。

　　整理书稿过程中，我记起一个故事。本书第三章的原稿发表于 2002 年 5 月。那之后不久，我就惊讶地发现，河南人已成国人集体鄙夷的对象，网络上流传着各种嘲笑河南人的段子。这当然使我想起自己这篇文章，只不过这一次，"国中的异乡"从四川变成了河南。其实我的乡土意识并不强，大学时代从没有参加同乡会之类的活动，也不愿跟人攀认老乡；但一再听到人们（往往带着玩笑意味）的嘲弄之词，有时也难以忍受，于是常套用那篇文章里一句话来回应："河南是中国的缩影。"如今重读此文，不由想起这桩趣事。中国广土众民，不同地区的人们相互歧视，自古而然，今后恐怕也很难消失。这些嘲弄保持在一定限度内，倒也无伤大雅；过火了，就成为一种社会问题。平心而论，人们对某一群体的评论，从来都只是从大量

图书在版编目（CIP）数据

错综的意象 / 宋国栋著. — 北京: 北京师范大学出版社, 2015.12
（教育学·名家文库系列）
ISBN 978-7-303-20701-5

Ⅰ. ①错… Ⅱ. ①宋… Ⅲ. ①数学文化史 - 研究 - 中国 - 现代
Ⅳ. ①K297.5

中国版本图书馆 CIP 数据核字（2015）第 110984 号

CUOZONG DE YIXIANG

出版发行: 北京师范大学出版社　www.bnupc.com
北京市海淀区新街口外大街 19 号　邮政编码: 100875

印　刷: 北京京师印务有限公司
经　销: 全国各地新华书店
开　本: 730 mm × 980 mm 1/16
印　张: 18.75
字　数: 270 千字
版　次: 2015 年 9 月第 1 版
印　次: 2015 年 12 月第 2 次印刷
定　价: 58.00 元

策划编辑: 饶　涛　　　责任编辑: 宋国栋　高　霞
美术编辑: 李尘云　毛　佳　　装帧设计: 毛　佳　王齐云
责任校对: 陈　民　　　责任印制: 马　洁

版权所有　侵权必究
反盗版、侵权举报电话: 010-58800697
北京读者服务部电话: 010-58808104
外埠邮购电话: 010-58808083
本书如有印装质量问题，请与印制管理部联系调换。
印制管理部电话: 010-58800825